Konrad Paul Liessmann
Die großen Philosophen und ihre Probleme

Konrad Paul Liessmann

Die großen Philosophen und ihre Probleme

Vorlesungen zur Einführung in die Philosophie 2

Wien 1998

WUV | Universitätsverlag

Die Deutsche Bibliothek – CIP-Einheitsaufnahme

Liessmann, Konrad Paul:
Vorlesungen zur Einführung in die Philosophie / Konrad Paul Liessmann. - Wien : WUV-Univ.-Verl.

Liessmann, Konrad Paul:
Die großen Philosophen und ihre Probleme / Konrad Paul Liessmann. - Wien : WUV-Univ.-Verl., 1998
(Vorlesungen zur Einführung in die Philosophie ; 2)
ISBN 3-85114-375-2

Umschlaggestaltung: A+H Haller
Satz und Druck: WUV-Universitätsverlag
Printed in Austria
ISBN 3-85114-375-2

Inhalt

Vorwort

Der große Erfolg des ersten Teils meiner „Vorlesungen zur Einführung in die Philosophie“, die im Herbst 1997 unter dem Titel *Vom Nutzen und Nachteil des Denkens für das Leben* erschien, gibt mir den Mut, auch den zweiten Teil dieser Vorlesungen einer größeren Öffentlichkeit vorzustellen. Das Konzept hat sich allerdings gewandelt. Ging es im ersten Teil um das *Philosophieren* als unterschiedlich akzentuierte Denk- und Lebensbewegung, um die zentralen Fragestellungen und Methoden der Philosophie, so stehen nun verschiedene *Philosophen* mit ihren konkreten Lebens- und Denkproblemen im Mittelpunkt. Ziel dabei war zu zeigen, daß die Entwürfe und Versuche der Philosophie nicht von den Schicksalen ihrer Vertreter gelöst werden können, ja sich zum Teil nur aus diesen verstehen lassen.

Wie schon beim ersten Teil geht auch diesmal mein Dank an Herrn Dr. Michael Huter und sein ambitioniertes und kompetentes Team vom WUV | Universitätsverlag, an Frau Renate Kocsi, die mir wiederum ihre sorgfältige und aufwendige Mitschrift der Vorlesung zur Verfügung stellte und an Herrn Mag. Ewald Guntsche, der Zeit finden konnte, die Druckfahnen zu korrigieren.

Wien, im April 1998 Konrad Paul Liessmann

Einleitung

Die großen Philosophen und ihre Probleme: die Zweideutigkeit dieses Titels ist beabsichtigt. Philosophische Probleme werden mitunter in einem abgehobenen Ideenhimmel vermutet, von dem vergessen wird, daß er einen ziemlich unmittelbaren Zugang zu den oft nur allzu irdischen Verhältnissen kennt. Die theoretischen Probleme der Philosophen, die erkenntnistheoretischen, ethischen oder existentiellen Fragen, die sie bearbeiteten, mögen durch die Tradition der Überlieferung und die Darstellungen der Philosophie als Wissenschaft den Eindruck hinterlassen, daß kaum ein subjektiver Erlebnis- und Erfahrungsgehalt in sie eingegangen sein kann. Dieser Eindruck täuscht vielleicht. Die philosophischen Fragestellungen, denen sich ein Denker gegenübersieht, mag die Tradition selbst verobjektiviert haben; die Art und Weise aber, wie diese Fragen aufgegriffen, bearbeitet, neu gestellt oder verworfen werden, hängt untrennbar mit der historischen Zeit und der mitunter recht banalen subjektiven Situation eines Philosophierenden zusammen. Die großen Probleme der großen Philosophen waren – nicht immer, aber doch des öfteren – untrennbar verquickt mit ihren kleinen, alltäglichen Sorgen oder aber auch ihren individuellen Tragödien.

Die Philosophie anhand der Lebensläufe ihrer Protagonisten darzustellen, hat lange Tradition. Von Diogenes Laertios' *Leben und Meinungen berühmter Philosophen* über Will Durants *Die großen Denker* und Karl Jaspers' *Die großen Philosophen* bis hin zu Wilhelm Weischedels *philosophischer Hintertreppe* reichen die Versuche, Philosophie biographisch zu erschließen. Das hat gute Gründe. Philosophie als Reflexion des Lebens und der Probleme der menschlichen Existenz ist enger an die Persönlichkeit und Individualität ihrer Vertreter geknüpft als dies bei anderen Wissenschaften der Fall sein mag. Dabei geht es nicht darum, beckmesserisch die Philosophen danach zu beurteilen, ob sie wohl auch imstande waren, gemäß ihrer Lehre zu leben, wohl aber um die Einsicht, daß alle Philosophie auch aus den unmittelbaren Gegebenheiten und Herausforderungen konkret gelebter Existenz erwächst. Natürlich läuft solch eine Betrachtungsweise Gefahr, den Objektivitätsanspruch, der in jedem philosophischen Gedanken steckt und der über alle Subjektivität hinaus will, zu verkennen. Der Autor ist sich dieser Gefahr bewußt. Seine Intention war deshalb, an ausgewählten Beispielen zu demonstrieren, wie subjektive Lebensverhältnisse nicht nur Eingang finden in philosophische Entwürfe, sondern bis zu einem gewissen Grad auch eine notwendige Voraussetzung für diese darstellen, ohne daß dadurch die Gültigkeitsansprüche des Gedachten geschmälert würden.

Wer das Wagnis auf sich nimmt, je Vorlesungseinheit einen Philosophen monographisch zu skizzieren, muß sich wohl erst gar nicht dafür entschuldigen, daß Vollständigkeit weder in biographischer noch in sachlicher Hinsicht angestrebt werden konnte. Vielmehr ging es darum, durch eine knappe Charakterisierung der lebensproblematischen Grundkonstellationen der verschiedenen Denker auf die Besonderheit der daraus erwachsenen theoretischen Ansätze und Konzepte zu verweisen. Solch eine Vorgangsweise kann weder eine systematische Geschichte der Philosophie noch eine detaillierte Biographik ersetzen. Wohl aber hofft der Autor, nicht nur auf einzelne Denker neugierig machen zu können, sondern auch anzudeuten, wie sich bestimmte philosophische Grundfragen ungeachtet der einzelnen Lebensläufe in der Geschichte durchhalten, aber bedingt durch die jeweilige Situation des Philosophierenden in immer neuen Weisen formuliert werden. Nicht zuletzt in diesen Variationen liegt der Fortschritt der Philosophie und das Glück der Philosophierenden.

Natürlich mußte bei solch einem Unterfangen ausgewählt werden; und die Auswahl mußte zutiefst subjektiv sein, nicht nur aus rein pragmatischen Gründen, sondern weil *Größe* selbst in der Philosophie eine höchst umstrittene Kategorie darstellt. Die Reihe der vorgestellten Denker beansprucht deshalb weder Vollständigkeit noch Notwendigkeit; sie will aber auch nicht willkürlich sein. Obwohl wahrscheinlich an Stelle jedes behandelten Philosophen ein anderer stehen könnte, lag ein Anspruch dieser Vorlesung schon auch darin, an diesen subjektiv ausgewählten Figuren der Denkgeschichte *exemplarische* Lebensläufe und daraus erwachsende *paradigmatische* Denkkonstellationen zu demonstrieren. Intention war dabei auch, nicht nur über die Philosophen und ihre Probleme zu sprechen, sondern die Denker selbst, soweit als möglich, zu Wort kommen zu lassen.

1. Vorlesung

Sokrates – Der Wille zum Nichtwissen

Beginnen wir mit dem Denker, der am Anfang der europäischen Tradition steht: SOKRATES (470–399 v. Chr.), für viele das Urbild des Philosophen. So sehr Sokrates die europäische Tradition des Philosophierens initiierte, so sehr scheint er dieser aber auch zu widersprechen. Denn Sokrates ist einer der wenigen Philosophen des Abendlandes, bei dem eigentlich fehlt, was zu unserem Bild von Philosophie gehört, nämlich eine mehr oder weniger schriftlich ausgearbeitete Theorie. Sokrates hat selbst nichts Schriftliches hinterlassen, wir sind auf die Berichte seiner Schüler, Freunde und Gegner angewiesen. Vielleicht war es aber gerade diese unsichere Quellenlage, die zum *Mythos Sokrates* das ihre beitrug – denn je ungesicherter die Überlieferung einer Lehre, desto größer ist auch die Möglichkeit der Interpretation, Deutung und Instrumentalisierung.

Immerhin: zumindest für die historische Präsenz des Sokrates gibt es eine Reihe verläßlicher Zeugnisse. Umstrittener ist schon die Frage, was dieser historische Sokrates denn eigentlich wirklich gelehrt hat. Sokrates hatte eine Reihe von Schülern und Anhängern, meistens Männer aus der Athenischen Aristokratie. Einer davon hat ganz maßgeblich unser Sokratesbild bis heute geprägt, nämlich Platon, der ja in seinen Schriften, seinen *Dialogen,* Sokrates fast immer als die zentrale Figur auftreten läßt. Daneben gibt es allerdings noch Berichte von anderen Zeitgenossen, die dem von Platon tradierten Sokratesbild zum Teil widersprechen. Letztlich bleibt die Lehre des Sokrates für uns ein Geheimnis, dem wir uns, mit Rekonstruktionen und Hypothesen arbeitend, nur mühsam nähern können.

Das zentrale methodische Problem, das sich für uns ergibt, wenn wir darüber nachdenken, wer Sokrates eigentlich war und worin seine Eigentümlichkeit bestand, ob er wirklich die entscheidende Zäsur, die große Markierung in der Entwicklung der griechischen und damit auch der abendländischen Philosophie darstellt, besteht in der Frage: Wie authentisch sind die Berichte Platons? Wie wirklichkeitsgetreu ist die Figur des Sokrates in diesen Texten tatsächlich nachgezeichnet, oder wie sehr hat Platon seinen verehrten Lehrer benützt, um seine eigene Philosophie mit einem guten Markennamen zu versehen. Immerhin: wir können dieses Sokratesbild, das uns Platon überliefert hat, doch ein wenig durch die anderen Quellen, die wir besitzen, korrigieren. Gleichzeitig können und müssen wir uns aber auch überlegen, wie sehr das Philosophieren des Sokrates die abendländische Philosophie beeinflußt hat, obwohl sie in fast allen zentralen Punkten nie mehr so verfahren ist wie er. Das ist das Paradoxe, das wir auch als eine erste These zu Sokrates formulieren könnten: Sehr bereitwillig wurde Sokrates verehrt – und das reicht von seinen unmittelbaren Schülern bis in die Moderne; aber alles, was er gemacht hat und wie er es gemacht hat, hat keine Fortsetzung gefunden. Im Grunde hat die Tradition der Philosophie, die sich in hohem Maße auf Sokrates berief, an seine Form einer *philosophierenden Praxis* nicht mehr angeknüpft.

Wer war nun dieser Sokrates, wie lebte er, was zeichnete sein Denken aus, in welcher Zeit, unter welchen Umständen dachte er, was genau war sein Problem, was können wir von ihm noch lernen? Sokrates' Lebensdaten sind relativ genau bekannt: geboren etwa um 470 v. Chr. in Athen, 399 in Athen gestorben, zum Tode verurteilt von einem Athener Gerichtshof. Er war angeklagt, die vom Staat offiziell verehrten Götter nicht anzuerkennen und stattdessen neuartige göttliche Wesen einzuführen; und er war angeklagt, die jungen Menschen zum Schlechten zu verführen.[1] Möglich, daß diese Anklage das ihre dazu beitrug, daß der Fall Sokrates für die Philosophie paradigmatisch wurde. Denn der Konflikt mit Religion und Staat, vor allem aber die Verführung der Jugend gehörten zum Repertoire der Vorwürfe, mit denen Philosophen immer wieder zu kämpfen hatten. Verführung der Jugend war im Falle des Sokrates allerdings wohl im doppeldeutigen Sinn zu verstehen gewesen: Nachdem man weiß, daß der Philosoph in einer homoerotischen Kultur lebte, wird mit diesem Vorwurf wohl nicht nur eine geistige Verführung gemeint gewesen sein. Wir können annehmen, daß auch bei Sokrates, wie im Athen dieser Zeit nicht unüblich, der durchaus auch sexuell konnotierte Eros in Form der Päderastie, der Knabenliebe, eine nicht unwesentli-

1 Xenophon, Erinnerungen an Sokrates. Hg. von Peter Jaerisch. München und Zürich: Artemis, 1987, I/1, S. 7

che Rolle gespielt haben wird[2] – und dies, obwohl Sokrates selbst ein eher häßlicher Mensch mit Knollennase gewesen sein dürfte.

Sokrates stammte aus einfachen Verhältnissen. Sein Vater, so erzählte man sich, war Steinmetz, seine Mutter – was nicht unwichtig wurde für seine eigene Art des Philosophierens – Hebamme. Sokrates hatte ebenfalls einen bürgerlichen Beruf – er soll Bildhauer gewesen sein. Er diente auch im Athener Heer als Soldat und soll ziemlich tapfer gewesen sein, obwohl er selbst daraus kein besonderes Hehl machte und auch keine politischen Ambitionen daraus ableiten wollte. Diese kleinbürgerliche Existenzform war durchaus etwas, das ihn schon äußerlich von der Gesellschaft, in der er verkehrte, abhob. Soweit wir wissen, legte er zwar Wert darauf, in dieser Gesellschaft zu verkehren, er war aber gleichzeitig darauf bedacht, von ihr nicht abhängig zu sein. Er wollte offenbar in jeder Hinsicht unabhängig bleiben.

Dadurch hat sich Sokrates allerdings von seinen philosophierenden Zeitgenossen unterschieden. Sokrates hat zwar philosophiert, auch mit sehr vermögenden Menschen, aber er hat daraus keinen Beruf gemacht, hat dafür kein Geld genommen. Zumindest haben seine Anhänger dies kolportiert. Sie haben Sokrates als denjenigen hingestellt, der um des Denkens willen gedacht hat und nicht als einen, der das Denken als Profession betrieben hat. Das ist deshalb interessant, weil es in Athen eine Gruppe von Intellektuellen gegeben hat, die sich auf das erwerbsmäßige Philosophieren spezialisiert hatte: die SOPHISTEN. In diesem Wort steckt natürlich dieselbe Wurzel wie in *Philosophie,* nämlich *sophia,* die Weisheit. Der Sophist hatte das Denken und die Rhetorik zum Beruf gemacht. Bei den Sophisten konnte man Allgemeinbildung, souveräne Argumentations- und Marketingstrategien, juristische Taktiken und den erfolgsträchtigen Umgang mit metaphysischen Spitzfindigkeiten erlernen. In ihrer Mischung aus Scharfsinnigkeit und pragmatischer Nüchternheit zählen die bedeutenden Sophisten wie PROTAGORAS oder GORGIAS sicherlich zu den ersten großen Aufklärern unserer Geschichte. Aber, und dieser Ruf hängt ihnen bis heute nach, sie waren *käufliche* Intellektuelle.

Es gibt zumindest eine Quelle, die Sokrates durchaus als sogar ziemlich üblen Sophisten zeigt: ein Lustspiel des berühmten Komödendichters ARISTOPHANES (445–385 v. Chr.). Zweifellos: Aristophanes war ein erklärter Feind des Sokrates, und er hat sich in seinen Stücken mehrfach über den Philoso-

2 Vgl. dazu Wolfgang Fischer, Die Knabenliebe im alten Griechenland als pädagogisches Phänomen. In: W.F., Kleine Texte zur Pädagogik in der Antike. Baltmannsweiler: Schneider Verlag, 1997, S. 181ff.

phen lustig gemacht. Für uns von Interesse sind vor allem *Die Wolken,* die Aristophanes für einen Theaterwettbewerb geschrieben hatte, ohne damit allerdings zu gewinnen – ein Stück, das schon durch seinen Titel das Anliegen der Philosophie persifliert und denunziert: Der Philosoph, der in den Wolken schwebt und die irdischen Dinge darüber vergißt. Die Wolken treten in dieser Komödie als Chor auf und repräsentieren dieses Luftige, Substanzlose, dieses Elfenbeinturmgespinst, das der Philosophie als Vorwurf bis heute nachhängt. Liest man diese Komödie des Aristophanes und versuchte man daraus ein Bild von Sokrates zu gewinnen, man wäre erschüttert. Dennoch sollte man diese Quelle nicht gleich abwehren. Wohl handelt es sich um eine Satire, die, wie alle Satiren, karikaturhaft übertreibt. Aber gerade in dieser Verzerrung und Verzeichnung kommt vielleicht doch auch eine Wahrheit zum Ausdruck.

Sokrates spielt in diesem Stück eine Rolle, die sich ganz deutlich von der unterscheidet, die wir aus den platonischen Dialogen gewohnt sind. Nicht der souverän Fragende tritt hier auf, der durch seine redliche Hartnäckigkeit alle in Verlegenheit bringt und so die Sache des Denkens befördert, sondern ein professioneller Sophist, der sogar eine eigene Denkwerkstatt hat, eine „Denkerei". Dort hängt der Philosoph in seiner Hängematte und wartet auf Menschen, die kommen, um von ihm belehrt zu werden und dafür bezahlen. Strepsiades, ein Bauer, der ein unangenehmes Problem hat, tritt ein, um sich den Rat des Philosophen einzuholen. Ihm steht eine Kreditklage ins Haus. „*Wie*", so fragt er Sokrates, „*kann ich vor Gericht so reden, daß der Schuldner plötzlich in der Rolle des Schuldigers ist und ich von den Schulden befreit werde?*" – Solche rhetorischen Tricks erfuhr man angeblich von den Sophisten. Sokrates verwickelt Strepsiades sofort in ein sokratisches Gespräch der besonderen Art. Es dauert gar nicht lange, und Sokrates stimmt ein Loblied auf die *Wolken* an. Teils ironisch, teils ernsthaft gibt er kund, daß er eigentlich nichts anderes auf der Welt als Gesetz akzeptiere als diese Wolken, auch keine Götter. Das verwundert den geistig bescheidenen Strepsiades:

STREPSIADES:
Aber Zeus? Wie steht's denn mit dem bei euch?
Ist er nicht mehr der Gott des Olympos?
SOKRATES:
Was meinst du mit Zeus? Was soll mir der Wahn!
Es gibt keinen Zeus!
STREPSIADES:
Hör ich richtig?

Aber wer ist's, der uns den Regen bringt? Das mußt du mir erst mal erklären!

SOKRATES:

Natürlich nur die [Wolken] da! Und daß es so ist,
das werd ich dir bündig beweisen:
Wohlan: Wo hast du denn jemals gesehn,
daß es ohne die Wolken geregnet?
Aber es müßt doch regnen aus Himmelsblau,
wenn die Wolken im Pfefferland wären!

STREPSIADES:

Beim Apoll, das paßt ja auf unseren Fall vortrefflich und sitzt wie gegossen!
Und da hab ich doch sonst wahrhaftig geglaubt,
er [Zeus] brunzt in ein Sieb, und dann regnet's.
Wer aber macht dann den Donner, sag an!
denn vor dem kommt mir immer das Zittern.

SOKRATES:

Auch den machen die [Wolken] da: sie wälzen sich rum,
dann donnert's.

STREPSIADES:

Doch wie, du Verwegner?

SOKRATES:

Wenn sie völlig mit Mengen von Wasser gefüllt
unter Zwang sich weiterbewegen,
Dann hängen nach abwärts sie, regenvoll,
und sie platzen, und das mit Gepolter.

STREPSIADES:

Wer ist's aber, der zu wandern mit Zwang
sie antreibt? Ist das nicht doch Zeus?

SOKRATES:

Durchaus nicht. Der himmlische Wirbel ist's!

STREPSIADES:

Der Wirbel? Das ist mir was Neues,
Daß es Zeus nicht gibt, und an seiner Stell'
sei jetzt der Wirbel der König!
Aber immer noch wart ich, daß du mir erklärst,
wo das Krachen und Donnern dann herkommt.

SOKRATES:

Hast denn nicht du gehört, was ich grade gesagt?

daß die Wolken, gesättigt mit Wasser,
Aufeinanderprallen, und dabei gibt's
infolge der Dichte das Krachen!
STREPSIADES:
Aber hör mal, wie soll ich das glauben?
SOKRATES:
Gib acht,
an dir selber werd ich dir's zeigen:
Gewiß hast du schon mal am Feiertag
dich am Gulasch so arg überfressen,
Und hat dir der Bauch nicht gleich darauf
gemurrt und gedröhnt und gerumpelt?
STREPSIADES:
Genau, beim Apoll! Und gleich wird's schlimm,
und alles gerät mir in Aufruhr,
Und wie Donnergetös macht das Sößlein Krawall
und einen Radau zum Erschrecken:
Erst leise nur: >blub<, dann: >blubberdibumm<,
und dann geht's: >blubberdibum-bum<,
Aber gar, wenn's herausfährt, dann donnert's genau wie
bei jenen: >rumpeldipumpel<.
SOKRATES:
Nun schau: Wenn dein winziger Bauch es vermag, so gewaltig
knallend zu furzen,
Da muß doch das endlose Luftrevier
gewiß noch erschütternder donnern!
STREPSIADES:
Ach so! Drum klingen die Wörter so gleich:
>geschüttelt< oder >geschissen<.[3]

Wenn man das Komödiantische, das derb Übertriebene und Vulgäre dieser Szene vernachlässigt und den Kern hinter dieser Persiflage eines sokratischen Lehrgesprächs ins Auge faßt, dann ergibt sich, daß Sokrates in der Tat die Götter verleugnet und ersetzen will durch Naturgewalten. Das würde bedeuten – vorausgesetzt, wir billigen Aristophanes ein wenig Wahrheit zu –, daß Sokrates wie die Naturphilosophen argumentiert hat, also wie jene Den-

3 Aristophanes, Die Wolken. Übertragen von O. Seel. Stuttgart: Reclam 1963, S. 220ff.

ker, die seit Thales bestrebt waren, die antike Mythologie, die Götterwelt zu kritisieren und durch Modelle von Naturgesetzlichkeiten zu ersetzen. Solch ein Denken machte auch den Vorwurf der Gottlosigkeit und des Atheismus plausibel.

Die meisten Dokumente und Quellen, die wir sonst noch kennen, zeichnen allerdings ein anderes Sokratesbild. Eine wichtige Quelle stammt von XENOPHON (430–354 v. Chr.), einem Militärstrategen und Historiker, der durch sein Geschichtswerk *Anabasis*, die Geschichte eines Feldzuges in Kleinasien, berühmt geworden ist. Xenophon war unmittelbarer Schüler von Sokrates gewesen und hat mehrere Schriften zu und über Sokrates verfaßt, darunter eine *Apologie*, eine Verteidigung des Sokrates, und ein Erinnerungswerk, die *Memorabilien* (*Erinnerungen an Sokrates*), die eine relativ verläßliche historische Quelle darstellen.

In diesen *Erinnerungen* des Xenophon erscheint uns ein ganz anderer Sokrates, ein Philosoph, der dem Bild eines antiken Weisheitslehrers sehr nahe kommt, aber noch immer nicht ganz das darstellt, was wir uns nach der Platonischen Tradition unter Sokrates vorstellen. Bemerkenswert – und das hat Xenophon immer hervorgehoben – dürfte an Sokrates seine Bescheidenheit gewesen sein, seine Souveränität gegenüber den irdischen Dingen des Lebens: „*Seele und Körper gewöhnte er an eine Lebensweise, bei der jedermann, wenn nicht etwas Außerordentliches eintreten sollte, sorglos und sicher leben könnte und keine Sorge wegen eines so geringen Aufwandes zu haben brauchte. Denn er lebte so sparsam, daß ich nicht weiß, ob jemand so wenig durch seine Arbeit verdienen könnte, um nicht das zu erwerben, was Sokrates zum Leben genügte. An Speise nahm er nämlich nur so viel zu sich, wie es ihm schmeckte, und zum Essen ging er stets so (hungrig), daß der Appetit auf die Speisen für ihn die Zukost war; auch jedes Getränk war ihm angenehm, da er nur trank, wenn er Durst hatte.*“[4] Solche Mäßigung dürfte Sokrates auch zum Star der aristokratischen Gelage gemacht haben, wenn man etwas Platons *Symposion* liest, das, zumindest was die Rahmenbedingungen betrifft, eine authentische Schilderung solcher Feste sein dürfte. Es wird deutlich, daß nach einem halben Abend alle betrunken herumliegen und nur Sokrates bei wachem Verstand ist. Sokrates' demonstrative Bescheidenheit dürfte durchaus irritierend gewesen sein. Seine Mäßigung verweist übrigens auch auf eine Tradition, die in der antiken Philosophie weitergeführt wurde, etwa durch EPIKUR, vor allem aber durch die spätantike

4 Xenophon, Erinnerungen I/3, S. 49

STOA, in der es ganz wesentlich darum ging, daß es zu einer vernünftigen Lebensführung gehört, sich zu beherrschen.[5]

In den Gesprächen und Situationen, die Xenophon überliefert hat, erweist sich Sokrates als schlagfertiger, witziger, pointierter Weisheitslehrer, der den Menschen, die mit einem Problem zu ihm kommen, den Spiegel vorhält. Im folgenden nun einige Beispiele, die einen Sokrates zeigen, der seine Gesprächspartner in keine langen Untersuchungen verstrickt, wie bei Platon, sondern kurze und rasche Einsichten vermittelt: *„Als einmal jemand darüber zornig war, daß er einen anderen gegrüßt habe, und daß sein Gruß nicht erwidert worden sei, da sagte er: Das ist doch lächerlich; wenn du jemandem begegnet wärest, der in schlechterer körperlicher Verfassung ist, dann wärst du nicht zornig; weil du aber jemandem begegnetest, der seelisch ungeschliffen ist, das kränkt dich.*" Sokrates kritisiert damit eine Eitelkeit, die sich aus der Unterstellung eines besonderen Wertes der seelischen und kommunikativen Vermögen ergibt. – *„Ein anderer klagte, daß er ohne Appetit esse; da sagte er: Akumenos kennt ein gutes Heilmittel dafür. Und jener fragte: Welcher Art ist es? Aufhören mit dem vielen Essen, erwiderte er; wer damit aufgehört hat, der wird auch angenehmer, billiger und gesünder leben.*" Dieser Episode ist Aktualität wohl nicht abzusprechen: Wir haben offenbar seit der Antike nicht gelernt, mit unseren Bedürfnissen angemessen umzugehen und sie nur dann zu befriedigen, wenn sie sich auch tatsächlich bemerkbar machen. – *„Als jemand seinen Diener hart züchtigte, fragte er, weshalb er dem Diener böse sei. Weil er, erwiderte jener, obwohl der größte Fresser, doch der schlimmste Faulpelz, und obwohl sehr habgierig, doch besonders träge ist. Hast du nun schon mal darüber nachgedacht, wer von euch beiden mehr Schläge verdient, du oder dein Diener?*" Diese Geschichte mag durchaus zweideutig sein: Verdient der Herr die Schläge, weil er seinen Sklaven schlecht erzogen hat, oder verdient er sie, weil er sich überhaupt anmaßt, einen Menschen zu schlagen?

Solche Szenen veranschaulichen also unmittelbar praktische Lebensweisheiten, die Sokrates' Ruf als Lehrer, Weiser, Philosoph begründet haben mögen. Interessant und charakteristisch ist in diesem Zusammenhang noch eine andere Szene, die allerdings in dieser Form nicht Xenophon, sondern Diogenes Laertios überliefert hat: Sokrates geht durch den mit Waren überfüllten Markt von Athen, schaut sich an, was alles feilgeboten wird und sagt

---

5 Vgl. dazu auch Konrad Paul Liessmann, Vom Nutzen und Nachteil des Denkens für das Leben. Vorlesungen zur Einführung in die Philosophie 1. Wien: WUV-Universitätsverlag, [2]1998, S. 169ff.

dann kopfschüttelnd: „*Wie zahlreich sind doch die Dinge, deren ich nicht bedarf!*“[6] Auf das offenbar schon damals überreiche Angebot des Marktes reagierte er mit vollkommener Verweigerung und demonstrierte damit seine Freiheit und Souveränität. Er war durch dieses Angebot des Marktes nicht vom Wissen um seine eigentlichen Bedürfnisse abzubringen. Das ist nicht unwichtig, weil genau dieser Marktplatz für Sokrates der bevorzugte Ort seines Philosophierens gewesen war.

Sokrates am Marktplatz, philosophierend: Zweifellos bestimmt diese Vorstellung unser Sokratesbild. Allerdings ist dies dann nicht mehr der weltweise Sokrates, der mit witzigen und klugen Ratschlägen seine Gesprächspartner belehrt, sondern der suchende, fragende, forschende Sokrates, der das Philosophieren, das Nachdenken, das Reflektieren, den Dialog zu einer öffentlichen Sache machte, zu einem Gespräch, das auf der *agorá*, dem Marktplatz, stattfand. Dieses Bild geht im Wesentlichen auf Platon zurück – und es gibt seit Jahrhunderten den Streit, wie wahrheitsgetreu Sokrates in den platonischen Dialogen nun geschildert ist. Mittlerweile gibt es eine Reihe von Forschern, die zumindest die frühen Dialoge des Platon noch für relativ authentische Darstellungen sokratischen Philosophierens halten, während einige mittlere und späte Dialoge dann vielleicht doch eher Platons Denken zeigen, für das Sokrates zu einer Kunstfigur geworden ist. Zu den wirklichkeitsnahen, wenn auch ziemlich stilisierten Dokumenten gehört wahrscheinlich auch die sogenannte *Apologie* des Sokrates, die Verteidigungsrede, die der Philosoph vor dem Gerichtshof, der ihn der Gotteslästerung und der Verführung der Jugend angeklagt hatte, gehalten hat, und in der er den Athenern seine Philosophie, seine Methode und seine Auffassung von Weisheit erläutert hat. Von allem Anfang an grenzt sich Sokrates dabei von denjenigen ab, die behaupten, im Besitz einer besonderen Weisheit zu sein; trotzdem beharrt er darauf, daß es seine Weisheit ist, die ihn in seine mißliche Lage gebracht hat: „*Ich bin nämlich, meine Mitbürger, durch nichts anderes zu diesem meinen [schlechten] Ruf gekommen als durch eine bestimmte Art von Weisheit. Und was ist das für eine Weisheit? Vielleicht nichts anderes als schlichte Menschenweisheit.*“[7] Um diese Weisheit zu erklären, erzählt er eine Geschichte, die auf den ersten Blick wohl als Ausdruck grenzenloser Eitelkeit mißverstanden werden könnte: Chairephon, sein Jugendfreund, habe einmal das Orakel von Delphi

6 Diogenes Laertios, Leben und Meinungen berühmter Philosophen. Aus dem Griechischen von Otto Apelt. Hamburg: Meiner, 1990, S. 86

7 Platon, Apologie. In: Platon, Sämtliche Dialoge, hg. v. Otto Apelt, Band I. Hamburg: Meiner, 1988, S. 28

befragt, ob jemand weiser sei als Sokrates und von der Pythia die Antwort bekommen, daß niemand weiser als Sokrates sei. Das, so könnte man sagen, war Sokrates' Problem: Daß die Götter ihn für weise hielten, er aber nicht wußte, warum. Und wie reagierte Sokrates auf diesen Orakelspruch? *„Vergeßt nun nicht, weshalb ich euch dies sage: ich will euch Aufklärungen geben über den Ursprung der Verleumdungen gegen mich. Nachdem mir nämlich der Bescheid zu Ohren gekommen, stellte ich bei mir folgende Erwägungen an. ‚Was mag der Gott wohl meinen und was für ein Rätsel gibt er da auf? Denn von Weisheit kann ich nicht die geringste Spur in mir finden. Was meint er also damit, wenn er mich für den Weisesten erklärt? Lügen wird er doch gewiß nicht, denn das widerspricht seinem Wesen.' So schwankte ich lange Zeit hin und her über den Sinn seines Spruches. Endlich schlug ich nach den allerschwersten Bedenken folgenden Weg ein zur Erforschung der Sache. Ich machte mich an einen der im Rufe der Weisheit stehenden Männer heran, um in ihm womöglich den lebendigen Gegenbeweis gegen den Spruch des Gottes zu finden, und dem Orakel darzutun: siehe, dieser da ist weiser als ich, und du hast doch mich dafür erklärt. Bei näherer Betrachtung dieses Mannes nun und im Gespräch mit ihm – den Namen brauche ich nicht zu nennen; es war einer der Staatsmänner, mit dem mir bei näherem Einblick in sein Wesen solches begegnete – erhielt ich den Eindruck, der Mann komme zwar vielen anderen Menschen und am allermeisten sich selbst weise vor, sei es aber durchaus nicht. Darauf suchte ich ihm denn klarzumachen, er bilde sich zwar ein, weise zu sein, sei es aber nicht. Die Folge davon war, daß ich mich ihm sowie vielen, die dabei waren, verhaßt machte; bei mir selber aber dachte ich im Weggehen: ‚Diesem Mann bin ich allerdings an Weisheit überlegen; denn wie es scheint, weiß von uns beiden keiner etwas Rechtes und Ordentliches, aber er bildet sich ungeachtet seiner Unwissenheit ein, etwas zu wissen, während ich, meiner Unwissenheit mir bewußt, mir auch nicht einbilde etwas zu wissen. Es scheint also, ich bin doch noch um ein kleines Stück weiser als er, nämlich um dies: was ich nicht weiß, das bilde ich mir auch nicht ein zu wissen.' Darauf machte ich mich an einen anderen, an einen, der für noch weiser galt als jener, und der Eindruck war ganz der nämliche. So machte ich mir auch ihn zum Feinde und noch viele andere.*"[8]

Man könnte es auch so sagen: Sokrates begann, seine Mitbürger zu nerven. Im Bemühen, den Orakelspruch zu widerlegen, beginnt er die Weisheit der anderen zu testen. Natürlich blamieren sich alle. Am schlechtesten, wie nicht anders zu erwarten, schneiden dabei die Staatsmänner ab, die sich am meisten einbilden und am wenigsten wissen; nach den Staatsmännern befragt So-

8 Platon, Apologie, S. 29f.

krates noch die Dichter und Handwerker. Auch die Dichter lassen sich durch ihre Begabung leicht dazu verleiten zu glauben, sie verstünden etwas von Dingen, bei denen sie sich nicht auskennen; am ehesten wird Sokrates noch bei den Handwerkern fündig. Denn diese beherrschen wenigstens ihr Metier und können Sokrates einiges zeigen, was er noch nicht weiß; aber auch die Handwerker leiden an der gleichen Selbstüberschätzung wie die Dichter: „*Weil ein jeder von ihnen ein vortrefflicher Vertreter seiner Kunst war, machte er zugleich den Anspruch, auch sonst auf den wichtigsten Gebieten allen anderen an Weisheit überlegen zu sein, eine Kurzsichtigkeit, die einen tiefen Schatten auf jene ihre Weisheit warf.*“[9] Beruhigend immerhin zu wissen, daß im alten Athen die Politiker, Schriftsteller und Techniker zu ähnlichen Formen der Selbstüberschätzung neigten, wie es in der Gegenwart nur allzu oft zu beobachten ist. Mit diesen Prüfungen zog sich Sokrates nun die Feindschaft und den Haß seiner Mitbürger zu – und wer wollte es denen verdenken, daß sie höchst ärgerlich darauf reagierten, ständig Dinge gefragt zu werden, auf die sie dann letztlich keine Antwort wußten.

Die gerühmte Methode des Fragens, die Sokrates bei seinen Untersuchungen anwandte, war nämlich nicht ohne Heimtücke. Es gibt einige frühe Dialoge von Platon, die dieses Verfahren veranschaulichen und die sehr gut zeigen, wie die sokratische Methode tatsächlich funktioniert; wenn man sich in die Lage des Gesprächspartners versetzt, dann kann man verstehen, wie unangenehm die sokratische Gesprächsführung gewesen sein muß. Einer der frühesten Dialoge Platons, *Laches*, zeigt so wahrscheinlich einen authentischen Sokrates. Laches war ein athenischer Feldherr. Sokrates verstrickt ihn in ein Gespräch über die Frage: was ist Tapferkeit. Wenn nicht ein berühmter Feldherr, der dem Feind schon oft standhielt, weiß, was Tapferkeit ist – wer dann? Die Strategie des Sokrates besteht nun darin, daß nicht er Auskunft gibt, sondern daß er den anderen zuerst einmal Gelegenheit gibt, mit ihrer Weisheit zu brillieren. Welche Definition von Tapferkeit Laches aber auch immer vorschlägt, Sokrates demontiert diese durch ganz einfaches Nachfragen. Daraus kann man übrigens noch immer viel über Definieren und Definitionsfehler lernen. Laches fängt mit einer Definitionsart an, mit der in solchen Fällen oft begonnen wird – mit einem Beispiel: „*Wenn einer entschlossen ist, in Reih und Glied standhaltend sich gegen die Feinde zu wehren und nicht flieht, der ist gewiß ein tapferer Mann.*“ Sokrates ist nicht zufrieden, denn, wie andere Beispiele zeigen, es kann auch jemand, „*der fliehend mit den Feinden*

9 Platon, Apologie, S. 32

kämpft" durchaus tapfer sein. Die Definition war also zu eng. Man muß eine allgemeinere Bestimmung suchen. Sokrates läßt Laches ein „*gleichbleibendes Vermögen*" suchen, ist aber mit der Antwort des Laches, daß dieses in einer „*Beharrlichkeit der Seele*" liege, gar nicht zufrieden – denn Tapferkeit sei zweifellos etwas Schönes, es gäbe aber durchaus Formen der Beharrlichkeit, die schädlich, unheilvoll und häßlich sind. Laches muß auch dies zugeben und bestimmt nun Tapferkeit als das „*vernünftige Ausharren*". Ein einfaches Beispiel genügt Sokrates, um diese Definition zu demontieren: Wenn jemand ausharrt in der vernünftigen Verwendung von Geld, ist das noch lange keine Tapferkeit. Was immer Laches und andere Gesprächspartner versuchen – keine Bestimmung der Tapferkeit hält den kritischen Nachfragen des Sokrates stand, so daß sich die Gesprächspartner am Ende eingestehen müssen, den Begriff der Tapferkeit nicht gefunden zu haben.[10]

Es wird hier also deutlich gezeigt, was das von Sokrates behauptete Nichtwissen ist: es ist nicht nur seine sprichwörtliche Bescheidenheit – *ich weiß, daß ich nichts weiß* –, sondern es wird auch deutlich, was die Kehrseite dieses Satzes ist. Das eigentlich Irritierende ist ja nicht, daß Sokrates behauptet, daß er weiß, daß er nichts weiß, sondern daß alle anderen behaupten, sie wissen etwas, bei genauerer Prüfung es sich aber herausstellt, daß sie auch nichts wissen, aber glaubten, etwas zu wissen, weshalb Sokrates, der dieser Fehlmeinung erst gar nicht verfallen ist, wegen der Einsicht in sein eigenes Nichtwissen tatsächlich weiser ist alle anderen. Sokrates destruiert damit – indem er sein Nichtwissen als das einzige Wissen behauptet, das er hat – das inhaltliche Wissen der anderen. In zahllosen Gesprächen zerstörte er systematisch das, was die Menschen als ihr Wissen glaubten, und wies nach, daß sie immer nur Partielles wissen, daraus aber völlig falsche Schlußfolgerungen auf das Allgemeine ziehen. Auf die zentralen Fragen nach der eigentlichen Beschaffenheit ihres Tuns und Glaubens wissen sie letzlich keine Antwort.

Zwei Gesichtspunkte kennzeichnen so die Methode des Sokrates: einerseits diese perennierenden und enervierenden *Was-ist-Fragen*. Sokrates gibt sich nicht zufrieden mit einem Beispiel, sondern will tatsächlich eine bündige Antwort haben auf die Frage: was ist Tapferkeit. Sokrates fordert eine Definition, unter die alle möglichen und denkbaren Fälle der Tapferkeit fallen. Wer diese nicht geben kann, weiß offenbar nicht, was Tapferkeit ist, und darf deshalb eigentlich auch nicht behaupten, je tapfer gewesen zu sein. Das offenbar

10 Platon, Laches. In: Platon, Sämtliche Dialoge, hg. v. Otto Apelt, Band I. Hamburg: Meiner, 1988, S. 34ff.

gewordene Nichtwissen des anderen entlarvt so immer auch die Hybris seines Tuns. Das ist vielleicht das eigentlich Verstörende der sokratischen Methode. In gewisser Weise werden seine Gesprächspartner in ihrer Lebensführung blamiert. In diesem Wissen des Nichtwissens denen gegenüber, die glauben, etwas zu wissen und in Wirklichkeit nichts wissen, kommt sehr wohl eine Form von Überlegenheit zum Ausdruck, die auch als eine Dimension der vielzitierten *sokratischen Ironie* verstanden werden kann.

Sokrates hat selbst angeblich diese Methode, durch die er dieses Nichtwissen aus den Menschen herausholt und ihnen klar macht, was sie alles nicht wissen, wenn sie glauben, sie wissen etwas, einmal *Mäeutik* (Hebammenkunst) genannt. Das markiert den anderen Gesichtspunkt seines Verfahrens und hatte weitreichende Konsequenzen für die Philosophie. Sokrates hat damit die Philosophie ganz deutlich von den empirischen Wissenschaften geschieden. Nicht durch Erfahrung wird man weise, obwohl man durch Erfahrung viel lernen kann. Sokrates ging davon aus, daß das eigentliche Wissen im Inneren des Menschen steckt und aus ihm nur durch Nachdenken herausgeholt werden kann. Die äußere Form des Nachdenkens aber ist dieses fragende, argumentierende, nach Begründungen suchende und Begründungen einfordernde Gespräch, der *sokratische Dialog*.

Im Grunde hat Sokrates damit in unser Denken eine bestimmte Form der Argumentation eingeführt, die schon alle Probleme der Logik zeigt, ohne daß diese formalisiert worden wären, was erst ARISTOTELES (384–322 v. Chr.) versucht hat. Aber Sokrates fragt letztlich immer nach der Logizität, der Argumentierbarkeit der Begründungen, die ihm angeboten werden. Damit verlagert er den Hauptakzent des Wißbaren in das Innere, in die Geistigkeit, die Denkfähigkeit, die Vernünftigkeit der Menschen. In uns selbst schlummern jene Fähigkeiten, die es herauszuholen gilt und die – wenn wir imstande sind, uns zu erkennen – zu jener Bescheidenheit führen, die Sokrates angeblich gelebt hat und die doch auch ein Gestus von Überlegenheit war, den er ja bis zu seinem tragischen Ende beibehalten hat.

Sokrates wurde von den Athenern mit einer knappen Mehrheit zum Tode verurteilt. Freunde boten ihm an, ihm zur Flucht zu verhelfen. Sokrates weigerte sich – er würde vor sich unglaubwürdig werden, wenn er die Gesetze, die er selbst verteidigt hat, jetzt mißachten würde. Seine Verurteilung mag ein Fehlurteil gewesen sein, aber es ist ein rechtmäßiges Urteil – und er entzieht sich diesem nicht, zumal der Tod nichts sei, was er fürchten müsse. In seiner Verteidigungsrede hat Sokrates auch sein Verhältnis zum Tod geklärt, und damit eines der zentralen Themen der Philosophie berührt. Man hat ihn zwar zum Tod verurteilt, aber das erschüttert ihn nicht sehr, weil er den Tod sogar für ein Glück hält: „*Auch von folgender Seite her wollen wir uns klarmachen, wieviel Ursache wir haben zu hoffen, daß der Tod ein Glück sei. Eines von zweien nämlich ist das Totsein: entweder ist es eine Art Nichtsein, so daß der Tote keinerlei Empfindung hat von irgend etwas, oder es ist, wie der Volksmund sagt, eine Art Verpflanzung und Übersiedelung der Seele von hier nach einem anderen Ort. Im ersten Falle nun, wo von Empfindung nicht mehr die Rede ist, sondern von einer Art Schlaf, der so tief ist, daß dem Schlafenden nicht einmal irgendein Traumbild erscheint, wäre der Tod ein wunderbarer Gewinn. Denn ich glaube, wenn einer eine solche Nacht, die ihm einen völlig traumlosen Schlaf gebracht hat, auswählte und ihr die übrigen Nächte und Tage seines Lebens gegenüberstellen müßte, um zu entscheiden, wie viele Tage und Nächte in seinem Leben er glücklicher verbracht habe als diese Nacht – ich glaube dann wird nicht etwa bloß ein Mann gewöhnlichen Schlages sondern der Großkönig in eigener Person finden, daß diese sich sehr leicht zählen lassen im Vergleich zu den anderen Tagen und Nächten. Ist also der Tod von dieser Art, so nenne ich ihn einen Gewinn; denn die ganze Ewigkeit scheint dann eben nichts weiter zu sein als eine einzige solche Nacht. Ist aber der Tod gleichsam eine Art Auswanderung von hier nach einem anderen Ort und hat es mit dem, was der Volksmund sagt, seine Richtigkeit, daß dort alle Verstorbenen weilen, was gäbe es dann, ihr Richter, für ein größeres Glück als dieses? Denn findet einer bei seiner Ankunft im Hades, erlöst von diesen sogenannten Richtern, die wahren Richter, die dort, wie es heißt, Recht sprechen, Minos, Rhadamanthys, Aiakos und Triptolemos nebst den anderen Heroen, die ein rechtschaffenes Leben geführt haben, wäre das etwa eine Verschlechterung unserer Aufenthaltsstätte? Oder aber mit Orpheus, Musaios, Hesiod und Homer zu verkehren, wieviel würde mancher von euch dafür geben! Ich wenigstens wollte gern oftmals des Todes sein, wenn dem so ist. […] Und dann noch die Hauptsache: seine Aufgabe darin zu sehen, daß man die dort Weilenden ausforsche und prüfe wie die Menschen hier auf Erden, wer von ihnen weise sei und wer es zu sein glaube, ohne es doch zu sein. Wieviel gäbe mancher darum, wenn er die Führer des großen Heeres vor Troja oder den Odysseus oder den Sisyphos oder tausend andere, die zu nennen wären, Männer und Frauen, verhören könnte! Mit ihnen dort sich zu unterhalten und zu verkehren und sie auszuforschen, welches überschwengliche Glück wäre das. Und so viel wenigstens ist doch ganz sicher: dort verhängt man nicht wegen solcher Unterredungen die Todesstrafe.*“[11]

---

11 Platon, Apologie, S. 61ff.

Die Verurteilung zum Tode bereitet Sokrates so keinen Schrecken; entweder ist der Tod wie ein endloser, traumloser, glückseliger Schlaf, oder die Seele lebt weiter. Dann aber kann der Philosoph seinem geliebten Geschäft des Ausfragens und Verhörens dort weiter nachgehen und wird vielleicht jene Antwort finden, die er gehofft hatte, schon in seinem irdischen Dasein zu finden: ob es irgend jemanden gäbe, der weiser wäre als Sokrates.

2. Vorlesung

Platon – Eros und Wahrheit

Das Bild, das wir bis heute von Sokrates haben, wurde im wesentlichen von seinem Schüler PLATON (472–347 v. Chr.) geprägt – so sehr, daß der Unterschied zwischen sokratischem und platonischem Philosophieren oft schwer fällt. Wer aber war Platon? Die Antwort auf diese Frage scheint auf den ersten Blick relativ wenig Probleme zu bereiten, denn Platon ist einer der wenigen antiken Philosophen, von dem ein umfangreiches Œuvre überliefert ist. Platon wurde die Antike hindurch tradiert, immer wieder abgeschrieben und gelehrt, so daß wir das Glück haben, seine Schriften nahezu vollständig zu kennen – abgesehen von etlichen Dialogen, die lange Zeit Platon zugeschrieben wurden, die sich aber mittlerweile (und auch schon in der Antike) als Fälschungen herausgestellt haben. Die Bedeutung Platons besteht aber nicht zuletzt darin, daß er uns einen nahezu vollzähligen Katalog jener philosophischen Probleme hinterlassen hat, an denen wir uns seit 2000 Jahren abarbeiten und von denen wir die meisten wohl noch immer nicht befriedigend gelöst haben. Es scheint so nicht übertrieben, wenn manchmal gesagt wird, daß die europäische Philosophie im wesentlichen eine Auseinandersetzung mit dem Denken Platons ist.

Geboren wurde Platon 427 v. Chr., gestorben ist er etwa 347 v. Chr. Das hohe Alter, das er erreicht hat, paßt zweifellos gut zum Bild jenes ehrwürdigen Philosophen, das in der Tradition immer wieder mit ihm verknüpft wurde. Platon stammte aus einer vermögenden, altehrwürdigen, aristokratischen Athener Familie und muß sich schon in jungen Jahren – wohl gegen den Willen seiner Familie – Sokrates angeschlossen haben. Platon war zweifellos für eine politische Laufbahn vorgesehen gewesen, zumal Athen in dieser Phase, nachdem der Krieg gegen Sparta verloren war, in eine schwere Krise geraten war. Platon war solchen Perspektiven auch nicht abgeneigt, aber es muß etwas gegeben haben, das ihn davor gewarnt hat, allzu schnell die eine oder andere Partei im aktuellen Machtkampf zu ergreifen. Seine Begegnung mit Sokrates hat bei dieser Vorsicht sicher eine Rolle gespielt. Er selbst sagt an mehreren Stellen, daß ihn das korrupte Verhalten innerhalb der Athener Aristokratie abgestoßen hätte, und er beklagt, daß er keinen gefunden habe, der seinen Vorstellungen von staatsmännischer Gerechtigkeit und politischem Weitblick genügt hätte.

Von Platon besitzen wir ein autobiographisches Dokument ersten Ranges, einen ausführlichen Brief. Platon hat nicht nur seine bekannten *Dialoge* geschrieben, sondern es sind auch etwa ein Dutzend Briefe überliefert, die allerdings – das macht die Sache für uns nicht gerade einfach – in ihrer Authentizität angezweifelt worden sind. Der sogenannte *Siebente Brief*, gerichtet an Freunde, aber offenbar schon für eine größere Öffentlichkeit gedacht, enthält nicht nur entscheidende Hinweise zu Platons Leben, sondern auch einen Gedanken, der im Gegensatz zu allem zu stehen scheint, was wir aus Platons sonstigem Denken und Wirken wissen, so daß man sehr lange diesen *Siebenten Brief* für eine Fälschung gehalten hat. Mittlerweile hat sich die Forschung aber dazu durchgerungen, ihn für echt zu halten. Diesen *Brief* dürfte Platon in relativ hohem Alter geschrieben haben, rückblickend auf seine eigene Entwicklung. Er reflektiert über die Möglichkeiten, die er als Politiker gehabt hätte und erläutert, warum er skeptisch geworden war: *„Schließlich aber kam ich zu der Überzeugung, daß alle jetzigen Staaten samt und sonders politisch verwahrlost sind, denn das ganze Gebiet der Gesetzgebung liegt in einem Zustand darnieder, der ohne eine ans Wunderbare grenzende Veranstaltung im Bunde mit einem glücklichen Zufall geradezu heillos ist. Und so sah ich mich denn zurückgedrängt auf die Pflege der echten Philosophie, der ich nachrühmen konnte, daß sie die Quelle der Erkenntnis ist für alles, was im öffentlichen Leben sowie für den Einzelnen als wahrhaft gerecht zu gelten hat. Es wird also die Menschheit, so erklärte ich, nicht eher von ihren Leiden erlöst werden, bis entweder die berufsmäßigen Vertreter der echten und wahren Philosophie zur Herrschaft im Staate gelangen oder bis die Inhaber der Regierungsgewalt in den Staaten infolge einer göttlichen Fügung sich zur ernstlichen Beschäftigung mit der echten Philosophie entschließen.“*[1]

Hier findet sich einer der zentralen und ganz bestimmenden Gedanken im platonischen Denken, nämlich die Frage nach der gerechten Ordnung eines

1 Platon, Siebenter Brief. In: Platon, Sämtliche Dialoge, hg. v. Otto Apelt, Hamburg: Meiner, 1988, Band VI, S. 48

Gemeinwesens. Es geht Platon nicht um Erkenntnis um der Erkenntnis willen, sondern es geht ihm um Erkenntnis um der Gerechtigkeit willen. Seine ursprüngliche Intention, Politiker zu werden, ist, mehr aus Not denn aus Tugend, zurückgenommen in eine grundsätzliche philosophische Fragestellung: Was sind denn die Voraussetzungen, was muß man wissen, um den Beruf eines Politikers adäquat erfüllen zu können? Wenn Politik heißt, gerechte Verhältnisse herzustellen, muß dann nicht vorab gewußt werden, was Gerechtigkeit eigentlich ist? Das erfährt man aber nicht in der politischen, intriganten, machtgierigen Praxis, sondern nur im Rückzug in die Welt der Philosophie. Denn diese bietet die einzige Möglichkeit, auf diese alles entscheidende Frage eine Antwort zu geben. Das Ergebnis seines Nachdenkens allerdings, das Platon in diesem Brief kurz resümiert, hat es in sich: Gerechte Verhältnisse sind nur herzustellen, wenn entweder die Herrschenden Philosophen oder die Philosophen zu Herrschenden geworden sind – ein Gedanke, den Platon in seinem zentralen Werk über den Staat, der *Politeia,* ausgeführt und begründet hat. Diese These erwies sich, aus heutiger Perspektive betrachtet, als frommer Wunsch. Weder sind die Philosophen irgendwo je zur Herrschaft gelangt – und wenn, dann hat es sich bald herausgestellt, daß es offensichtlich die falschen Philosophen waren – noch scheint es so zu sein, daß diese göttliche Gnade irgendeinen der tatsächlich Regierenden so erleuchtet hat, daß er zur wahrhaften Beschäftigung mit der Philosophie sich je hätte entschließen können. Dazu hat man wahrscheinlich schlicht keine Zeit mehr, wenn man regiert. Platon allerdings hielt daran fest, daß es einen nicht nur beiläufigen, sondern ganz wesensmäßigen Zusammenhang zwischen der Erkenntnisleistung der Philosophie und der Möglichkeit, gerechte und soziale Verhältnisse in einer Gesellschaft herzustellen, gibt. Die Frage, wie man leben soll, ist untrennbar an die Möglichkeit der philosophischen Erkenntnis des Guten gebunden. Läßt sich diese Möglichkeit philosophischer Erkenntnis nicht nachweisen, dann stürzen wir mit unserem Anspruch, ein gutes, gerechtes, humanes Leben zu führen, ins Bodenlose.

Platon schlug deshalb nach dem Tod des Sokrates – er war etwa 28 Jahre, als Sokrates den Schierlingsbecher trank – keine politische Laufbahn ein, sondern verfolgte weiter einen Weg des erkennenden Philosophierens. Dazu unternahm er auch eine Reihe von Studienreisen, nach Ägypten, dann nach Süditalien, wo er die Zahlenmystik der Pythagoräer kennenlernte. Drei Aufenthalte in Sizilien verfolgten allerdings einen anderen Zweck: sie waren so etwas wie die Probe aufs Exempel, denn Platon erhielt die Chance, tatsächlich als philosophierender Berater von Tyrannen zu fungieren. Der Philosoph bekam also die Möglichkeit, politisch zu handeln, und er wollte diese auch nützen, wollte seine philosophischen Vorstellungen von Gerechtigkeit und vom idealen Gemeinschafts- und Staatswesen in Zusammenarbeit mit den Tyrannen von Syrakus erproben. Alle diese Versuche sind gescheitert – und damit waren auch die politischen Ambitionen der Philosophie bis auf weiteres diskreditiert.

Die erste Reise Platons zu dem Tyrannen Dionysios endete katastrophal. Dionysios war wenig begeistert von Platons Überlegungen, zudem war Platon ziemlich schockiert über das haltlose Leben in Süditalien. Platon sah sich einem seiner Meinung nach völlig verrotteten Staat gegenüber: „*Zweimal des Tages füllt man sich den Bauch mit reichlicher Mahlzeit, schläft niemals allein in seinem Bett, und dementsprechend ist der ganze Lebenszuschnitt. Bei solcher Lebensweise kann doch niemand unter der Sonne, wenn er es von Jugend auf so treibt, jemals ein anständiger Mensch werden – denn wem wäre eine so erstaunliche Kraftnatur als Mitgift verliehen? –, der besonnenen Mäßigung ganz zu geschweigen; und auch mit den übrigen Tugenden steht es wohl ebenso. Auch kann kein Staat, und möchte er auch noch so gute Gesetze haben, wirklich zur Ruhe kommen, wenn seine Bürger glauben übermäßigen Aufwand treiben zu müssen, anderseits sich für zu gut halten für jede andere Tätigkeit als Schmausereien, Trinkgelage und die mit wahrem Feuereifer betriebenen Liebesgenüsse. Es ist meiner Ansicht nach ganz unausbleiblich, daß solche Staaten unaufhörlich zwischen Tyrannenherrschaft, Oligarchie und Demokratie hin und her schwanken, und was eine gerechte und auf Gleichheit vor dem Gesetz beruhende Verfassung anlangt, so sträuben sich die Machthaber in ihnen, auch nur den bloßen Namen einer solchen sich zu Ohren kommen zu lassen.*“[2]

Platons Absicht war es wohl, dieser verwahrlosten Syrakuser Gesellschaft so etwas wie eine Idee von Sittlichkeit und eine darauf gründende rigide staatliche Verfassung zu geben. In den verwirrenden Machtkämpfen, in die er verstrickt wurde, machte der Philosoph aber eine eher hilflose Figur. Ein antiker Bericht, den wir nicht genau verifizieren können, spricht sogar davon, daß Platon gefangengenommen und als Sklave verkauft worden war.[3] Platon reist noch ein zweites, dann ein drittes Mal nach Syrakus, als Dionysios II. an die Macht kommt, der vorgibt, ein wahrhaftes Interesse an der Philosophie zu haben. Nach seiner Ankunft macht Platon allerdings folgendes: Er testet

---

2 Platon, Siebenter Brief, S. 48f.

3 Laertios, Leben und Meinungen berühmter Philosophen. Übersetzt von Otto Apelt. Hamburg: Meiner, 1990, S. 157f.

Dionysios II. darauf hin, ob er tatsächlich ein authentisches Gespür für die Philosophie hat. Dieses Verfahren, die ehrliche Leidenschaft eines Menschen für die Philosophie herauszubekommen, ist interessant genug, um etwas ausführlicher darauf einzugehen – unter Umständen läßt sich dieser Test, und sei es auch nur zur Selbstprüfung, vielleicht immer noch verwenden. Platon hat sein Vorgehen später wie folgt geschildert: „*Man muß nämlich solchen Leuten die (philosophische) Aufgabe in ihrem ganzen Umfang, muß das Eigentümliche des Gegenstandes, die zahlreichen Schwierigkeiten und die große dazu erforderliche Mühe deutlich zu erkennen geben. Ist nämlich, wer das hört, ein wahrhafter Freund der Weisheit, innerlich mit ihr verwandt und als Gottbegeisterter berufen sich mit ihr zu befassen, so glaubt er Kunde erhalten zu haben von einem Wege, der in ein Wunderland führt, das zu erreichen er fortab alle Kraft einsetzen müsse: lieber will er auf das Leben verzichten als auf dieses Ziel. [...] Von dieser Anschauung durchdrungen, und von diesem Triebe erfüllt geht ein solcher seinen Berufsgeschäften zwar nach, welcher Art sie auch sein mögen, bleibt aber vor allem immer der Philosophie treu ergeben und bedacht auf eine alltägliche Lebensweise, die seine Fassungskraft, sein Gedächtnis und sein Denkvermögen bei innerer Nüchternheit bis zum denkbar höchsten Grade steigert, während die dieser entgegengesetzte ihm für immer aufs Tiefste verhaßt ist. Ganz anders diejenigen, die mit der Philosophie nicht wahrhaft, verwachsen sind, sondern sich in dem nur äußerlichen Farbenschimmer bloßer Meinungen gefallen, gleichend den Leuten, deren Körper von der Sonne gebräunt ist: wenn sie den Umfang des Wissensgebietes und das hohe Maß der erforderlichen Anstrengung gewahr werden und sehen, daß die streng sittliche Lebensweise die einzig für diese Aufgabe passende ist, so erscheint ihnen die Sache schwierig und über ihre Kräfte hinausliegend; sie versagen also im Dienste der Philosophie; einige von ihnen aber betrügen sich selbst mit der Einbildung, sie hätten durch das Gehörte schon eine genügende Vorstellung des Ganzen und könnten sich weitere Bemühungen sparen. Das ist die klare und die sicherste Art der Vergewisserung bei Genußmenschen, die zu ausharrender Anstrengung unfähig sind.*“[4]

Platon macht das Gegenteil dessen, was ein Sophist, Guru oder Heilslehrer gemacht hätte. Er sagt nicht: Mach ein Wochenend-Seminar bei mir, und ich zeige dir einen raschen Weg zur Erkenntnis, sondern er macht klar, daß die Sache der Philosophie schwierig ist: man muß lange denken, viel lesen, oft wird man nichts verstehen, man muß sich in Gespräche verstricken, Zeit aufwenden, und dann ist immer nicht gewiß, ob man je etwas begreifen wird. Dies

4 Platon, Siebenter Brief, S. 70f.

demonstrierte Platon offensichtlich dem jungen Tyrannen. Entweder erweist sich dieser nun als ein Enthusiast, der das dadurch zeigt, daß er alles andere hintanstellen wird, um auf dem Wege zur Weisheit weiterzugehen, oder aber er reagiert so, wie es der junge Dionysios dann auch tatsächlich getan hat: Er nimmt bereitwillig zur Kenntnis, was ihm erzählt wird, aber er fragt nicht weiter, denn das würde ins Uferlose führen; ja nicht nur das, er macht etwas, was für Platon das stärkste Zeichen ist, daß er von der Philosophie nichts verstanden hat: Er schreibt das, was ihm erzählt worden ist, sorgsam auf und tut so, als hätte er damit eine Lehre gewonnen, die nun in seinem Besitz ist.

Über diese Beobachtung kommt Platon nun zu jener berühmten und berüchtigten Stelle des *Siebenten Briefes*, in der er grundsätzlich bezweifelt, daß *Verschriftlichung* etwas mit wahrhafter Philosophie zu tun haben könnte. Denn wer glaubt, daß die Wahrheit, die Erkenntnis, die Weisheit fixierbar ist, hat offensichtlich nicht begriffen, worum es geht – und das gilt auch und vor allem für das, was Platon selbst geschrieben hat: „*So viel indes kann ich von allen versichern, die darüber geschrieben haben und schreiben werden und die sich für wohlunterrichtet ausgeben über den Inhalt meiner philosophischen Bestrebungen, mögen sie es nun von mir gehört haben wollen oder von anderen oder mögen sie es selbst gefunden haben: sie verstehen von der Sache gar nichts; meiner Meinung nach wenigstens ist das ganz unmöglich. Wenigstens gibt es von mir selbst keine Schrift darüber und wird auch keine geben. Denn es steht damit nicht so, wie mit anderen Lehrgegenständen: es läßt sich nicht in Worte fassen, sondern aus lange Zeit fortgesetztem, dem Gegenstande gewidmetem wissenschaftlichen Verkehr und aus entsprechender Lebensgemeinschaft tritt es plötzlich in der Seele hervor wie ein durch einen abspringenden Funken entzündetes Licht und nährt sich dann durch sich selbst. […] Wäre es aber meiner Ansicht nach möglich, diese Dinge in einer für das Publikum befriedigenden Weise niederzuschreiben oder mündlich vorzutragen, was könnte ich dann für ein schöneres Werk aufweisen in meinem Leben als der Menschheit durch solche Schrift ein großes Heil zu bescheren und das Wesen der Dinge für alle ans Licht gezogen zu haben? Aber meines Erachtens bringt ein dahin gerichteter Versuch schwerlich einen Gewinn für die Menschen, höchstens für die wenigen, die auf einen kleinen Wink hin selbst imstande sind es zu finden; die übrigen aber würden dadurch sehr zum Schaden der Sache teils mit einer übel angebrachten Verachtung der Philosophie erfüllt werden teils mit einem ganz übertriebenen und hohlen Selbstbewußtsein, als wären sie im Besitze wer weiß welcher hohen Weisheit.*“[5]

---

5 Platon, Siebenter Brief, S. 71f.

Das behauptet also jemand, der zu diesem Zeitpunkt doch schon etliche philosophische Schriften verfaßt haben muß. Es ist naheliegend, deshalb die Echtheit dieses Briefs zu bezweifeln. Setzt man die Authentizität des Briefes jedoch voraus, wirft dies ein neues Licht auf Platons Philosophie. Die neuere Platonforschung geht deshalb auch davon aus, daß die berühmten *Dialoge* nicht Platons eigentliche Lehre darstellen können, sondern nur Vorstufen, Möglichkeiten, Modelle, gedankliche Experimente sind, die kein Ergebnis bringen können, weil jedes definitive Resultat philosophischen Bemühens in der schriftlichen Form sich selbst durchstreichen würde. Man spricht daher auch von einer *ungeschriebenen Lehre* Platons. Bei der Lektüre der platonischen Dialoge müßte dieses ungeschriebene Moment der reinen Oralität, der reinen Sprachlichkeit, das nicht schriftlich fixiert werden kann, sondern sich im flüssigen, offenen Dialog immer aufs Neue realisiert, berücksichtigt werden.[6]

Aktuell an dieser Auffassung ist nicht nur die Warnung vor Philosophien, die sich als geschlossene, fixier- und damit auch transportierbare Wahrheiten geben; aktuell ist auch die Einsicht, daß die Philosophie in ihrer authentischen Gestalt immer ein lebendiges Philosophieren ist, das keine endgültigen Resultate, keine definitiven Ergebnisse, keine zählbaren Produkte haben kann. Die Forderung noch einer überprüfbaren Effektivität der Philosophie widerspräche unter diesen Voraussetzungen dem philosophischen Geist selbst. Zumindest für Platon war vielleicht doch entscheidend, daß Philosophie sich nur in einem Dialog als lebendige Auseinandersetzung realisieren kann, ja vielleicht nur in einer Lebensgemeinschaft von Philosophen, in der allein so etwas wie der Funke der Erkenntnis ein Licht der Weisheit entzünden kann. Nachdem sein politisches Experiment in Syrakus gescheitert war, versuchte Platon, seine Philosophie zumindest als wissenschaftliches Lebensexperiment weiterzuführen. Zu diesem Zweck gründete er etwa um 370/360 v. Chr. die *Akademie*, einen Ort des permanenten philosophischen Gesprächs, benannt nach dem Heros Akádemos, in dessen Hain sie sich befand. Dieser *platonischen Akademie*, die das Geistesleben der Antike ganz entscheiden geprägt hat und bis heute Vorbild für einen bestimmten Typus le-

---

6 Vgl. dazu Giovanni Reale, Zu einer neuen Interpretation Platons. Eine Auslegung der Metaphysik der großen Dialoge im Lichte der ‚ungeschriebenen Lehren'. Paderborn: Schöningh, 1993 sowie Hans Krämer, Platons ungeschriebene Lehre. In: Theo Kobusch / Burkhard Mojsisch (Hg.), Platon. Seine Dialoge in der Sicht neuerer Forschung. Darmstadt: Wissenschaftliche Buchgesellschaft, 1996, S. 249ff.

bendiger Lehre und Forschung geblieben ist, war eine jahrhundertelange Dauer und Kontinuität beschieden. Dem oströmischen christlichen Kaiser Justinian kommt die zweifelhafte Ehre zu, die *platonische Akademie* als verhaßtes Relikt des Heidentums 529 n. Chr. aufgelöst zu haben.

Für seine skeptische Haltung gegenüber der Möglichkeit, philosophische Erkenntnis zu verschriftlichen, gibt Platon im *Siebenten Brief* allerdings selbst weitere wichtige Argumente an. Zu bedenken ist dabei vielleicht allerdings, daß Platon in einer medialen Umbruchsituation lebte. Schriftlichkeit war im 5. und 4. vorchristlichen Jahrhundert eher etwas Neues und wurde von denjenigen, die noch die oralen Traditionen der Philosophie und Literatur kannten, mit Mißtrauen und Unbehagen beobachtet. Platon ging es aber auch um grundsätzliche Einwände gegen die Schrift, die sich aus seinem Begriff von Erkenntnis, den er im *Siebenten Brief* auf sehr anschauliche Weise skizziert, ableiten lassen.

Platon kennt drei Voraussetzungen, die bei einem Erkenntnisprozeß gegeben sein müssen. Die erste Voraussetzung ist, daß man für das zu Erkennende einen *Namen* braucht, eine sprachliche Bezeichnung für das, was man sinnlich, aber auch nicht-sinnlich ins Auge faßt. „Kreis" wäre zum Beispiel ein sprachlich bezeichnetes Ding, dem eben dieser Name zukommt. Die zweite Voraussetzung ist der *Begriff*, der nicht identisch mit dem Namen ist. Den Begriff nennt Platon den *logos*. Der Begriff des Kreises etwa setzt sich zusammen aus Haupt- und Zeitwörtern und deckt sich mit der Definition eines Kreises. Ein Kreis ist so nach Platon durch das gegeben, „*was allseitig von den Endpunkten zum Mittelpunkt die gleiche Entfernung hat.*" Damit ist der Begriff des Kreises bestimmt, und zwar so, daß jeder nur denkbare Kreis darunter fällt. Die dritte Voraussetzung besteht dann in der sinnlichen Veranschaulichung des Begriffs, in einem „*körperlichen Bild, gezeichnet und wieder weggewischt, oder vom Drechsler hergestellt und der Vernichtung preisgegeben*". Diese Versinnlichung ist allerdings unvollkommen, kontingent und der Veränderung preisgegeben, was auf den Begriff selbst nicht zutrifft.

Sind diese drei Voraussetzungen: Name, Begriff und Bild gegeben, kann es zu einem vierten Schritt, zur eigentlichen wissenschaftlichen Erkenntnis, zu einem rationalen Urteil, zu einer vernünftigen Einsicht in den und zu einer wahren Meinung über den zu erkennenden Gegenstand kommen. Erkennen, Urteilen und Meinen sind aber nach Platon „*Tätigkeiten, die sich zusammenschließen zu einer Einheit, welche nicht in sprachlichen Lauten oder in körperlichen Gebärden sich geltend macht, sondern in der Seele ihren Sitz hat, wo-*

durch dann klar wird, daß sie verschieden ist sowohl von der Natur des Kreises selbst wie auch von jenen vorher genannten Punkten".[7]

Diese Voraussetzungen und die wissenschaftlich-rationale Erkenntnis müssen also gegeben sein, sind aber noch nicht hinreichend. Alle diese Punkte kann man – so Platon – niederschreiben oder aufzeichnen; gleichzeitig sind aber diese Punkte, gerade weil sie schriftlich fixierbar sind, höchst anfällig für Unsicherheit, Kritik, ein Spiel, das man damit treiben kann. Das fängt beim *Namen* an. Schon Platon vertritt die Theorie – die man später *Nominalismus* genannt hat –, daß Namen willkürliche Bezeichnungen sind. Es gibt keine natürlichen Namen der Dinge. Wir stehen immer vor dem Problem, diese Differenz von Zeichen und Bezeichnetem mitdenken zu müssen, wenn wir uns überlegen, ob ich mit einem Namen, einem Wort wirklich das meine, was ich darunter fallen lassen will und ob der andere tatsächlich auch versteht, was ich damit meine. Am Namen, am Wort, am Zeichen kann die Wahrheit nicht gefunden werden. Sie ist aber auch nicht in der sinnlichen Darstellung. Diese hat zwar den Vorteil der Anschaulichkeit, der unmittelbaren Evidenz und sinnlichen Präsenz, sie ist allerdings zufällig, einzeln und immer nur *ein* herausgegriffenes Beispiel, eine mögliche Variante, nie die Sache selbst. Aber auch die Möglichkeit der Begriffsdefinition ist eine unsichere Sache. Denn auch mit Definitionen läßt sich leicht Verwirrung stiften. Die vielen Debatten um die richtige Definition von Begriffen wie Wahrheit, Gerechtigkeit, Liebe, Schönheit etc. können schnell zu der resignativen Einsicht führen, daß es wirklich gültige und allgemein akzeptierte Definitionen kaum gibt. Auch das Resultat eines durchaus begründeten Urteilens und abwägenden Meinens stellt so noch keine wirklich adäquate Form des Erkennens dar, denn es ist angewiesen auf Sprache und sprachliche Operationen; wohl aber ist dieses sprachliche Urteil Voraussetzung für den höchsten, eigentlichen, den fünften und letzten Schritt der Erkenntnis, zu der von allen sinnlichen Beschränkungen losgelösten inneren Anschauung des eigentlichen Wesens einer Sache, der *Idee*: „*Und erst wenn alles Einzelne, Namen, Begriffsbestimmungen, sinnliche Anschauungen und Wahrnehmungen in mühsamer Arbeit nach ihrem gegenseitigen Verhältnis zueinander in einem trotz aller Widerlegungen stets versöhnlichen Tone erörtert und ohne alle Gereiztheit bei Fragen und Antworten durchgeprüft ist – erst dann lassen Einsicht und Vernunft ihr Licht er-*

---

7 Platon, Siebenter Brief, S. 73

strahlen über jeglichen Gegenstand, mit einer Kraft, die sich bis zur Grenze des für Menschen überhaupt Erreichbaren steigert."[8]

Diese Idee aber ist nicht schriftlich fixierbar. Denn sobald ich glaube – und das erklärt Platons Skepsis gegenüber der Schriftlichkeit –, eine Idee erkannt zu haben und diese nun formulieren will, verstricke ich mich in jene Unsicherheiten, die durch die Anschauung der Idee überwunden werden sollen: mehrdeutige Worte, Sätze, die unterschiedlich interpretiert werden können, Beispiele, die unvollständig und verzerrt sind. Das heißt, sobald eine wahre Erkenntnis *formuliert* werden soll, hört sie auf, *wahre* Erkenntnis zu sein. Vielleicht läßt sich im offenen Gespräch, im Dialog, im konzentrierten Denken eine Annäherung an die Idee finden; fixieren, schriftlich niederlegen, dogmatisch feststellen und problemlos transportieren läßt sich, folgt man den Gedanken des *Siebenten Briefes*, die Wahrheit allerdings nicht.

Platon hat in seinem berühmten Höhlengleichnis, das sich im 7. Buch der *Politeia* findet, anschaulich und eindrucksvoll gezeigt, wie beschwerlich, ja riskant die wahre Erkenntnis sein kann.[9] Der Philosoph, der sich von den Fesseln der sinnlichen Wahrnehmung und der Sprache befreien will und zur Erkenntnis der Ideen vordringen will, stößt bei seinen Mitmenschen auf Unverständnis und Feindseligkeit. Wie dieser Weg der Erkenntnis aussehen kann, sei hier allerdings an einem, nicht minder berühmten Beispiel Platons demonstriert, an seinen wirkmächtigen Reflexionen über den Eros, die sich in dem Dialog *Symposion* findet. Meistens wird „Symposion" übrigens mit „Gastmahl" übersetzt, richtiger wäre es wohl, und das führt in der Tat schon in den Problembereich ein, von einem „Trinkgelage" zu sprechen.

Der platonische Dialog über den Eros ist ein wunderbares Beispiel, in welch verschiedenen Formen man sich der Erörterung einer Frage widmen kann. Gleichzeitig ist dieser Dialog über den Eros auch in einem ästhetischen Sinn von einer auch sonst bei Platon nicht mehr erreichten poetischen Qualität. Schon die äußere Szenerie dieses Dialogs ist nicht ohne Pikanterie. Junge Athener versammeln sich auf Einladung des AGATHON zu einem Trinkgelage, um dessen Sieg bei einem Tragödienwettbewerb (wahrscheinlich im Jahre 416 v. Chr.) zu feiern. Man beschließt alsbald, nicht nur zu trinken, sondern auch zu philosophieren, und zwar soll jeder eine Lobrede auf *Eros*, den Gott der Liebe, halten. Sokrates, der auch zu diesem Symposion geladen war, ist übri-

8 Platon, Siebenter Brief, S. 76

9 Vgl. dazu Konrad Paul Liessmann, Vom Nutzen und Nachteil des Denkens für das Leben. Vorlesungen zur Einführung in die Philosophie 1. Wien: WUV-Universitätsverlag, [2]1998, S. 61ff.

gens nicht angekommen, weil er auf dem Weg dorthin plötzlich stehengeblieben und in tiefes Nachdenken verfallen war und so den Großteil der Nacht vor dem Haus, wo das Gelage stattfand, sinnend verbracht hat. Es haben zwar etliche Besucher versucht, ihn mitzunehmen, aber Sokrates hat lange nicht reagiert und ist erst spät zu den Trinkern gestoßen. Während Sokrates also vor dem Hause steht und denkt, geht es drinnen ziemlich lustig zu. Die Reden auf Eros sind natürlich voll von witzigen und anzüglichen Anspielungen, trachten aber durchaus danach, das Wesen der Liebe zu erfassen.

Berühmt und vielzitiert wurde etwa die Rede des Komödiendichters ARISTOPHANES, der ja gerade kein Freund des Sokrates gewesen war. Aristophanes versucht sich dem Phänomen „Eros" über einen Kunstmythos zu nähern, der auch heute noch gerne erzählt wird, wenn man die unterschiedlichen Formen, die die Liebe annehmen kann, veranschaulichen will. Von Anfang an, so erzählt Aristophanes, gab es drei Geschlechter: Männer, von der Sonne stammend, Frauen, von der Erde stammend, und gemischte, zwittrige Wesen, vom Mond stammend, weil dieser an Erde und Sonne teilhat. Die Menschen waren damals kugelrund, jeder hatte vier Hände und Füße und jeweils zwei weibliche, zwei männliche oder ein weibliches und ein männliches Geschlechtsorgan. Sie waren relativ stark und klug und dürften die Götter alsbald verärgert haben. Zeus beschloß zur Strafe, sie zu zerteilen und in der Hälfte durchzuschneiden. Sie wurden alle halbiert. Jede Hälfte war getrennt von ihrer anderen Hälfte und suchte sie nun sehnsüchtig. Diese Sehnsucht ist Eros, das Begehren desjenigen, ohne den man unvollständig ist. Wenn man sich aber gefunden hat, dann steht man allerdings Rücken an Rücken. Die Götter erbarmen sich und drehen die Geschlechtsteile um, so daß sie sich auch von vorn nähern und vereinigen können. Die Pointe ist, daß es nun drei Möglichkeiten gibt: Die ehemals Zweigeschlechtlichen suchen jetzt das andere Geschlecht – es ist das normale Mann/Frau-Verhältnis, und in diese Gruppe gehören alle Ehebrecher und Ehebrecherinnen; die, die vorher Frau gewesen waren, suchen ihre weibliche Hälfte, das sind die Tribaden, die Lesbierinnen; die aber, die vorher Mann gewesen waren, suchen ihre gleichgeschlechtliche Hälfte – einen anderen Mann oder Jüngling; es sind die Homosexuellen. Aristophanes läßt überhaupt keinen Zweifel daran, daß die besten, weil männlichsten Männer die Homosexuellen sind, denn die suchen ja den anderen Mann, weil sie vorher ganz und gar Mann gewesen waren. Das war natürlich auch eine Schutzbehauptung gegen den schon in der Antike erhobenen Vorwurf, daß die Knabenliebe, die in Griechenland verbreitetste Form der Homosexualität, eine Art von Verweichlichung darstelle. Diese Geschichte zeigt zumindest, daß Sexualität in allen Varianten, als Heterosexualität, Homosexualität und lesbische Liebe hier ihren Ort hatte und problemlos poetisch theoretisiert werden konnte.

Nachdem alle ihre Rede auf Eros gehalten haben, trifft endlich auch Sokrates ein, der sein Nachdenken beendet hat. Nun soll auch er etwas vortragen, aber – und dies markiert einen raffiniert komponierten Wechsel von der poetischen Rede zur eigentlichen philosophischen Anstrengung – Sokrates weigert sich, eine Lobrede zu halten, sondern er möchte eine Untersuchung anstellen über das Wesen des Eros. Diese Untersuchung kann nur geschehen in Form des Dialogs, aber nicht mit den dort Anwesenden. Sokrates reproduziert einen Dialog aus der Erinnerung, ein Gespräch – und dies ist einzigartig in den platonischen Dialogen – mit einer Frau, mit DIOTIMA, einer Priesterin. Das zweite Auffallende an diesem Gespräch ist, daß dabei die üblichen Rollen vertauscht werden. Sokrates erzählt, daß er noch ganz jung war, als er diese Frau kennenlernte, und nicht er ist es, der in eine sokratische Rolle schlüpft, sondern die Frau übernimmt die Rolle des Fragens und Belehrens. Sie klärt Sokrates über den Eros auf. Sie führt ihn in diesem Gespräch zur Erkenntnis, was Eros eigentlich sei. Und von dieser Erkenntnis leitet sich noch immer – zum Teil mit Recht – unser Begriff der *platonischen Liebe* ab, der allerdings in der Tradition fälschlicherweise verkürzt wurde zu einer absolut entsexualisierten, entsinnlichten Liebe; platonische Liebe heißt heute, nur geistig zu lieben. So ganz war es nicht gemeint. Was Diotima Sokrates lehrte, und dies ist entscheidend, vollzieht sich aber in jenen methodischen Schritten, die auch gleichzeitig den Weg der Erkenntnis einer Idee darstellen. Seitdem ist wahre Erkenntnis selbst mit dem Eros untrennbar verbunden. Dieser Gedanke ist in der immer seltener verwendeten Formel vom *pädagogischen Eros* noch aufbewahrt.

Dieser lange Dialog kommt zu einem ersten Ergebnis: Eros hat etwas damit zu tun, daß man das Schöne begehrt. Oder daß man dann begehrt, wenn man, durchaus auf der Ebene der Sinne und des Körpers, etwas als schön empfindet. Eros selbst, der Gott, ist jedoch nicht schön. Wer liebt, wer begehrt, dem fehlt offensichtlich etwas. Eros ist prinzipiell defizitär. In einem zweiten Schritt erkennt dann Sokrates, daß Schönheit nicht nur eine sinnliche Qualität der Körpers ist, sondern es gibt auch eine schöne Seele, eine innere, eine geistige Qualität. Eros, so Diotima mit einer berühmten Formulierung, ist *„die Zeugung im Schönen, dem Körper wie der Seele nach“*.[10] In einem

10 Platon, Das Gastmahl. In: Platon, Sämtliche Dialoge, hg. v. Otto Apelt. Hamburg: Meiner, 1988, Band III, S. 52

dritten Schritt zeigt die Priesterin, daß diese innere Qualität eine ganz andere Dimension des Eros eröffnet als die rein sinnliche Ebene, nämlich das Wesen der Schönheit, die Idee von Schönheit, das „Urschöne" selbst: „*Wenn aber einer, emporsteigend von diesen irdischen Erscheinungen hienieden auf dem Wege der richtigen Knabenliebe, jenes Urschöne selbst zuerst auftauchen sieht, dann ist er in unmittelbarer Nähe des Zieles; denn das ist der richtige Weg, um selbständig oder von einem anderen geleitet das Ziel der Liebe zu erreichen: beginnend mit dem sinnlich Schönen hienieden muß man dem Schönen zuliebe Schritt für Schritt immer weiter emporsteigen, als ginge es eine Stufenleiter hinauf, von einem einzelnen Schönen zu zweien und von zweien zu allen schönen Körpern, von den schönen Körpern sodann zu den schönen Lebensberufen und von diesen zu den schönen Wissensgebieten und von diesen Wissensgebieten aus gelangt man schließlich zu jenem Wissensgebiet, das nichts anderes zu seinem Gegenstand hat als eben jenes Schöne selbst, das er nun schließlich in seiner Reinheit erkennt.*"[11]

Damit ist übrigens auch ein Gedanke angedeutet, der nicht nur das abendländische Denken beschäftigte: daß sich die Erkenntnis in einem stufenförmigen Emporschreiten vollzieht, vom Niederen zum Höheren, vom Sinnlichen zum Abstrakten, vom Besonderen zum Allgemeinen, vom Einfachen zum Komplexen. Mit ganz wenigen Worten ist damit das Programm der platonischen Erkenntnistheorie skizziert: Ausgangspunkt ist die sinnliche Erfahrung, die Wahrnehmung, unsere Fähigkeit, schon im Sinnlichen das Wertvolle, das Schöne zu begehren; dem folgt eine Intensivierung der sinnlichen Erfahrung in all ihrer Vielfalt – keine Rede davon, daß Sinnlichkeit hier von allem Anfang an negiert würde; dann folgt die Einsicht, daß nicht nur das Sinnfällige, sondern daß auch das Geistige, daß Handlungen, daß also auch das Ethische schön sein kann, was zu den Fragen nach den Möglichkeiten eines schönen Lebens und einer schönen Erkenntnis führt; schließlich lernt man, diese schöne Erkenntnis auf das Problem des Schönen selbst anzuwenden und damit zur Erkenntnis des Schönen *an sich,* der *Idee* des Schönen zu kommen; und am Ende kann es gelingen, in der Idee der Schönheit auch die Schönheit der Idee, das heißt die Wahrheit zu erblicken. Dieses Erkenntnismodell deutet an, daß jeder Erkenntnis ein sinnliches Moment des Begehrens zugrunde liegt, das allerdings um der wahren Erkenntnis willen transzendiert werden muß. Dieses Überschreiten aber, dieses „*Anschauen des Schönen mit seinem geistigen Auge*" ist ein Glück, das den Menschen der Unsterblichkeit

11 Platon, Das Gastmahl, S. 59f.

teilhaftig werden läßt. Dieser Blick auf die Ideen in ihrer ewigen Gestalt aber ist nicht mehr verbalisier- oder kommunizierbar.

Nachdem Sokrates dieses Gespräch mit Diotima geschildert hat, wollen ihn alle, mit Ausnahme des Aristophanes, belobigen, wozu es allerdings nicht kommt, weil der volltrunkene ALKIBIADES (450–404 v. Chr.), gestützt von einer Flötenspielerin, randalierend ins Gastmahl einbricht. Der schöne, leidenschaftliche junge Mann, der später noch einer der großen Politiker und Schurken Athens werden sollte, wird aufgefordert, eine Lobrede auf Sokrates zu halten. Betrunken wie er ist, verkündet er, er werde nur die Wahrheit sprechen. Diese besteht darin, daß er Sokrates zuerst einmal als abgrundtief häßlichen, struppigen Menschen beschreibt und mit dem Satyr Marsyas vergleicht; dann erzählt er, wie er sich gleichwohl in Sokrates verliebt und versucht hat, den alten Mann zu verführen; und er berichtet, wie Sokrates seinen Avancen standgehalten hat und ihm dadurch klargemacht hat, daß es der Geist, die Reden des Sokrates sind, die göttlich sind und um derentwillen es sich lohnt, ihn zu lieben. Durch diese abschließende Episode wird Diotimas Theorie des Eros bestätigt und gleichzeitig dem Sokrates, damit aber der Platonischen Philosophie, ein Denkmal gesetzt: „*Der wahrhaft Schöne im Symposion ist nicht der schöne Alkibiades, sondern der häßliche Sokrates, der Eros ohne Flügel, dessen Seele zu fliegen gelernt hat.*“[12]

---

12 Rudolf Rehn, Die Entzauberung des Eros: Symposion. In: Theo Kobusch / Burkhard Mojsisch (Hg.), Platon, S. 95

3. Vorlesung

Aurelius Augustinus – Der Stachel des Fleisches

Die Traditionen der antiken Philosophie brachen bis in die Moderne nicht ab; wohl aber erfuhren sie mannigfache Modifikationen und Wandlungen, nicht zuletzt durch den Siegeszug des Christentums, das sich als Gegenentwurf zur heidnischen Welt der Philosophie verstand, aber nicht umhin konnte, diese, wie kritisch auch immer, zu rezipieren. Die Auseinandersetzung christlicher Denker mit der antiken Philosophie trug nicht nur dazu bei, daß die christliche Religion selbst eine philosophische Seite bekam, sondern veränderte das Bild, die Aufgabe und Funktion der Philosophie nachhaltig. Etwas plakativ, aber nicht ganz unrichtig hat man gesagt, daß im Mittelalter die Philosophie zur Magd der Theologie (*ancilla theologiae*) geworden sei – zu einer Hilfswissenschaft, die nicht mehr ihre eigenen Ziele und Methoden, ihren eigenen Begriff von Wissen und Weisheit formulieren und anstreben kann, sondern die Mittel des Denkens für die Erkenntnis Gottes bereitstellt. Ein für diesen Transformationsprozeß maßgeblicher Denker der ausgehenden Antike war AURELIUS AUGUSTINUS (354–430). Und wie bei kaum einem spätantiken oder frühchristlichen Denker fallen bei diesem Kirchenvater Denken und Leben in höchst eigenwilliger, aber auch folgenschwerer Weise zusammen. Man könnte sagen, der etwas zweideutige Titel dieser Vorlesungen paßt auf keinen Philosophen so gut wie auf Augustinus: Denn wenn einer dieser Denker quälende Lebensprobleme hatte, war er es; und wenn einer aus diesen Problemen eine Philosophie gemacht hat, die fast 1500 Jahre wirksam war, war es ebenfalls Augustinus.

Über den inneren und äußeren Werdegang des Augustinus sind wir bestens unterrichtet – von ihm selbst. Später, nach seiner Bekehrung zum Christentum, hat sich Augustinus über sein Leben in einer von ihm *Confessiones* (Bekenntnisse) genannten Schrift Rechenschaft gegeben – eine philosophische

Autobiographie, die nicht nur durch ihre rückhaltlose Offenheit, sondern auch durch die Tiefe der darin verflochtenen Reflexionen paradigmatisch wurde. Seine Ehrlichkeit war Augustinus allerdings erst durch einen rhetorischen Kunstgriff möglich geworden; denn seine *Confessiones* sind von ihm in der Gestalt eines überdimensionierten Gebetes an Gott verfaßt worden. Die *Confessiones* sind deshalb auch kein authentischer Erfahrungsbericht im modernen Sinn, sondern getränkt von antiker Rhetorik, durchsetzt von Bildern und Metaphern, deren unmittelbarer Wahrheitsgehalt wohl nicht immer gegeben ist. Trotzdem wurden die Bekenntnisse des Augustinus zum Prototyp eines subjektorientierten Philosophierens, eines Denkens, das von den Verstrickungen der eigenen Existenz ausgeht und in der vorbehaltlosen Reflexion auf dieses Subjekt zur Wahrheit vordringen will. Es gibt so auch eine Reihe von Wiederholungen der *Confessiones*, die berühmtesten sind vielleicht die von JEAN-JACQUES ROUSSEAU (1712–1778), der damit die Modernisierung des Subjektbegriffs eingeleitet hatte.

Augustinus war – und das macht vielleicht seine Faszination aus – das Kind eines Epochen- und Zivilisationsbruchs, ein Wanderer zwischen den Welten, sowohl was seine Biographie als auch was seine Denkentwicklung betrifft. Er wurde 354 n. Chr. in Thagaste/Numidien geboren, zu einer Zeit, als diese Region (Nordafrika) noch zum weströmischen Reich gehörte und in der die Verwaltung dieses Teils des einst großen Imperiums noch halbwegs funktionierte. Augustinus war also Nordafrikaner, aber von seiner staatsrechtlichen Position her römischer Bürger. Sein Vater war römischer Provinzbeamter und – aus der Perspektive des Christentums gesehen – Heide, Anhänger der antiken Religion, die aber zu mehr oder weniger formlosen Kulten verkommen war. Den *Confessiones* des Augustinus können wir allerdings mit Sicherheit eines entnehmen: Sein Hauptlebensproblem war das Verhältnis zu seiner Mutter Monnica. Es verwundert wenig, daß Augustinus manchen Philosophiehistorikern eine psychoanalytisch orientierte Darstellung seines Lebens nahelegt. Monnica war Christin. Das Christentum wurde längst toleriert und wird unter THEODOSIUS (379–395) auch offizielle Staatsreligion, aber es waren noch nicht alle Bürger des Imperiums christianisiert. Augustinus wächst also einerseits unter dem christlichen Einfluß seiner Mutter auf, andererseits gab es durchaus noch eine, wenn auch allmählich verglimmende antike Tradition, sowohl in religiöser Hinsicht als auch vor allem in Hinblick auf die Bildung und Ausbildung. Augustinus besucht relativ gute Schulen und geht dann nach Karthago, in die Provinzhauptstadt, um dort Philosophie und Rhetorik zu studieren. Vorausgegangen war dem ein in der Tradition der antiken Bildung wurzelndes Erweckungserlebnis: dem Knaben fällt – so berichtet er später – ein Buch von Cicero in die Hände, der *Hortensius*, ein philosophischer Dialog, der leider verloren gegangen ist. In diesem Dialog wird gezeigt, daß die eigentliche Bestimmung des denkenden Menschen die Suche nach der Weisheit ist. Dieser Suche will sich der junge Augustinus widmen.

Trotz der Versuche seiner Mutter, ihn zum Christentum zu bekehren, schließt Augustinus sich in diesen Jahren einer damals im römischen Reich weit verbreiteten anderen vorderorientalischen Religion an, den *Manichäern*, abgeleitet vom Namen ihres Stifters MANI, (ca. 216–276), eine synkretistische Religion aus gnostischen, persischen und christlichen Elementen, deren Kennzeichen ein strenger Dualismus gewesen war. Nach Mani wird die Welt von zwei einander bekämpfenden Grundprinzipien beherrscht: dem Guten und dem Bösen, dem Geist und der Materie, dem Licht und der Finsternis. Diese Prinzipien bestimmen auch den Menschen. Um sich vom Bösen zu befreien, muß sich der Mensch einer asketischen Lebensführung unterwerfen. Erlösung ist Resultat eines Kampfes mit sich selbst. Diese dualistischen Weltdeutungsmodelle spielen in der europäischen Tradition bis heute eine ganz große Rolle. Alle Versuche, die Welt dual zu sehen und in Gute und Böse, Opfer und Täter, Freunde und Feinde zu scheiden, sind bis zu einem gewissen Grad manichäisches Erbe. Augustinus war selbst 16 Jahre Manichäer, nicht zuletzt auch deshalb, weil diese als eine Art Geheimbund im römischen Reich auch eine politische Macht innehatten. Das war übrigens auch der Grund, warum Augustinus lange Manichäer blieb, obwohl er immer mehr an dieser Lehre zu zweifeln begann: er hoffte, über diese Verbindung Karriere zu machen, was auch gelang. Augustinus hatte die Laufbahn eines Lehrers für Rhetorik eingeschlagen und in Karthago und Rom mit wenig Erfolg unterrichtet. Aufgrund der Verbindung mit den Manichäern kam er nach Mailand, wohin auch der Kaiserhof umgezogen war. Er avancierte dort zum offiziellen Redner des Hofes – er war also eine Art „Pressesprecher" der Regierung – und es war auch seine Aufgabe, Lobgesänge auf das Herrscherhaus zu singen. Diese weltliche Karriere hätte durchaus fortgesetzt werden können, wenn Augustinus nicht permanent von inneren Kämpfen geplagt gewesen wäre. Und sein Hauptproblem war: die Sexualität.

Untrennbar ist die Entwicklung der sexuellen Problematik bei Augustinus an das Verhältnis zu seiner Mutter Monnica gekoppelt. Zwar stürzt sich Augustinus, als er nach Karthago geht, sofort in ein fröhliches Junggesellenleben; er berichtet, daß er in dieser Phase sehr ausschweifend gelebt habe –

was aber auch eine Übertreibung sein kann. Immerhin geht er relativ schnell – allerdings sehr zum Mißfallen seiner Mutter – eine Beziehung mit einer jungen Frau ein, die namenlos bleibt.[1] Es war ein heroischer Akt der Selbstüberwindung, als Augustinus sich entschlossen hat, mit seiner Geliebten nach Italien zu fliehen und sich von seiner Mutter zu trennen. Er schildert diese dramatische Szene, in der es ihm gelingt, seine Mutter zu täuschen, mit aller Kunst der Rhetorik: Er vergißt nicht, anzudeuten, daß es ihm dabei so gegangen sei wie Äneas, als dieser Dido, seine Geliebte, die Königin des afrikanisch-phönizischen Reiches, verlassen hatte, um nach Italien zu gehen und dort zum Ahnherrn der Römer zu werden – so zumindest war es in Vergils *Äneis* zu lesen und Augustinus zitiert implizit diese herzerweichende Abschiedsszene, die in der gesamten antiken Liebesdichtung präsent war, um die Dramatik der Trennung von seiner Mutter zu verdeutlichen. Im Gegensatz zu Dido aber, die aus enttäuschter Liebe Selbstmord begeht, reist Monnica dem ungetreuen Sohn kurzerhand nach Italien nach. Augustinus hat mittlerweile mit seiner Geliebten ein Kind, das er Adeodatus nannte („von Gott gegeben"). Seiner Mutter gelingt es in Mailand, Augustinus dazu zu bringen, sich von seiner Geliebten zu trennen – diese wird zurück nach Afrika geschickt. Im Hinblick auf seine weitere Karriere verlobt ihn seine Mutter mit einem Mädchen aus bestem Haus, das aber so jung ist, daß nicht sofort geheiratet werden kann; aus dieser Ehe wird nichts.

Diese enge Beziehung zur Mutter einerseits und eine starke geschlechtliche Begierde andererseits werden für Augustinus zu einem immer größeren Problem. Er verquickt dieses Problem unter dem Einfluß der Mutter mit der Fragestellung seiner geistigen Orientierung. Dieses Schwanken zwischen den Verlockungen einer weltlichen glanzvollen Karriere als Rhetor und dem Streben nach Wahrheit, zwischen dem Rausch der Sinne und einer strengen Askese nährt seine Sehnsucht nach einem starken, verbindlichen Glauben und führte ihn in zunehmendem Maße zum Christentum, das in Mailand sehr präsent war. Von Bischof AMBROSIUS (339–397) etwa muß Augustinus stark beeindruckt gewesen sein.

Die *Confessiones* zeigen also modellhaft einen Menschen, der in einer Zeit der inneren und äußeren Krisen nicht weiß, wohin er sich wenden soll: *„Denn so viele Lebensjahre waren mir schon dahingeflossen, wohl zwölf, seit ich,*

---

1 Der philosophierende Bestsellerautor Jostein Gaarder hat dieser Frau einen Namen – Floria – gegeben und versucht, ihre Geschichte poetisch zu rekonstruieren: Jostein Gaarder, Das Leben ist kurz. Vita brevis. München: Hanser, 1997

neunzehn Jahre alt, Ciceros Hortensius gelesen und dadurch zum Streben nach Weisheit erweckt war. Und immer hatte ich es verschoben, das Erdenglück zu verschmähen und mich für diese Aufgabe freizumachen. Und doch war schon das Suchen nach Weisheit, geschweige das Finden weit vorzuziehen dem Besitz von Schätzen und Königreichen und allen erdenklichen, jeden Augenblick zur Verfügung stehenden leiblichen Genüssen. Ich elender Jüngling aber, so jammervoll elend schon zu Beginn meines Jünglingsalters, hatte von Dir [also: Gott] Keuschheit erbeten, aber gesagt: Gib sie mir, die Keuschheit und Enthaltsamkeit, aber noch nicht gleich! Denn ich war bange, Du möchtest mich rasch erhören und rasch von der Krankheit meiner Begehrlichkeit heilen, die ich doch lieber sättigen als austilgen lassen wollte."[2]

Augustinus kämpft also mit sich, bis ihn ein dramatisches Bekehrungserlebnis erlöst. Er hat einen Freund als Gast in seinem Haus in Mailand, diskutiert mit ihm alles durch, steigert sich in eine unendliche Erregung hinein, die er sehr anschaulich schildert, Tränen rinnen ihm über die Wangen und aufgewühlt von einem inneren Sturm stürzt er hinaus in den Garten, um Ruhe und Klarheit zu finden. Dann folgt eine wohl fingierte, nichtsdestotrotz aber berühmt gewordene Szene: „*[Ich] weinte in bitterster Zerknirschung meines Herzens. Und sieh, da höre ich vom Nachbarhause her in singendem Tonfall, ich weiß nicht, ob eines Knaben oder eines Mädchens Stimme, die immer wieder sagt: ‚Nimm und lies, nimm und lies!' Sogleich wandelte sich meine Miene, und angestrengt dachte ich nach, ob wohl Kinder bei irgendeinem Spiel so zu singen pflegten, doch konnte ich mich nicht entsinnen, dergleichen je vernommen zu haben. Da ward der Tränen Fluß zurückgedrängt, ich stand auf und konnte mir's nicht anders erklären, als daß ich den göttlichen Befehl empfangen habe, die Schrift aufzuschlagen und die erste Stelle zu lesen, auf die meine Blicke träfen. Denn ich hatte von Antonius vernommen, daß er bei der Verlesung des Evangeliums, der er zufällig beigewohnt, sich durch ein Wort, als wär es zu ihm gesprochen, hatte aufrufen lassen: ‚Geh hin und verkaufe alles, was du hast, und gib's den Armen, so wirst du einen Schatz im Himmel haben, und komm und folge mir nach.' Von dieser Gottesstimme angesprochen, erzählte man, habe er sich sogleich zu dir bekehrt. So kehrte ich schleunigst dahin zurück, wo Alypius [der Freund] noch saß, denn dort hatte ich, als ich fortging, die Schrift des Apostels liegen lassen. Ich griff sie auf, öffnete und las stillschweigend den ersten Abschnitt, der mir in die Augen fiel: ‚Nicht in Fressen und Saufen, nicht in Kammern und*

---

2 Aurelius Augustinus, Bekenntnisse. Eingeleitet und übertragen von Wilhelm Thimme. Stuttgart: Reclam, 1977, S. 217

Unzucht, nicht in Hader und Neid, sondern ziehet an den Herrn Jesus Christus und hütet euch vor fleischlichen Gelüsten.' Weiter wollte ich nicht lesen, brauchte es auch nicht. Denn kaum hatte ich den Satz beendet, durchströmte mein Herz das Licht der Gewißheit, und alle Schatten des Zweifels waren verschwunden."[3]

Mit dem rhetorischen Hinweis auf die Bekehrung des Heiligen Antonius vergewissert sich Augustinus vor seinen Lesern und vor Gott sofort einer Tradition der Bekehrung. Was als singuläre subjektive Erfahrung erscheint, muß durch einen Verweis auf die Überlieferung legitimiert werden; das Subjektive erlangt Gültigkeit nur dann, wenn es sich in einem objektiven Heilszusammenhang einordnen kann. Erst daraus gewinnt diese Bekehrung ihre Plausibilität und Verbindlichkeit und hilft Augustinus, sie als Lösung seiner Probleme zu begreifen. Denn Augustinus hat in der aufgeschlagenen Bibelstelle genau die Antwort für sein Zentralproblem: wie soll er mit seinen fleischlichen Gelüsten umgehen. Und diese Antwort ist eindeutig. Augustinus läßt sich taufen. Das bedeutete für ihn aber auch den Schritt in die Askese. Augustinus beschließt, sich zurückzuziehen und das Leben eines Eremiten zu führen. Er wird allerdings nach wenigen Jahren in die Politik der damals aufstrebenden christlichen Kirche zurückgeholt, er geht zurück nach Afrika und übernimmt dort den Bischofssitz in der zweitgrößten Stadt der nordafrikanischen römischen Provinz, in Hippo Regius (heute Annaba in Algerien).

Um zu zeigen, inwiefern Augustinus aus dieser Bekehrung, aus der Lösung seines Lebensproblems, das aber virulent bleibt, zu demjenigen geworden ist, dem es auf ganz bestimmte Art und Weise gelungen ist, die Fragestellungen, die das Christentum aufgeworfen hat, mit der philosophischen Perspektive, wie sie aus der Antike überliefert worden war, zu verbinden, sei ein kurzer Abschnitt aus den *Confessiones* zitiert, der zu den berühmtesten Passagen dieses Buches gehört. Es sind Augustinus' Reflexionen über die *Zeit*. Wenn Augustinus über alle Fragen der christlichen Philosophie hinaus Bedeutsamkeit beanspruchen kann, dann nicht zuletzt, weil er einer der ersten war, der versucht hat, das Problem der Zeit in einer nahezu modern anmutenden Weise durchzudenken. Ausgangspunkt dafür war eine naheliegende, aber doch etwas blasphemisch klingende Frage: Was tat Gott, bevor er Himmel und Erde schuf? Es geht dabei um die Frage, ob der Akt der Schöpfung ein Akt in der Zeit war oder ob durch den Akt der Schöpfung die Zeit überhaupt erst mitgeschaffen worden ist. Modern formuliert lautet die Frage, ob der Urknall des Universums ein Ereignis in der Zeit war oder eines, das die Zeit

3 Augustinus, Bekenntnisse, S. 227f.

überhaupt erst generierte. Augustinus bemerkt nun dazu: *„Ich gebe nicht die Antwort, die einst jemand gegeben haben soll, der mit einem Scherz dieser drängenden Frage auswich: [Gott] machte Höllen für die, die solche Geheimnisse ergründen wollen. Doch Witze helfen nicht zum Wissen. Nein, diese Antwort gebe ich nicht, denn lieber würde ich antworten: Was ich nicht weiß, weiß ich nicht, als daß ich den verspottete, der Geheimnisse ergründen will, und für verkehrte Antworten mich loben ließe. Aber ich sage: Du, unser Gott, bist Schöpfer aller Kreatur, und wenn die Worte Himmel und Erde ein Inbegriff aller Kreatur sind, sage ich getrost: Ehe Gott Himmel und Erde machte, machte er nichts.“*[4]

Das Nichts, das Gott machte, ist ernst zu nehmen. Wo nichts gemacht wird, ist auch Nichts. Damit hat Augustinus eine erste Antwort auf die Frage nach der Zeit gegeben. Nämlich: die Zeit ist kein ewiges Prinzip, die Zeit ist Moment der Schöpfung. Es gibt keine Schöpfung in der Zeit, vor der Schöpfung hat Gott nichts gemacht, es war nichts da, es war erst etwas, als geschaffen worden war. Mit der Schöpfung wurde auch Zeit geschaffen – modern gesagt: die Zeit ist selbst eine Funktion des Universums. Die Frage, was war *vor* dem Urknall, ist genau so unsinnig wie die Frage, was tat Gott bevor er Himmel und Erde schuf, denn vor dem Urknall, der „Schöpfung“, hat es keine Zeit gegeben. Es gab, so Augustinus, kein *Bevor*, sondern das, was vorher war, war *Ewigkeit*: Augustinus ist der Erste, der Ewigkeit nicht als unendliche Zeitdauer, sondern als das Außerhalb-von-Zeit-Sein bestimmt. Ewigkeit ist das Zeitlose, das Nicht-Zeitliche, deshalb das nicht zu Verzeitlichende. Augustinus versucht nun, die Zeit zu analysieren und fragt sich: *„Was ist Zeit? Wer könnte das leicht und kurz erklären? Wer es denkend erfassen, um es dann in Worten auszudrücken? Und doch – können wir ein Wort nennen, das uns vertrauter und bekannter wäre als die Zeit? Wenn niemand mich danach fragt, weiß ich's, will ich's aber einem Fragenden erklären, weiß ich's nicht.“* Mit diesen berühmten Formulierungen markiert Augustinus das Problem, das ihn in diesem Zusammenhang sehr beschäftigt: daß man wohl ein intuitives Wissen von einer Sache haben kann, dieses aber nicht begrifflich explizieren kann. Was bleibt, ist folgendes: *„Das weiß ich, wenn nichts verginge, gäbe es keine vergangene Zeit, und wenn nichts käme, keine zukünftige, und wenn nichts wäre, keine gegenwärtige Zeit. Aber wie steht es nun mit jenen beiden Zeiten, der vergangenen und zukünftigen? Wie kann man sagen, daß sie sind, da doch die vergangene schon nicht mehr und die zukünftige noch nicht ist? Die gegenwärtige aber, wenn sie immer gegenwärtig wäre und nicht in Vergangenheit überginge,*

4 Augustinus, Bekenntnisse, S. 331

wäre nicht mehr Zeit, sondern Ewigkeit. Wenn also die gegenwärtige Zeit nur dadurch Zeit wird, daß sie in Vergangenheit übergeht, wie können wir dann sagen, sie sei, da doch der Grund ihres Seins der ist, daß sie nicht sein wird? Muß man also nicht in Wahrheit sagen, daß Zeit nur darum sei, weil sie zum Nichtsein strebt?" [5]

Zeit heißt also, auch und gerade für die Gegenwart, *Vergehen.* Wenn die Zeit vergangen ist, können wir sie zwar als Vergangenheit beschreiben, aber sie ist nicht mehr; und solange die Zeit noch nicht ist, ist sie zwar Zukunft, aber sie ist nicht da. Was aber ist es, was da ist, fragt Augustinus. Er diskutiert nun einige Modelle von Zeit und erörtert etwa den Zusammenhang von Zeit und Bewegung. Ist Zeit eine Funktion von Bewegung? Bis zu einem gewissen Grad ja, aber nicht ausschließlich. Denn auch die Bewegung vollzieht sich *in* der Zeit. Augustinus kommt zu dem Schluß, daß uns die Bewegung zwar hilft, die Zeit zu messen, sie konstituiert aber nicht die Zeit. Schließlich kommt Augustinus zu seiner entscheidenden These, die eine epochale Wende im philosophischen Nachdenken über die Zeit darstellt: „*Was aber jetzt klar und deutlich ist, das ist dies: Weder das Zukünftige ist noch das Vergangene, und man kann auch von Rechts wegen nicht sagen, es gebe drei Zeiten, Vergangenheit, Gegenwart und Zukunft. Vielleicht sollte man richtiger sagen: es gibt drei Zeiten, Gegenwart des Vergangenen, Gegenwart des Gegenwärtigen und Gegenwart des Zukünftigen. Denn diese drei sind in der Seele, und anderswo sehe ich sie nicht. Gegenwart des Vergangenen ist die Erinnerung, Gegenwart des Gegenwärtigen die Anschauung, Gegenwart des Zukünftigen die Erwartung.*" [6]

Augustinus hat also das Problem der Zeit *psychologisch* aufgefaßt: Zeit ist Erinnerung, Anschauung und Erwartung. Das Erinnerungsvermögen – im 10. Buch der *Confessiones* findet sich eine Analyse des Gedächtnisses, an die noch Kierkegaard anknüpfen wird – schafft für uns die Vergangenheit. Sie existiert allein in unserem Gedächtnis. Und Zukunft ist nichts anderes als die Fähigkeit unserer „Seele", Hoffnungen und Erwartungen zu haben. Hätten wir diese Fähigkeiten nicht, gäbe es keine Zukunft. „Seele" meint hier allerdings den ganzen psychischen Komplex, von den Emotionen bis hin zur Vernunft. Augustinus ist damit der erste Denker, der Subjektivität und Innerlichkeit als konstituierende Prinzipien der Zeit entdeckt. Ohne diese Wendung zur Subjektivität wäre neuzeitliches Denken, das einerseits an Augustinus anknüpft und sich gleichzeitig von Augustinus distanziert, wohl nicht

5 Augustinus, Bekenntnisse, S. 333
6 Augustinus, Bekenntnisse, S. 340

möglich gewesen. Die Ambivalenz von Augustinus zeigt sich allerdings noch an anderen Aspekten seiner Lehre, die hier natürlich nur mehr kursorisch gestreift werden können. Wir verdanken Augustinus nicht nur die Reflexion von Subjektivität, diese Wendung hin zum Subjekt, wir verdanken ihm noch einiges andere, dem man heute vielleicht doch mit Skepsis begegnen muß. So war Augustinus der erste Bischof, der militärische Truppen angefordert hat, um eine andere christliche Fraktion zu bekämpfen; es war Augustinus, der aus der Bibel das Recht des wahren Gläubigen, den irrenden Gläubigen bis hin zum Tod zu züchtigen, abgeleitet hat; wir verdanken Augustinus aber auch jene *Gnadenlehre*, deren Bedeutsamkeit durchaus noch immer umstritten ist und nach der die Erlösung des Menschen nur durch die Gnade Gottes und nicht durch eigene Leistungen oder Bemühungen geschehen kann.

In der Geschichte des Christentums, vor allem auch im Protestantismus, hat diese Lehre eine entscheidende Rolle gespielt. Wir müssen uns aber vergegenwärtigen, daß diese Gnadenlehre, die Augustinus etwa um das Jahr 397 entwickelt hat, tatsächlich den eigentlichen radikalen Bruch zwischen einer ganz forcierten Auffassung des Christentums und der antiken Tradition dargestellt hat. Denn die antike Philosophie ging ja im wesentlichen in all ihren ethischen Entwürfen davon aus, daß das glückselige Leben das Resultat von Anstrengungen sei, die der Mensch unternehmen kann. Formen der vernünftigen Selbstkontrolle, eine reflektierte Selbstsorge, eine gezielte Diätetik und die Pflege der Tugenden sollten dieses Glück ermöglichen.[7] Die dazu vorgeschlagenen Regeln sind in der ersten Phase, vor allem des lateinischen Christentums, wohl relativ problemlos mit christlichen Moralkonzepten zusammengegangen. Man kann aus der Bibel eine ganze Reihe von Gesetzen der Selbstsorge und Tugendhaftigkeit ableiten; man hätte also folgenschwer und folgenreich die theologische Position vertreten können, daß die Erlösung des Menschen fundamental davon abhängt, wie er lebt, welche Werke er tut, wie er sich anstrengt, wie er mit seinem Körper und Geist, wie er mit seinen Mitmenschen umgeht. Der englische Mönch PELAGIUS (ca. 384–418) hat auch diese Auffassung vertreten: durch eigene Bemühungen kann der Mensch zum Heil gelangen. Augustinus hat Pelagius wütend bekämpft, vom Konzil von Ephesus (431) wurde der Pelagianismus dann als Irrlehre verurteilt.

7 Vgl. dazu Konrad Paul Liessmann, Vom Nutzen und Nachteil des Denkens für das Leben. Vorlesungen zur Einführung in die Philosophie 1. Wien: WUV-Universitätsverlag, ^{2}1998, S. 135ff.

Augustinus, in seiner eigenen Lebensführung stets von Zweifeln gepeinigt, ringt sich also zu einer Konzeption durch, nach der es letztlich völlig gleichgültig sei, was ein Mensch tut und wie er lebt, weil seine Erlösung einzig und allein in der Gnade, und – das muß man so dramatisch formulieren – in der Willkür Gottes liege. Und natürlich ist auch diese Auffassung bei ihm durch eine tiefe Reflexion über eine Bibelstelle entstanden, über die wir wahrscheinlich kaum länger nachdenken würden. Ein befreundeter Kirchenmann, Simplicianus, hatte Augustinus aufgefordert, ihm die Geschichte von Jakob und Esau zu erklären, mit der er gewisse Schwierigkeiten habe: „*Isaak hatte für seine Frau zum Herrn gebetet; denn sie war unfruchtbar. Der Herr ließ sich von ihm erbitten, und seine Frau Rebekka wurde guter Hoffnung. Die Kinder stießen einander im Mutterleibe; da sprach sie: ‚Wenn dem so ist, wozu lebe ich dann noch?‘ Sie ging hin, den Herrn zu befragen. Der Herr antwortete ihr: ‚Zwei Völker sind in deinem Schoße, zwei Nationen werden sich aus deinem Leibe lösen; die eine Nation wird stärker sein als die andere, die ältere wird der jüngeren dienstbar sein.*“[8] Während also Rebecca noch schwanger ist, sagt ihr der Herr, daß der Jüngere den Älteren beherrschen wird; was auch als einfache Prophezeiung aufgefaßt werden könnte, bekommt eine dramatische Wende durch einen Spruch, ein „Drohwort“ des Propheten Maleachi: „*Wort des Herrn an Israel durch Maleachi. ‚Ich habe euch lieb‘, spricht der Herr. ‚Doch ihr fragt: Wodurch zeigst du uns deine Liebe? – War nicht Esau der Bruder Jakobs – Spruch des Herrn: ‚Und doch liebte ich Jakob; Esau aber haßte ich. Ich machte seine Berge zur Wüste, sein Erbland zu Triften der Steppe.*“[9] Augustinus schreibt einen umfangreichen Brief an Simplicianus, um dieses Problem zu klären. Für Augustinus stellt sich die Frage: wie kann Gott Esau hassen und Jakob lieben, noch bevor sie geboren worden sind, noch bevor sie also etwas Böses haben tun können? Wieso also kann Gott sagen, Esau hasse ich, Jakob liebe ich und deshalb wird Esau Jakob dienen? Augustinus wälzt dieses Problem seitenlang hin und her, zitiert die Bibel, wird spitzfindig, analysiert das Problem nach allen Regeln der damals bekannten Logik und kommt zu keinem anderen Schluß als den: Man kann das Problem nur lösen, indem man sich von dem Gedanken verabschiedet, daß die Taten, Werke, Lebensweisen der Menschen irgend etwas mit ihrer Erlösbarkeit zu tun haben. Man muß – und er wählt hier sehr starke Bilder – das Verhältnis Mensch-Gott so betrachten, wie das eines Künstlers zum Material, aus dem er formt. Der Künstler macht sich

---

8 1 Moses 25,19ff

9 Maleachi 1,1ff

Tongefäße, wie er will, die einen, um sie zu lieben, die anderen, um sie zu hassen. Der Mensch ist völlig der Souveränität Gottes ausgeliefert und hat keine Möglichkeit, in irgendeiner Weise selbstgestaltend an seiner Erlösung zu arbeiten oder mitzuwirken. Er ist ganz der Gnade Gottes überantwortet und ausgeliefert: „*Wenn hier also eine Art Erwählung erfolgt, sollen wir das Wort* ‚Es gibt einen Rest [von Menschen], der aus Gnade erwählt ist' *nicht so verstehen, als fände eine Auswahl von Gerechtfertigten zum ewigen Leben statt; vielmehr werden die erwählt, die gerechtfertigt werden sollen. Diese Auswahl ist mit Sicherheit so verborgen, daß sie für uns in ein und derselben Masse einfach nicht erkennbar sein kann.*"[10]

Es gibt keine Anzeichen im irdischen Leben eines Menschen, die darauf schließen lassen, daß ein Mensch von Gott erwählt oder verstoßen wird. Alles kann Täuschung sein und jeder kann zur ewigen Verdammnis befördert werden, auch wenn er glaubt, alles richtig gemacht zu haben. Die theologische Voraussetzung, die Augustinus allerdings machen mußte, um diese Gnadenlehre so konsequent durchzuformulieren, ist die Lehre von der Erbsünde. Augustinus gewinnt diese aus einer Deutung der Sündenfallgeschichte, nach der der Mensch, ungeachtet der Tatsache, was er sonst noch tut, erst einmal schuldig ist – und zwar so schuldig, daß er sich aus dieser Schuld selbst nicht mehr erlösen kann. In diesem Zusammenhang kommt aber noch einmal Augustinus' ureigenstes Lebensproblem – die Verlockungen des Fleisches – folgenreich zum Tragen. Denn was war denn der eigentliche Sündenfall, wodurch ist dokumentiert, daß wir tatsächlich sündig sind, wenn nicht durch die geschlechtliche Scham, die Adam und Eva nach dem verbotenen Essen vom Baum der Erkenntnis befiehl: *Und sie erkannten, daß sie nackt waren.* Gegen Ende seines Lebens arbeitet Augustinus an einem seiner berühmtesten Bücher: *De Civitate Dei* (Vom Gottesstaat), und in diesem finden sich auch seine wirkmächtigen und verhängnisvollen Reflexionen über den Zusammenhang von Sünde und Sexualität.

An der Sündenfallgeschichte interessierte Augustinus das durchaus bedenkenswerte Problem, warum der erste Akt der Erkenntnis ein Akt der Scham ist. Augustinus kannte das Gefühl der Geschlechtsscham, und es hat ihn immer beschäftigt. In den *Confessiones* schildert er, wie er als 16jähriger mit seinem Vater im Bad war, sich einer Erektion nicht erwehren konnte, und der

---

10 Aurelius Augustinus, Logik des Schreckens. Die Gnadenlehre von 397. Lateinisch-Deutsch. Deutsche Übersetzung von Walter Schäfer. Herausgegeben und erklärt von Kurt Flasch. Mainz: Dieterich, 1990, S. 233

Vater dies triumphierend der Mutter mit dem Hinweis erzählte, daß der junge Augustinus nun bald Nachkommen zeugen werde, da er schon entsprechend entwickelt sei. Das hat den Knaben, der dies mithörte, zutiefst beschämt. Aus der Sündenfallgeschichte folgert er nun, Jahrzehnte später, zweierlei. Einmal: es gibt einen ursprünglichen Zusammenhang zwischen Sündenfall und Sexualität und: wir sind mit der Erbsünde beladen, und daß wir Sünder sind, drückt sich darin aus, daß wir uns unserer Sexualität offenbar schämen müssen. Er kommt dabei zu einer ausgesprochen interessanten und pikanten Theorie der Sexualität: „*Obschon sich also die Gier auf vielerlei richten kann, kommt uns doch, wenn nur von Libido und keinem besonderen Gegenstand der Gier die Rede ist, in der Regel fast ausschließlich die Lust in den Sinn, von der die Geschlechtsteile unseres Leibes erregt werden. Diese aber nimmt den ganzen Leib, innerlich so gut wie äußerlich, in Anspruch und bringt, da die seelische Leidenschaft sich mit dem fleischlichen Triebe vereinigt und ihn durchdringt, den ganzen Menschen in Wallung, worauf jene Wollust folgt, mit der keine andere körperliche Lust zu vergleichen ist, die, auf ihrem Höhepunkte angelangt, fast alles Denken und Wachbewußtsein auslöscht.*“[11]

Fast könnte man sagen, das ist präfreudianisch formuliert: die Sexualität als der eigentliche, zentrale, alles andere beherrschende und für alles andere paradigmatische Trieb. Irritiert hat Augustinus an dieser Macht des Geschlechtstriebes, daß er nicht dem freien Willen des Menschen unterliegt. Mit großer Ehrlichkeit analysiert er die merkwürdige und oft auch demütigende Erfahrung, daß die Geschlechtsorgane dem Willen nicht gehorchen: Einmal ist man gegen seinen Willen erregt, ein anderes Mal will man erregt sein, aber die Geschlechtsorgane verweigern sich. Augustinus überlegt, was das eigentlich bedeutet, und kommt zu dem Schluß, daß diese Art von Unwillentlichkeit, von Nichtsouveränität erst mit dem Sündenfall aufgetreten ist und daß wir uns deshalb schämen. Wir schämen uns unserer Geschlechtsteile, weil sie unabhängig von unserem Willen, von unserem Geist, von unserer Vernunft uns eine Seite an uns zeigen, über die wir nicht verfügen können: „*Mit Recht also schämt man sich dieses Triebes sehr, und mit Recht werden die betreffenden Glieder, die sozusagen nach eigenem Gesetz und durchaus nicht nur nach unserer Willkür erregt oder nicht erregt werden, Schamteile genannt, was sie vor der Sünde des Menschen noch nicht waren.*“[12] Auch das erinnert an Freuds

11 Aurelius Augustinus, Vom Gottesstaat. Aus dem Lateinischen übertragen von Wilhelm Thimme. München: dtv, 1985, 14. Buch, S. 190

12 Augustinus, Vom Gottesstaat, 14. Buch, S. 191

Konstruktion des *Es*, des Unbewußten, das eine eigene Dynamik hat, die dem Bewußtsein, dem *Ich* nicht unterliegt. Augustinus ist von dieser Unwillentlichkeit des Sexus aber zutiefst getroffen.

Er entwickelt spekulative Theorien darüber, wie es wohl im Paradies zugegangen sei, ob Adam und Eva vor dem Sündenfall geschlechtlich verkehrt hätten, wie dies vonstatten gegangen sei, ob sie Kinder hätten zeugen können, und er versucht seine These, daß im paradiesischen Zustand auch die Sexualität völlig dem Willen unterworfen gewesen sei, empirisch zu untermauern, indem er darauf verweist, wie weit die Körperbeherrschung der Menschen gehen kann: „*So können einige ihre Ohren bewegen, entweder nur eins oder beide zugleich. Andere gibt es, die die ganze Kopfhaut, soweit die Haare reichen, zur Stirne vorschieben und wieder zurückziehen, so oft sie wollen, ohne den Kopf zu bewegen. Noch andere, die erst unglaublich viele und verschiedenartige Dinge verschlingen und dann nur ein wenig das Zwerchfell zusammenziehen und wie aus einem Beutel, was ihnen beliebt, unversehrt wieder hervorholen. [...] Auch solche gibt es, die nach unten hin ohne üblen Geruch, wie es ihnen beliebt, so zahlreiche Töne hervorbringen, daß man meint, sie könnten auch mit diesem Körperteile singen. Ich selbst habe einen Menschen gesehen, der schwitzen konnte, wann er wollte. Bekannt ist, daß einige auch weinen, wenn sie wollen, und sogar reichliche Tränen vergießen.*“[13] Augustinus zieht aus diesen und ähnlichen Beobachtungen den Schluß, daß es Adam und Eva möglich gewesen sein muß, ihre Geschlechtsteile zu beherrschen und nur dann miteinander zu verkehren, wenn sie es tatsächlich wollten, sie sich also nicht durch die Begierden unterdrücken lassen mußten. Die *Begierde* ist also selbst erst als Folge des Sündenfalles entstanden, sie hat es vorher nicht gegeben. Wenn das Begehren aber die Folge des Sündenfalls ist, ist das Begehren gleichzeitig im doppelten Sinne – modern formuliert – Signifikat und Signifikant des Sündenfalls: Das erigierte, erregte Geschlechtsteil ist *Zeichen* unserer Sündhaftigkeit, es ist gleichzeitig aber auch diese Sünde selbst, denn seine Betätigung ist die Fortsetzung des Sündenfalls. Aus dieser Überlegung stammt die Engführung von Erbsündentheorie und Sexualität bei Augustinus. Deshalb dann auch bei ihm dieser Kampf gegen die Sexualität, der von da ab nicht nur die katholische Tradition bis heute beherrschen wird, sondern sich auch ganz tief in unser säkulares Bewußtsein, in unser Denken von Sexualität eingeschlichen hat. Denn noch immer gilt die unwillentliche Erregbarkeit angesichts etwa moralisch verworfener Formen von Sexualität – z. B. Kinderpornographie – als Zeichen eines

13 Augustinus, Vom Gottesstaat, 14. Buch, S. 204

gravierenden Makels, auch wenn man diesen nicht mehr Sünde nennt. An Augustinus kann man zumindest lernen, daß die Unverfügbarkeit der Sexualität ein Problem darstellt, das nicht durch die Einforderung einer Sexualität, die nur in moralisch einwandfreien Situationen in Erscheinung treten darf, gelöst ist.

Augustinus' Buch über den *Gottesstaat* enthält aber, weit über das Problem der Sexualität hinausgehend, einen Gedanken, der grundlegend für das abendländische Geschichtsverständnis werden sollte. Augustinus stellt in seiner Betrachtung der Geschichte zwei Reiche einander gegenüber: die *Civitas terrena*, das Reich des Irdischen, Weltlichen, Teuflischen, und die *Civitas Dei*, das Reich Gottes, wobei für Augustinus das Reich Gottes nicht zusammenfällt mit der real existierenden Kirche, der er ja auch angehört hat. Diese war für ihn nicht der Vorgriff auf diese Herrschaft des Ewigen und Göttlichen. Augustinus faßte nun – und das ist vielleicht auch ein Erbe seines manichäischen Denkens – Geschichte als einen Kampf dieser zwei Reiche, dieser zwei Prinzipien auf: Weltlichkeit, Macht, Sinnlichkeit, Sexualität gegen Göttlichkeit, Transzendenz, Immaterialität, Geistigkeit, Askese. Es ist ein Kampf, der nach Augustinus die ganze Geschichte von der Schöpfung über die verschiedenen Epochen bis zum Imperium Romanum durchzieht. Geschichte wird also hier erstmals interpretiert als Rivalität zweier Prinzipien, als ein Kampf, der irgendwann einmal mit dem Sieg des Guten über das Böse enden soll. Es war dies ein äußerst folgenreiches Konzept, das in seinen säkularisierten Formen bis in die Gegenwart weiterwirkt – ob man, wie Marx, Geschichte als Kampf zwischen herrschenden und unterdrückten Klassen, oder, wie in manchen feministischen Theorien, als Kampf zwischen Patriarchat und Matriarchat beschreibt: immer geht es bei diesen Konzepten um eine Dualität, um einen Antagonismus, um das Reich des Lichts gegen das Reich der Finsternis, um Gute und Böse, Opfer und Täter, Ausgebeutete und Ausbeuter, Sklaven und Herren. Mit dem Gedanken aber, daß dieser Kampf einmal ein Ende haben wird, hat Augustinus, wenn auch in theologischer Form, jenes Konzept eines Endes der Geschichte formuliert, daß vor allem in der Moderne, von Hegel bis Fukuyama, noch für einige Aufregung sorgen sollte.

4. Vorlesung

Baruch de Spinoza – Die Sprache der Affekte

Augustinus stand am Beginn jener Epoche, die seit der Renaissance als *Mittelalter*, als ein dunkles Intermezzo zwischen Antike und Neuzeit bezeichnet wird. Auch wenn wir heute das Mittelalter in seiner Eigenständigkeit, Qualität und in seiner Vielfältigkeit doch wesentlich differenzierter zu sehen gelernt haben,[1] war es zumindest für die Philosophie eine Epoche gewesen, in der das Denken durch die Frage der Affinität oder Differenz zur triumphierenden christlichen Religion bestimmt gewesen war. Mit dem bewußten Rückgriff auf die Antike seit der Renaissance, mit der neuzeitlichen Wissenschaft seit Galilei und mit der Wende zum Rationalismus gelten die mittelalterlichen Fragestellungen im wesentlichen als überwunden, auch wenn sie unterschwellig bis heute weiterwirken mögen. Das neuzeitliche, rationalistische Philosophieren ist untrennbar mit den Namen Descartes, Spinoza und Leibniz verknüpft. Von diesen wenden wir uns nun demjenigen zu, der, nach einem Wort von Lessing, nur allzu lange wie ein „toter Hund" behandelt worden war: BARUCH DE SPINOZA (1632–1677).

Baruch (latinisiert: Benedictus) de Spinoza (auch: Despinosa, d'Espinosa) wird 1632 in Amsterdam geboren und stirbt, relativ jung, 1677 in Den Haag. Er litt an Tuberkulose, die er sich schon sehr früh zugezogen hatte und die durch die Tätigkeit, die er ausführte – er war Schleifer von optischen Linsen – verstärkt worden war. Nicht unwichtig für Spinoza ist, daß sich in ihm mehrere Kulturen kreuzen: er war jüdischer Abstammung, seine Muttersprache war portugiesisch, geistig-kulturell war er in den Niederlanden verankert. Spinozas Eltern waren am Beginn des 17. Jahrhunderts von Portugal nach

1 Vgl. dazu Kurt Flasch, Das philosophische Denken im Mittelalter. Von Augustin zu Machiavelli. Stuttgart: Reclam, 1987

den Niederlanden gekommen. Das südeuropäische Judentum hatte seine große Blüte in Spanien zwischen dem 8. und 15. Jahrhundert, innerhalb der arabischen Kultur, erlebt. Mit der *Reconquista* änderte sich dies allerdings. Im denkwürdigen Jahr 1492, in dem auch Kolumbus einen neuen Kontinent entdeckte, fiel Granada, die letzte maurisch-islamische Bastion auf der iberischen Halbinsel. Dies war auch ein Jahr, das gravierend das Schicksal des südeuropäischen Judentums beeinflußte, denn die katholischen Könige von Spanien stellten die Juden vor die Wahl, entweder auszuwandern oder zu konvertieren. Viele sind emigriert, dorthin, wo Freiheit noch möglich war, u. a. ins Nachbarland Portugal. Viele haben sich formell bekehrt, blieben aber im Verborgenen ihrem jüdischen Glauben, ihrer jüdischen Kultur treu und bildeten bald eine eigene Schicht, zwischen Judentum und Christentum oszillierend, Bürger zweier Welten, Menschen mit einer doppelten Identität, von denen die eine aufgezwungen und die andere nur im Geheimen lebbar war. Für diese Menschen fand sich bald ein Schimpfname, der dann zu einem Ehrennamen wurde: *Marranen* – es war das spanische Wort für Schweine, Unreine, Unsaubere. Zu ihren kulturellen Eigentümlichkeiten entwickelte sich eine aus dieser Situation erwachsende Rhetorik der Doppeldeutigkeit, deren Bedeutung für die Philosophie Spinozas erst in letzter Zeit erkannt wurde.[2] Spinoza stammte aus solch einer Marranenfamilie, die sich entschlossen hatte, in die liberalen Niederlande, die sich in einem langen Kampf von der spanischen Herrschaft befreit hatten, auszuwandern. In den Niederlanden gab es für die Juden die Möglichkeit, wieder zu ihrer alten Religion zurückzukehren, was gar nicht so einfach war, da die Kenntnisse der jüdischen Religion den Marranen allmählich verloren gegangen waren. Die ehemaligen Marranen mußten so oft erst mühselig in ihrer neuen Heimat ihre Religion rekonstruieren.

Spinozas Denken ist nicht trennbar von diesem Problem der Identität. Zwar wuchs Spinoza als Jude auf, aber sein kritischer, nach Unabhängigkeit strebender Geist brachte ihn bald in Konflikt mit der jüdischen Gemeinde von Amsterdam, aus der er dann ausgeschlossen wurde. Es war Spinoza damit die Möglichkeit genommen, sich zu rejudaisieren. Trotzdem wollte oder konnte er sich auch nicht in die bürgerliche Welt der Niederlande, die im wesentlichen protestantisch-calvinistisch geprägt war, integrieren. Für diese Welt, in der er viele Freunde und Gönner hatte, blieb er der „Jude aus Am-

---

2 Vgl. dazu Yirmiyahu Yovel, Spinoza. Das Abenteuer der Vernunft. Göttingen: Steidl, 1994, S. 47ff.

sterdam". Er wurde, weil konfessionslos, immer wieder des Atheismus verdächtigt und hat nie eine offizielle Laufbahn als Philosoph eingeschlagen, obwohl sie ihm angeboten wurde. Eine Professur in Heidelberg lehnte er ab, um die Freiheit seines Denkens zu bewahren. Er wollte von keinem weltlichen oder geistigen Herrn Einschränkungen welcher Art auch immer entgegennehmen. Das führte auch dazu, daß er eine Reihe seiner Schriften entweder anonym oder gar nicht veröffentlicht hat.

Von den frühen Schriften Spinozas ist vor allem seine, niederländisch geschriebene, *Kurze Abhandlung von Gott, dem Menschen und dessen Glück* (1660) von Wichtigkeit, in der im Grunde das Programm seiner Philosophie niedergelegt ist. In diesem Traktat beschäftigt er sich mit drei zentralen Fragen: 1. Wie steht es mit Gott, was ist von ihm erkennbar, wer ist er eigentlich, in welchem Verhältnis stehen wir zu ihm? 2. Wie steht es mit dem Menschen, was macht ihn aus, was ist sein Wesen, was bestimmt sein Verhalten? 3. Was muß der Mensch tun, damit er glückselig wird? Spinoza wollte also einerseits das Verhältnis zwischen Mensch und Gott, zwischen Vernunft und Religion klären, andererseits suchte er eine Antwort auf die antike Initiationsfrage der Ethik, auf die Frage nach den Bedingungen, Möglichkeiten und Grenzen eines geglückten Lebens. Sein zweites großes Werk ist eine Auseinandersetzung sowohl mit religiösen als auch mit politischen Fragen; es ist der berühmte *Tractatus theologico-politicus* (1670), eine theologisch-politische Abhandlung. Dieser lateinisch geschriebene Traktat – Latein hatte sich Spinoza selbst beigebracht – stellt eine kritische Auseinandersetzung sowohl mit der Frage der Funktion und Bedeutung von Religion als auch mit der Frage dar, wie ein Staatswesen, eine Gemeinschaft beschaffen sein soll. Spinoza gehört auch zu den neuzeitlichen Staatsdenkern und Sozialphilosophen, und seine Überlegungen gehören zu den Grundlegungen einer bürgerlich-liberalen Gesellschaftskonzeption.

Spinozas philosophisches Hauptwerk aber ist erst posthum erschienen: die *Ethica ordine geometrico demonstrata,* die Ethik, begründet nach Art und Weise der Geometrie. Obwohl sie schon 1675 vollendet war, wagte es Spinoza nicht, sie zu veröffentlichen, weil er zu Recht fürchtete, daß sie sogar in den liberalen Niederlanden auf Widerstand stoßen müßte. Spinoza – und auch dies mag noch ein Moment seines marranischen Erbes sein – war allerdings nicht nur in seiner Veröffentlichungspolitik, sondern überhaupt sehr zurückhaltend. „Caute!" – „Sei vorsichtig!" – war seine erklärte Maxime. Die *Ethik* ist dann nach seinem Tod von Freunden aus dem Nachlaß veröffentlicht und tatsächlich wenige Monate später verboten worden. Spinoza hatte mit dieser

Ethik die höchst interessante Aufgabe übernommen, analog zur axiomatischen Geometrie die Ethik, und das bedeutet für ihn, die alten ontologischen und metaphysischen Fragen nach Gott, Natur, nach der Natur des Menschen und seiner Moral, in einem einzigen, deduktiv erschlossenen, in sich vollkommenen System darzustellen. Daß man an dieser gigantischen Aufgabe scheitern muß, verwundert heute wenig. Dennoch stellt Spinozas *Ethik* eines der beeindruckendsten Beispiele dafür dar, was es heißt, eine Philosophie konsequent als System zu konstruieren. Seine *geometrische Methode* ist dabei aber auch als eine rhetorische Metapher zu werten, die eine Klarheit, Geschlossenheit und bestimmte Gestik zum Ausdruck bringen wollte, vor allem die Gestik der Rationalität.[3] Die Zweideutigkeit des marranischen Denkens könnte sich bei Spinoza auch so ausgewirkt haben, daß sich seine eigentliche Philosophie hinter der vordergründig so klaren Begrifflichkeit *verbirgt.*

So kolportierten schon Zeitgenossen die Legende, daß ein Zentralbegriff dieser *Ethik* – nämlich Gott – in der ursprünglichen Fassung überhaupt nicht aufgetaucht war, daß also Spinoza als erstes gleich einmal Gott eliminiert habe; Freunde sollen ihm dann geraten haben, dem religiösen Zeitgeist gegenüber nicht derart demonstrativ aufzutreten. Spinoza räumte Gott dann in der Tat eine recht seltsame Rolle ein, was bei der Lektüre zu einigen Mißverständnissen führen kann. Wenn bei Spinoza von „Gott" die Rede ist, ist jedenfalls nicht mehr der persönliche Schöpfergott des Christentums und Judentums gemeint, zu dem der Mensch in ein bestimmtes Verhältnis treten oder auch nicht treten kann. Gemeint ist mit „Gott" ein alles durchdringendes und alles umfassendes Prinzip, ein Naturgesetz, und das hat Spinoza schon sehr früh den Vorwurf des atheistischen Pantheismus eingetragen. Gemeint ist die Identität von Gott mit allem Sein und Seiendem schlechthin. Der Ausgangspunkt der spinozistischen Reflexion ist deshalb: „*Unter Gott verstehe ich das absolut unendliche Seiende, d. h. die Substanz, die aus unendlichen Attributen besteht, von denen ein jedes ewiges und unendliches Wesen ausdrückt.*"[4]

Gott ist für Spinoza nichts anderes als die Totalität des Seienden, die sich in allen Formen der Wirklichkeit, der Natur und des Menschen ausdrückt. Die Eigenschaften (Attribute) dieser einheitlichen Substanz und die Formen, in denen sie sich in der Wirklichkeit ausdrückt (Modi), hat Spinoza versucht, in

3 Yovel, Spinoza, S. 180ff.

4 Benedictus de Spinoza, Die Ethik. Lateinisch/Deutsch. Revidierte Übersetzung von Jakob Stern. Stuttgart: Reclam, 1977, S. 5

seiner Ontologie zu bestimmen. *Gott* ist dabei nicht mehr etwas, was von dem getrennt werden kann, das wir *Natur* nennen und umgekehrt ist *Natur* nichts, was von *Gott* unterschieden werden könnte. Immer wieder verwendet Spinoza die Formulierung *„deus sive natura"*, Gott oder Natur: Wo *Gott* steht, läßt sich eigentlich auch *Natur* einsetzen. Spinoza differenzierte deshalb auch zwischen einer *natura naturans*, der schaffenden, hervorbringenden Natur, und der *natura naturata*, der hervorgebrachten Natur. Dieser Ansatz mußte zu einem Problem führen: In dem Moment, in dem der persönliche Gottesbegriff liquidiert ist, Gott nicht mehr als Schöpfergott auftaucht, Gott nicht derjenige ist, der zum Menschen sprechen kann, kann er sich auch nicht mehr offenbaren, weshalb die Offenbarungsschriften, sowohl die jüdische als auch die christliche Bibel, natürlich für Spinoza Menschenwerk sind, das wohl einige Vorzüge in ethischer, pragmatischer Hinsicht hat, das aber keine endgültige Wahrheit mehr enthält und keinen Anspruch auf eine Gewißheit erheben kann, die der vernünftigen Prüfung nicht bedürfte. Die lang tradierte Trennung von *Immanenz* und *Transzendenz*, von einer Innerweltlichkeit, zu der wir Menschen verurteilt sind, und einer Überweltlichkeit Gottes, galt für Spinoza nicht mehr. Er war es, der Gott in die Welt geholt hat, die Welt selbst in all ihren positiven und negativen Erscheinungsformen als Attribute und Erscheinungsweisen Gottes aufgefaßt und dadurch die Natur, das Universum, die Welt und den Menschen auch vergöttlicht hat.

Die Bedeutung und Sonderstellung des Menschen in dieser Einheit von Gott und Natur liegt nun darin, daß der Mensch imstande ist, diese Zusammenhänge mit den ihm von Natur zukommenden Fähigkeiten zu erkennen. Nach Spinoza vollzieht sich die *Erkenntnis* in mehreren Stufen. Die *erste Stufe* wäre das, was wir durch unsere höchst ungenaue Sinneserfahrung, durch wenig verläßliches Hörensagen und durch unser eigenes, unvollkommenes und täuschungsanfälliges Gedächtnis in Erfahrung bringen können. Daß diese Form der Erkenntnis wenig Gewißheit bietet, versteht sich fast von selbst. Auf der *zweiten Stufe* der Erkenntnis kommt die Verstandestätigkeit, die Fähigkeit, logisch zu denken, hinzu. Was durch den Verstand geprüft worden ist, hat dadurch einen größeren Grad von Verbindlichkeit. In dem Maße, in dem man zu Allgemeinbegriffen und Deduktionen vorstößt und nicht mehr bei einzelnen Erinnerungen und Wahrnehmungen stehenbleibt, wird auch die Erkenntnis genauer. Die *dritte Stufe* schließlich ist erreicht – und diese Formulierung ist berühmt geworden –, wenn der verständige und verstehende Mensch sich selbst in den Stand setzt, die Dinge *„sub specie aeternitatis"* zu betrachten, also aus der Perspektive der Ewigkeit: *„Alles, was der Geist unter* *dem Gesichtspunkt der Ewigkeit erkennt, das erkennt er nicht daraus, daß er die gegenwärtige wirkliche Existenz des Körpers begreift, sondern daraus, daß er das Wesen des Körpers unter dem Gesichtspunkt der Ewigkeit begreift.*"[5] Der Mensch kann und soll danach trachten, die Dinge ungeachtet ihrer und seiner jeweiligen Befindlichkeit nach jenen unveränderlichen Prinzipien der Natur, die man auch als göttliche Prinzipien bezeichnen könnte, zu erkennen. Aus dieser Art der Erkenntnis „*entspringt die höchste Befriedigung des Geistes, die es geben kann*".[6] In dieser Erkenntnis, die gleichzeitig auch die größte Glückseligkeit für den Erkennenden bedeutet, ist die wahre Erkenntnis Gottes gegeben. Dieser Erkenntnis entspringt deshalb für Spinoza seine vielzitierte „*intellektuelle Liebe zu Gott*", der „*Amor Dei intellectualis*",[7] den Nietzsche dann in seinen *amor fati*, in die Anerkennung des Schicksals transformieren wird. Allerdings ist diese intellektuelle Liebe des erkennenden Menschen zu Gott für Spinoza immer auch ein Liebe zur Ewigkeit und Unveränderlichkeit der Natur und ihrer Gesetze.

Erst unter diesen Voraussetzungen stellt sich für Spinoza die Frage nach dem Menschen, dessen Wesen und Handlungsmöglichkeiten. Spinozas *Ethik* ist deshalb keine Ethik in einem normativen Sinn, in der darüber verhandelt würde, was Menschen tun oder lassen sollen. Kernstück von Spinozas *Ethik* ist vielmehr eine genaue Analyse der menschlichen Befindlichkeiten, der menschlichen Handlungsweisen und der menschlichen Gefühle. Man würde – und das hat schon auch etwas Paradoxes an sich – bei einem Ahnherrn des philosophischen Rationalismus alles Mögliche vermuten, nur eines nicht: die umfassendste und differenzierteste Analyse des menschlichen Gefühlslebens, die vor Sigmund Freud veranstaltet wurde. Das hatte bei Spinoza einen guten Grund. In der Triade Mensch – Kosmos – Gott war der Mensch für Spinoza das interessanteste Objekt, aber er wollte den Menschen vorurteilslos und nüchtern betrachten. Das aber mußte zu der Einsicht führen, daß der Mensch alles andere als ein rationales Wesen ist. Wohl ist er imstande, rational zu denken, sein Handeln allerdings, seine Befindlichkeit ist nur in sehr geringem Maße von seinem Denken bestimmt. Das Handeln ist viel mehr determiniert von den Bedürfnissen der Leiblichkeit, und von den Emotionen, den Gefühlen, die Spinoza *Affekte* nannte. Der zentrale Teil seiner *Ethik* ist deshalb eine Lehre der Affekte – eine brillante Analyse der Gefühle, bei der

5 Spinoza, Ethik V/29, S. 671
6 Spinoza, Ethik V/27, S. 669
7 Spinoza, Ethik V/33, S. 679

Spinoza besonderen Wert darauf legte, vorbehaltlos zu urteilen und auf die heute gängige moralische Bewertung der Gefühle in Hinblick auf ihre Positivität oder Negativität zu verzichten.

Spinozas Voraussetzung für die Analyse der Gefühle ist die Annahme, daß natürlich auch der Mensch den Gesetzen der Natur unterliegt. Weil diese Naturgesetze die Prinzipien des Ewigen sind und unser Verstand diese Gesetze widerspiegeln kann, können wir sie erkennen. Aber wir können durch das Erkennen die Tatsache, daß wir ausschließlich Naturwesen sind, nicht außer Kraft setzen. Spinoza ist so auch nicht ganz zu Unrecht in die Nähe der großen Deterministen gerückt worden. Im Vorwort zum 3. Teil der *Ethik*, der Lehre über die Affekte, schreibt Spinoza: „*Es geschieht in der Natur nichts, was ihr als Fehler angerechnet werden könnte. Denn die Natur ist immer dieselbe, und ihre Kraft und ihr Vermögen zu wirken ist überall gleich. D. h., die Gesetze und Regeln der Natur, nach denen alles geschieht und aus einer Form in eine andere verwandelt wird, sind überall und immer die gleichen. Daher kann es auch nur eine Methode geben, nach der die Natur aller Dinge, um welche es sich auch immer handelt, erkannt wird, nämlich durch die allgemeinen Gesetze und Regeln der Natur. Es folgen daher die Affekte des Hasses, des Zorns, Neids, an sich betrachtet, aus derselben Notwendigkeit und Kraft der Natur wie alles andere. Demnach lassen sie bestimmte Ursachen gelten, durch die sie erkannt werden, und haben bestimmte Eigenschaften, die unserer Erkenntnis ebenso würdig sind wie die Eigenschaften eines jeden anderen Dinges, an dessen bloßer Betrachtung wir uns erfreuen. Ich werde daher die Natur und die Kräfte der Affekte und die Macht des Geistes über sie nach derselben Methode behandeln, nach der ich in den vorigen Teilen Gott und den Geist behandelt habe, und die menschlichen Handlungen und Triebe geradeso betrachten, als handelte es sich um Linien, Flächen oder Körper.*“[8]

Den Kern seiner Ethik und Affektenlehre formulierte Spinoza in einem Lehrsatz, der dieses Moment des Naturhaften und Naturgesetzlichen, das gleichzeitig das Moment des Göttlichen am Menschen ist, auf eine außerordentlich kühle Art verdeutlicht: „*Jedes Ding strebt, so viel an ihm liegt, in seinem Sein zu verharren.*“[9] Jedes Lebewesen – und „Ding“ (lat. *res*) meint hier in der Tat jedes Naturwesen – hat im Grunde nur einen ganz zentralen Trieb: am Leben zu bleiben. Der zentrale Trieb ist der Selbsterhaltungstrieb. Von diesem Trieb, der allen Wesen, allen „Dingen“ der Natur zu eigen ist, lassen

8 Spinoza, Ethik III, S. 253
9 Spinoza, Ethik III/6, S. 273

sich alle anderen Emotionen, Affekte, Triebe und Handlungen ableiten. Mit der lateinischen Bezeichnung nennt Spinoza diesen Selbsterhaltungstrieb den *Conatus* (das Streben, die Begierde). Damit ist Spinoza einer der ersten neuzeitlichen Philosophen, der das komplexe Motivationsgeflecht menschlichen Handelns auf einen zentralen Beweggrund zurückführen will. Später wird dieses *monistische* Konzept noch mehrmals vertreten werden: Bei FRIEDRICH NIETZSCHE (1844–1900) taucht ein grundlegender Selbsterhaltungs- und Selbststeigerungstrieb auf: der *Wille zur Macht*; im französischen Vitalismus, bei HENRI BERGSON (1859–1941), gibt es den *Lebenstrieb (élan vital)*; und auch SIGMUND FREUD (1856–1939) hat, bevor er zu der Dualität von Sexual- und Todestrieb kam, mit der *Libido* solch einen fundamentalen Trieb angenommen. Im Grunde sind dies alles spinozistische Varianten, die den Menschen in seinem komplexen Verhalten aus einem Grundtrieb erklären wollen.

Bei Spinoza wurde dieser Grundtrieb allerdings vielfach modifiziert und unter unterschiedlichen Perspektiven betrachtet. So unterliegt etwa auch der menschliche Geist dem *Conatus*: „*Der Geist strebt, sowohl insofern er klare und bestimmte als auch insofern er verworrene Ideen hat, in seinem Sein auf unbestimmte Dauer zu verharren, und er ist sich dieses seines Strebens bewußt.*" Diesen Lehrsatz erläutert Spinoza wie folgt: „*Dieses Bestreben wird, wenn es auf den Geist allein bezogen wird, Wille genannt; wird es aber auf Geist und Körper zugleich bezogen, so heißt es Trieb, welcher also nichts anderes ist als das Wesen des Menschen selbst, aus dessen Natur das, was zu seiner Erhaltung dient, notwendig folgt; daher ist der Mensch bestimmt, es zu tun. Auch ist zwischen Trieb und Begierde kein Unterschied, abgesehen davon, daß ‚Begierde' meist auf den Menschen bezogen wird, insofern er sich seines Triebes bewußt ist. Man kann daher so definieren:* Die Begierde ist ein Trieb mit dem Bewußtsein desselben. *Aus all dem geht darum hervor, daß wir nichts erstreben, wollen, verlangen oder begehren, weil wir es für gut halten sondern daß wir umgekehrt darum etwas für gut halten, weil wir es erstreben, wollen, verlangen oder begehren.*"[10]

Der Wille (*Voluntas*) ist also nichts anderes als dieser Grundtrieb, wie er in unserem Bewußtsein erscheint. Es ist keine Souveränität der Vernunft damit verbunden, es ist nichts anderes als ein Trieb, der bewußt wird. Als auf den Geist und Körper bezogener Trieb (*Appetitus*) definiert er das Wesen des Menschen. Wohl unterscheidet von anderen Naturdingen den Menschen, daß er sich dieses Triebes bewußt werden kann. Dann spricht Spinoza nicht von Trieb, sondern von Begierde (*Cupiditas*). Die Konsequenz dieser Annah-

10 Spinoza, Ethik III/9, S. 277

men ist allerdings desillusionierend: Wir haben kein moralisches Vermögen, das es uns erlaubte, das Gute um des Guten willen anzustreben; sondern das, was wir aufgrund unserer Begierden anstreben, werden wir immer als gut bezeichnen. Auf Spinoza geht so die moderne ethische Theorie zurück, daß das Gute und das Böse nichts anderes sind als der Ausdruck subjektiver Vorstellungen des Begehrens oder des Abwehrens. Damit zählt Spinoza zu jenen Philosophen, die in der Moral nur den bewußten Reflex der Triebe zu sehen vermeinten – auch hierin ein Vorläufer Nietzsches, der die Moral einmal gut spinozistisch als die *Sprache der Affekte* definierte.

Die genaue Analyse dieser Affekte, die sich aus dem *Conatus* ableiten lassen, führt Spinoza nun mit äußerster Präzision durch. Er versucht konsequent, aus dem Selbsterhaltungstrieb alle anderen Erscheinungsformen unseres Gefühlslebens – Liebe, Haß, Neid, Eifersucht, Furcht etc. – abzuleiten. Der Grundgedanke Spinozas zur Entfaltung dieser ganzen Palette von Gefühlen ist folgender: Es gibt zwei Möglichkeiten, wie uns das Gelingen oder Mißlingen des Selbsterhaltungsstrebens bewußt werden kann: Wenn wir etwas begehren und wir bekommen es, erleben wir dies als *Lust.* Wenn wir etwas begehren und wir bekommen es nicht, erleben wir es als *Unlust.* Lust und Unlust sind also nichts anderes als innere Reaktionen darauf, ob unser Begehren sich durchsetzen konnte oder nicht. Dazu kommt – und damit formuliert Spinoza einen Gedanken, der erst wieder im modernen Behaviorismus reüssieren wird –, daß Menschen imstande sind, Emotionen auf andere, aber damit zusammenhängende Erlebnisse, ja auf Gegenstände und Dinge zu übertragen oder damit zu *assoziieren,* wodurch sich weitere Differenzierungs- und Anwendungsmöglichkeiten der Affekte ergeben.

Spinoza war genau genug, um zu sehen, daß wir wohl einen Teil unseres Strebens aktiv bewältigen können, daß wir aber auf der anderen Seite natürlich nie wirklich souverän sind, auch nicht in unserem Triebleben. Denn der Trieb als solcher stößt auf Widerstand, ist bedingt durch anderes, durch Menschen, Natur, Zufälle, Situationen. Diesen Widerstand erleben wir als Leiden, in dem Sinn, daß wir einer Situation passiv ausgesetzt sind und nichts aktiv tun können. Aus der Kombination dieser Bestimmungen (aktiv/passiv, Lust/ Unlust) verbunden mit dem dahinter stehenden einzigen, zentralen Selbsterhaltungstrieb entfaltet Spinoza sein System der Emotionen. Einige dieser noch immer überlegenswerten Gefühlsbestimmungen, die manchmal sogar hellsichtiger scheinen als die Ergebnisse der Psychologie, seien im folgenden kurz skizziert.

Beginnen wir mit den vielleicht stärksten Gefühlen, mit *Liebe* und *Haß.* Spinozas Definitionen sind so präzise wie ernüchternd: „Liebe *ist nichts ande-*

res als Lust, verbunden mit der Idee einer äußeren Ursache, und Haß *nichts anderes als Unlust, verbunden mit der Idee einer äußeren Ursache.*“[11] Wer Lust empfindet und sich dabei vorstellen muß, daß nicht er selbst die Quelle dieser Lust ist, sondern diese von einem anderen herrührt, wird diesen anderen begehren, weil anzunehmen ist, daß er die Quelle der Lust ist. Das nennen wir *Liebe*, nicht mehr, nicht weniger. Und umgekehrt gilt das gleiche: Wer annehmen muß, daß es irgendjemanden gibt, der Schuld daran ist, daß er sich schlecht fühlt, wird diesen hassen. Das Resultat davon ist, daß „*der Liebende notwendig bestrebt ist, den geliebten Gegenstand gegenwärtig zu haben und zu erhalten, und daß dagegen der Hassende bestrebt ist, den verhaßten Gegenstand zu entfernen und zu zerstören.*“[12] Das ist eigentlich – akzeptiert man die Voraussetzungen – höchst naheliegend. Es handelt sich bei Liebe und Haß im Wesentlichen um ein assoziatives Übertragen. Ob der vermeintliche Geliebte oder Gehaßte – *sub specie aeternitatis* – tatsächlich die Ursache der Lust oder Unlust ist, spielt für das Aufkommen dieser Affekte keine Rolle. Prekär ist dies insbesondere dann, wenn diese Zurechnung auf Lust und Unlust assoziativ auf verschiedene Ebenen übertragen wird. Wenn ich glaube, so Spinoza, daß ein Mensch mir Lust oder Unlust verschafft, werde ich ihn lieben oder hassen, und wenn dieser Mensch signifikanter Träger bestimmter Merkmale ist, dann werde ich alle Träger dieser Merkmale mitlieben oder mithassen: „*Wenn jemand von einem Angehörigen einer anderen Klasse oder Nation mit Lust oder Unlust affiziert worden ist, verbunden mit der Idee dieses Menschen unter dem allgemeinen Namen seiner Klasse oder Nation als Ursache, so wird er nicht nur ihn, sondern alle Angehörigen seiner Klasse oder Nation lieben oder hassen.*“[13]

Schon Spinoza wollte also das verstörende Rätsel lösen, warum Menschen imstande sind, offenbar gegen jede Vernunft, positive oder negative Gefühle auf Gruppen und Kollektive zu übertragen. Der Scharfsinn, mit dem Spinoza *Liebe* und *Haß* analysierte, erweist sich auch an folgender drastischen, aber letztlich wohl nicht unrichtigen Behauptung: „*Wer sich vorstellt, daß das, was er liebt, zerstört wird, der wird Unlust empfinden; stellt er sich aber vor, daß es erhalten wird, wird er Lust empfinden […] Wer sich vorstellt, daß das, was er haßt, zerstört wird, wird Lust empfinden.*“[14] Die Frage, ob wir bei dem Gedanken an Zerstörung Lust oder Unlust empfinden, hängt also ganz davon ab,

11 Spinoza, Ethik III/13, S. 285
12 Spinoza, Ethik III/13, S. 287
13 Spinoza, Ethik III/46, S. 355
14 Spinoza, Ethik III/19 u. 20, S. 299

was von Zerstörung bedroht ist – etwas Geliebtes oder etwas Gehaßtes. Und mit Spinoza könnte man zumindest jener Heuchelei entgehen, die suggerieren möchte, sie sei weder zu Haß noch zu Zerstörung imstande.

Was geschieht aber, wenn wir einen Gegenstand lieben oder hassen, der von anderen ebenfalls gehaßt oder geliebt wird? Spinozas Antwort ist ebenso souverän wie unbestechlich: „*Wenn wir uns vorstellen, daß jemand etwas liebt oder begehrt oder haßt, was wir selbst lieben, begehren oder hassen, so werden wir eben dadurch dieses Ding beharrlicher lieben usw. Stellen wir uns dagegen vor, daß jemand ein Ding, das wir lieben, verschmäht, oder umgekehrt, werden wir ein Schwanken des Gemüts erleiden.*"[15] Spinoza erkannte also, was die Anerkennung oder Mißachtung unserer Vorlieben durch andere bedeuten kann. Er traut den Menschen den Heroismus offensichtlich nicht zu, an einem geliebten Gegenstand auch dann festzuhalten, wenn alle anderen diese Vorliebe nicht teilen. Es kann allerdings durchaus, und wir alle wissen das, unangenehm werden, wenn andere das, was wir begehren, ähnlich intensiv zu begehren beginnen. Wenn der Fall eintritt, daß wir etwas lieben, das auch ein anderer liebt, dann wird unsere eigene Liebe zwar einerseits verstärkt, andererseits besteht aber die Gefahr, daß durch diese Liebe des anderen unsere Liebe von Haß und Neid affiziert werden kann: das daraus resultierende zwiespältige Gefühl nennen wir *Eifersucht*: „*[Eifersucht] ist also nichts anderes als ein Schwanken des Gemüts, entsprungen aus Liebe und Haß zugleich, verbunden mit der Idee eines anderen, den man beneidet. Dieser Haß gegen den geliebten Gegenstand wird in Bezug auf seine Stärke im Verhältnis stehen zur Lust, von welcher der Eifersüchtige durch die Gegenliebe seines geliebten Gegenstandes affiziert zu werden pflegte, wie auch zu dem Affekt, mit dem er gegen den affiziert war, von dem er sich vorstellt, daß sich der geliebte Gegenstand ihm verbindet.*" Und Spinoza führt, realitätsnah, aus: „*Dieses Verhältnis findet sich meistens bei der Liebe zu Frauen. Denn wer sich vorstellt, daß eine Frau, die er liebt, sich einem anderen hingibt, wird nicht bloß Unlust empfinden, sondern er verabscheut auch diese Frau, weil er gezwungen wird, die Vorstellung der Geliebten mit den Schamteilen und Entleerungen eines anderen zu verbinden. Schließlich kommt noch hinzu, daß der Eifersüchtige von dem geliebten Gegenstand nicht mit der gleichen Miene empfangen wird, die er ihm sonst zeigte; ein weiterer Grund, weshalb der Liebende von Unlust affiziert wird.*"[16] Dies ist wohl ein weiteres, anschauliches Beispiel, nicht nur für die Mechanik der Empfindungen, denen

15 Spinoza, Ethik III/31, S. 323
16 Spinoza, Ethik III/35, S. 331ff.

man kaum auskommt, sondern auch für die große Bedeutung, die *Vorstellungen* für die Erzeugung von Empfindungen haben. Gerade im Falle der Eifersucht ist es ja – wie zahlreiche Eifersuchtstragödien nicht nur in der Literatur bezeugen – nicht die unmittelbare Realität, die das quälende Gefühl erzeugt, sondern die Vorstellung, es hätte geschehen können oder geschieht gerade. Mit dem Hinweis, daß es in Wirklichkeit gar nicht passiert sei, lassen sich deshalb Gefühle, die aus Vorstellungen resultieren, kaum oder gar nicht neutralisieren.

Wie wenige vor ihm, wußte Spinoza aber auch, daß nicht die Liebe zu irgendwelchen Objekten, sondern die Liebe des Menschen zu sich selbst zu den stärksten Affekten gehört, die auch die intensivste Lust vermittelt. *Selbstliebe* und *Selbstzufriedenheit* sind es, die wir anstreben und steigern wollen auch dann, wenn dies nur über die Mißachtung anderer Menschen erreicht werden kann. Das führt Spinoza auch zu der bemerkenswerten Einsicht, daß Vorzüge, die aus der Idee des Menschseins schlechthin entspringen, weniger geschätzt würden als solche, die sich tatsächlich als Resultat von Individualität zurechnen lassen: „*Deshalb wird jeder bei der Betrachtung seiner selbst sich dann am meisten freuen, wenn er etwas an sich betrachtet, was er bei den anderen verneint. Wenn aber das, was er bei sich bejaht, zur universalen Idee des Menschen oder des lebenden Wesens gehört, wird er sich nicht so sehr freuen. [...] Es ergibt sich also, daß die Menschen von Natur zu Haß und Mißgunst neigen.*“[17]

Mit dieser Analyse der Affekte, die hier nur kursorisch vorgeführt werden konnte, ist auch jede metaphysische Dimension der Moral gekappt. Spinoza kommt am Ende seiner Überlegung zu der sehr nüchternen Konsequenz, daß es kein übernatürliches Sittengesetz geben kann. Das Sittengesetz, das uns als allgemeine Moral, als System von sittlichen Geboten und Verboten oder als die Gesetze eines Staates entgegentritt, resultiert aus Vorschriften, die eine Gemeinschaft sich selbst gibt, um das Zusammenleben der Menschen zu regeln. Diese Vorschriften können überhaupt nur eingehalten werden, wenn sie mit entsprechenden Drohungen verbunden sind. Das, was wir Verbrechen, Sünde, Schuld, Unschuld, Tugend oder Güte nennen, ist keine Sache der menschlichen Natur, denn diese ist moralisch neutral; es ist auch keine Sache metaphysischer Prinzipien, denn diese gibt es nicht. Moral ist etwas, das von den Menschen als Ausdruck ihrer unterschiedlichen Interessen auf Basis der bestehenden Machtverhältnisse ausgehandelt werden muß.

17 Spinoza, Ethik III/55, S. 375

Spinoza kommt im Zuge dieser Überlegungen zu einer bedeutsamen Differenzierung. Er schreibt: „*Im natürlichen Zustand kann daher keine Sünde begriffen werden, wohl aber im bürgerlichen Zustand, wo durch allgemeine Übereinstimmung entschieden wird, was gut und was schlecht ist, und jeder gehalten ist, dem Staat zu gehorchen.* Schuld *ist somit nichts anderes als Ungehorsam, der nur nach dem Staatsgesetz strafbar ist, wogegen der Gehorsam dem Bürger als* Verdienst *angerechnet wird, weil er durch ihn für würdig erachtet wird, sich der Vorteile des Staats zu erfreuen. Ferner ist im natürlichen Zustand niemand nach gemeinschaftlicher Übereinkunft Herr irgendeines Dinges, und es gibt in der Natur nichts, was als Eigentum dieses oder jenes Menschen bezeichnet werden könnte, sondern alles gehört allen. Daher kann auch im natürlichen Zustand der Wille, jemandem das Seinige zu geben oder zu nehmen, nicht begriffen werden; d. h., im natürlichen Zustand geschieht nichts, was* gerecht *oder* ungerecht *heißen könnte, wohl aber im bürgerlichen Zustand, wo nach gemeinschaftlicher Übereinkunft festgestellt wird, was diesem und was jenem gehören soll. Hieraus wird deutlich, daß* gerecht *und* ungerecht, Schuld *und* Verdienst *äußerliche Begriffe sind, nicht aber Attribute, welche die Natur des Geistes ausdrücken.*“[18] Es gibt für Spinoza keine transzendente Vorstellung von Gerechtigkeit, die Sinn macht. Gerechtigkeit ist nichts anderes als ein bestimmtes Verfahren des Interessenausgleichs. Die Frage nach einer metaphysischen Idee der Gerechtigkeit, die Frage nach der Erbsünde erweisen sich unter dieser Perspektive als Scheinprobleme. Das eigentliche Problem ist ein praktisches: wie man unterschiedliche Vorstellungen von Gut und Böse, unterschiedliche Interessen und Begierden von unterschiedlichen Menschen, die aber zusammen leben müssen und wollen, auf einen kleinsten gemeinsamen Nenner bringt. Spinoza plädiert in dem Zusammenhang für eine demokratische Organisation dieses Interessenausgleichs, die allerdings die Freiheit der Einzelnen zur Voraussetzung und zum Ziel haben muß. In seinem *theologisch-politischen Traktat* schreibt er: „*Der Zweck des Staates ist in Wahrheit die Freiheit.*“[19] Voraussetzung dieser Freiheit aber ist die Freiheit des Denkens, die keinerlei Beschränkung unterliegen darf, was für Spinoza auch deshalb politisch unbedenklich war, weil er davon ausging, daß das *Handeln* der Menschen ohnehin anderen Gesetzen unterliegt als das *Denken*: „*Wir sehen also, wie jedermann unbeschadet des Rechts und der Autorität der höchsten Gewalten, d. h. unbeschadet des*

18 Spinoza, Ethik IV/32, S. 521

19 Benedictus de Spinoza, Tractatus theologico-politicus. In: Spinoza, Opera/Werke, Bd. 1, Darmstadt: Wissenschaftliche Buchgesellschaft, 1989, S. 605

Friedens im Staat, alles was er denkt, sagen und lehren kann; wenn er nämlich den Beschluß über alle Handlungen den höchsten Gewalten überläßt und nicht gegen ihren Beschluß handelt, auch wenn er oft gegen das handeln muß, was er für gut hält und unverhohlen denkt. Das kann er unbeschadet der Gerechtigkeit und der Frömmigkeit tun, ja mehr noch, er muß es tun, wenn er wirklich gerecht und fromm sein will. Denn die Gerechtigkeit hängt, wie ich schon gezeigt habe, bloß von dem Beschluß der höchsten Gewalten ab, und darum kann nur der gerecht heißen, der nach dem von ihnen überkommenen Beschluß lebt."[20]

Immerhin war damit, in der 2. Hälfte des 17. Jahrhunderts, die Forderung nach radikaler Gedankenfreiheit formuliert und gleichzeitig der Vorwurf, daß dadurch das Gemeinwesen Schaden nehmen könnte, entschärft worden. Wohl sind wir im Handeln auf unsere Natur zurückgeworfen und bedürfen deshalb regulierender Autoritäten; im Denken aber kann nur das Kriterium des Denkens selbst gelten.

---

20 Spinoza, Tractatus, Werke 1, S. 607

5. Vorlesung

Immanuel Kant – Was ist Aufklärung?

In Robert Musils früher und berühmter Erzählung *Die Verwirrungen des Zöglings Törleß* aus dem Jahre 1906 betritt der junge Internatsschüler Törleß das Zimmer seines Mathematikprofessors und sieht auf dem Tisch einen *Renommierband Kant* liegen. Der Professor gibt ihm zu verstehen, daß darin alle „*Bestimmungsstücke des Handelns*" enthalten seien, das Buch für den Gymnasiasten allerdings wohl noch zu schwer sein werde. Törleß ist durch diese erste leibhaftige Begegnung mit Kant in einen „*bewegten Zustand*" versetzt, denn: „*Törleß konnte gar nichts anderes denken, als daß von Kant die Probleme der Philosophie endgültig gelöst seien und diese seither eine zwecklose Beschäftigung bleibe, wie er ja auch glaubte, daß es sich nach Schiller und Goethe nicht mehr lohne zu dichten.*" In jugendlichem Übereifer besorgt sich Törleß das Reclambändchen, um eine erschütternde Erfahrung zu machen: „*Vor lauter Klammern und Fußnoten verstand er kein Wort, und wenn er gewissenhaft mit den Augen den Sätzen folgte, war ihm, als drehe eine alte, knöcherne Hand ihm das Gehirn in Schraubenwindungen aus dem Kopfe. Als er nach etwa einer halben Stunde erschöpft aufhörte, war er nur bis zur zweiten Seite gelangt, und Schweiß stand auf seiner Stirne. Aber dann biß er die Zähne aufeinander und las nochmals eine Seite weiter, bis die Pause zu Ende war. Abends aber mochte er das Buch schon nicht mehr anrühren. Angst? Ekel? – er wußte nicht recht. Nur das eine quälte ihn brennend deutlich, daß der Professor, dieser Mensch, der nach so wenig aussah, das Buch ganz offen im Zimmer liegen hatte, als sei es für ihn eine tägliche Unterhaltung.*"[1]

---

1 Robert Musil, Die Verwirrungen des Zöglings Törleß. In: R. M., Gesammelte Werke 6, Reinbek bei Hamburg: Rowohlt, 1978, S. 78ff.

Diese Szene aus Robert Musils Erzählung veranschaulicht sehr gut die Aura, die den Philosophen IMMANUEL KANT (1724–1804) bis heute umgibt. Zwar ist Kant längst nicht mehr die letzte Autorität für die Philosophie, wie er es noch zu Beginn unseres Jahrhunderts gewesen sein mag, aber er gilt trotzdem als der entscheidende Erneuerer der Philosophie. Die moderne Erkenntnistheorie ist ohne Kant so wenig denkbar wie eine zeitgenössische Ethik. Nichts geändert aber hat sich seit Musil am Ruf Kants, ein immens schwieriger Philosoph zu sein. Die Kopfschmerzen, die der junge Törleß nach seiner ersten Begegnung mit Kant davontrug, demonstrieren eindringlich, was es heißt, einen Text zu lesen, der den Anspruch hat, vernünftig argumentierend Gedanken zu entwickeln. Denn die Schwierigkeiten der Lektüre Kants liegen nicht – wie bei manchen anderen Philosophen – in der Dunkelheit ihrer Ausdrucksweise oder im Gebrauch komplizierter Fachtermini oder undurchschaubarer Neologismen, sondern einzig in Kants Bemühen, präzise und klar, aber ohne Vereinfachung zu denken und zu schreiben.

Die trockene Präzision seiner Philosophie hat ihre Entsprechung in Kants Leben. Von Kant läßt sich wie von wenigen sagen, daß er seine Philosophie gelebt hat – allerdings auf eine völlig unspektakuläre Weise. Kant verkörperte gewissermaßen den Prototyp des Gelehrten, des Universitätsprofessors, der, vor allem in der deutschen Philosophie, eine Zeit lang die Szene dominieren sollte. Kant selbst, seine Person, sein Leben und sein Werdegang scheinen dabei vollkommen problemlos gewesen zu sein. Auf ihn trifft am ehesten das Bild des im Leben biederen, im Denken etwas weniger biederen deutschen Stubengelehrten zu, schrullig, pedantisch, höflich, angenehm, bescheiden, im Stillen an großen Werken arbeitend. 1724 in Königsberg/Ostpreußen (heute: Kaliningrad/Rußland) geboren, wächst Kant in dieser Provinzhauptstadt unter kleinstbürgerlichen Verhältnissen auf, besucht das Gymnasium, bekommt ein Stipendium für das Studium, erhält aber keine Stelle, die eine wissenschaftliche Laufbahn ermöglichen würde. Er wird, wie viele Intellektuelle dieser Zeit, Hauslehrer. Später wird er Privatdozent und erhält erst in einem relativ hohen Alter die Professur in Königsberg.

Kants Karriere hatte zuerst gar nicht so sehr der Philosophie gegolten. Im Jahre 1755 veröffentlichte er eine *Allgemeine Naturgeschichte und Theorie des Himmels*, die vor allem in der Fachwelt der Naturwissenschaftler für Aufsehen sorgen sollte. Als einer der ersten behauptete Kant, daß sich das Universum und die Planeten aus rotierenden Gaswolken gebildet hätten und daß das, was wir am Sternenhimmel als ferne Nebel wahrnehmen können, Galaxien seien. Kant gehört damit zu den Ahnherren der modernen Astrophysik.

Seine Theorie war bahnbrechend und, wie wir heute wissen, in den Grundzügen richtig. Bestätigt und modifiziert durch den französischen Astronomen Marquis de Laplace (1749–1827) behaupten diese Überlegungen unter dem Namen „Kant-Laplace'sche Theorie" bis heute einen bedeutenden Platz in der Wissenschaftsgeschichte. Kant selbst wird allerdings nicht als Wegbereiter der modernen Kosmologie, sondern als der große Umwälzer der Philosophie berühmt.

Nachdem er endlich eine Professur bekommen hatte, hörte Kant erst einmal ein Jahrzehnt mit dem Publizieren auf – unter den Bedingungen gegenwärtiger Effizienz- und Produktivitätshaschereien wäre Kant chancenlos gewesen. Allerdings hatte er ein großes Projekt vor, die *Kritik der reinen Vernunft*. Jahrelang versucht er, im Kopf sein ganzes System durchzudenken, dann schreibt er es in wenigen Monaten nieder. Er gab selbst zu, die *Kritik der reinen Vernunft* sei so dicht und komplex formuliert, daß es wohl schwierig sei, sie zu verstehen. Er schreibt deshalb eine Einführung im nachhinein, die allerdings auch nicht sonderlich leicht zu lesen ist, die *Prolegomena zu einer jeden künftigen Metaphysik*.

Die erste Fassung der *Kritik der reinen Vernunft* ist mehr oder weniger sang- und klanglos untergegangen. Mit der Verzögerung einiger Jahre entdeckte man allerdings, was für ein epochales Werk hier vorlag. Bei Kants Zeitgenossen hat dies höchste Irritation ausgelöst. Kant hat damit die Welt des Geistes völlig revolutioniert. Heinrich Heine verglich in seiner amüsanten *Geschichte der Religion und Philosophie in Deutschland* Kant mit Robespierre und nannte ihn den *„großen Zerstörer im Reiche der Gedanken"*[2], und welche Wirkung Kant haben konnte, zeigt das Schicksal Heinrich von Kleists, der nach der Lektüre der *Kritik der reinen Vernunft* in eine schwere Depression gefallen war – er fühlte sich von Kants Philosophie *„tief in seinem heiligsten Innern verwundet"*.[3] Nach der *Kritik der reinen Vernunft* schreibt Kant in rascher Folge die *Kritik der praktischen Vernunft* (1788), die er schon in seiner *Grundlegung zur Metaphysik der Sitten* (1785) vorbereitet hatte, sowie sein letztes geschlossenes, systematisches Werk, die *Kritik der Urteilskraft* (1790). Dem folgen eine Reihe von kleineren Schriften und Vorlesungen, die von seinen Schülern ediert werden: Schriften zur Logik, zur Anthropologie, auch zu politischen Fragen, wie etwa die bedeutende Abhandlung *Zum ewigen Frieden* (1795).

---

2 Heinrich Heine, Zur Geschichte der Religion und Philosophie in Deutschland. In: H. H., Sämtliche Schriften, hg. v. Klaus Briegleb, Frankfurt/Main: Ullstein, 1981, Bd. 5, S. 595

3 Heinrich von Kleist, Brief an Wilhelmine von Zenge v. 22. 3. 1801. In: H. v. K., Sämtliche Werke und Briefe, hg. v. Helmut Sembdner, München-Wien: Hanser, 1982, Bd. 4, S. 634

Äußerlich führte Kant ein völlig unaufgeregtes Leben. Er reist nicht, lehnt Professuren in anderen Städten ab, bleibt sein Leben lang in Königsberg und stirbt dort hochbetagt am 12. Februar des Jahres 1804. Kant blieb in der Provinz, an der Peripherie des Geistes, verhaftet einer kleinbürgerlichen Borniertheit, deren Verhältnis zu seiner universalistischen Philosophie selbst Gegenstand gelehrter Abhandlungen geworden ist. Eine gewisse Sehnsucht nach Bewegungsfreiheit hat Kant übrigens durch begeistertes Lesen von Reiseberichten kompensiert. Sein Wissen über fremde Länder soll so umfangreich und detailreich gewesen sein, daß mancher Gesprächspartner ihn für einen weitgereisten Mann hielt.

Kants schrulliges Leben, das sich in zahlreichen Anekdoten niedergeschlagen hat, scheint, gerade wegen der Spannung zu seinem Denken, durchaus interpretationsbedürftig zu sein.[4] Bekannt ist etwa Kants Hang zur Pünktlichkeit und Pedanterie. Die Ordnung, die auch in seinen Schriften so deutlich als Anstrengung des Verstandes zu Tage tritt, hatte er auch zu seiner Lebensmaxime gemacht, was zu einem berüchtigten Tagesablauf führte: Fünf Uhr Wecken; auch wenn er weiter schlafen wollte, mußte ihn sein Diener Lampe zwingen, aufzustehen; dann ein karges Frühstück, das aus Tee bestand, obwohl er Kaffee liebte, aber für schädlich hielt; dann Arbeit an seinen Werken und Vorlesungen an der Universität; jeden Nachmittag ein gepflegtes Mahl mit Freunden aus der besseren Königsberger Gesellschaft – diese Form einer kultivierten Unterhaltung war für Kant notwendig, damit sein Geist sich frei entfalten konnte; dem folgt um Punkt sieben Uhr jener berühmte kleine Spaziergang, nach dem die Königsberger ihre Uhren stellten, dann Lektüre und um zehn Uhr abends lag Kant im Bett, um, nachdem er sich auf komplizierte Art zugedeckt hatte, gerade auf dem Rücken liegend einzuschlafen. Der Philosoph hat diesen rituellen Tagesablauf rigide durchgehalten und war höchst irritiert, wenn etwas nicht funktionierte, was dann durchaus auch zum Anlaß philosophischer Betrachtungen werden konnte. Kant war auch absolut lärmempfindlich; er stritt mit Nachbarn und wechselte die Wohnung, wenn er nicht die zum Denken notwendige vollkommene Stille vorfand. Das ließ ihn auch gegen so manche Lärmquelle ankämpfen. Noch in der Kritik der Urteilskraft findet sich folgende Anmerkung: *„Diejenigen, welche zu den häuslichen Andachtsübungen auch das Singen geistlicher Lieder empfohlen haben, bedachten nicht, daß sie dem Publikum durch eine solche lärmende*

4 Vgl. dazu Hartmut Böhme / Gernot Böhme, Das Andere der Vernunft. Zur Entwicklung von Rationalitätsstrukturen am Beispiel Kants. Frankfurt/Main: Suhrkamp, 1983

(eben dadurch gemeiniglich pharisäische) Andacht eine große Beschwerde auflegen, indem sie die Nachbarschaft entweder mit zu singen oder ihr Gedankengeschäft niederzulegen nötigen".[5] Keine Frage, daß es Kant in unserer lärmdurchfluteten Welt nicht gerade leicht gehabt hätte; überlegenswert aber, ob für eine anspruchsvolle Form des konzentrierten Denkens nicht in der Tat eine Stille die Voraussetzung ist, die wir kaum mehr vorfinden – was immer dies für die Qualität unseres Denkens auch bedeuten mag.

Man kann solche Pedanterien als Eigentümlichkeit oder als Ausdruck einer verletzlichen Psyche, einer neurotisierten, gestörten Persönlichkeit auffassen. Und in der Tat nimmt diese Schrulligkeit auch beängstigende Züge an, wenn sie zu einem Terror wird, der sich gegen Kant selbst, aber auch gegen seine Umgebung richtete. Kant war sich selbst gegenüber von einer unglaublichen Rigidität und gleichzeitig überzeugt davon – darin erfüllte sich für ihn der Begriff der Aufklärung – daß jeder für sich in dem Maße verantwortlich ist, als er in jeder Hinsicht imstande sein muß, für sich selbst zu denken. Kant war deshalb ein großer Freund der Autotherapie – er glaubt, gestärkt durch entsprechende Lektüre, sich selbst behandeln zu können und gehorcht oft seinen Ärzten nicht. Er hatte panische Angst vor Getier in der Wohnung und stellte die Theorie auf, daß sich Wanzen durch den Einfall von Sonnenlicht vermehren: sein Arbeitszimmer mußte daher verdunkelt werden. Er hatte eine tiefe Abscheu vor allen Formen von körperlichen Sekreten, wie etwa Schweiß – er geriet in Panik, wenn er schwitzte – und Sekretabsonderungen im Zusammenhang mit Verdauung und Sexualität. Letztere markiert ein weiteres dunkles Kapitel im Leben Kants. Es wird gesagt, daß er nie Verkehr mit einer Frau hatte, wie glaubwürdig dies auch immer sein mag. Wohl beabsichtigte er zwei Mal zu heiraten, aber er ging dabei offenbar so zögerlich, umständlich und unentschlossen vor, daß jedesmal ein Konkurrent früher das Ja-Wort der Erwählten erhielt. Diese Niederlagen kompensierte Kant mit einer Theorie, nach der unverheiratete Männer länger leben als verheiratete. Die unmittelbare Realisierung seiner ein Leben lang zurückgehaltenen Bedürfnisse wollte er sich selbst allerdings erst im hohen Alter gestatten, als seine physische Verfassung dies längst nicht mehr erlaubte. Nun, als Greis, will er Reisen unternehmen, will er Kaffee trinken, nun wird er ungeduldig, wenn seine Wünsche nicht sofort erfüllt werden.

---

5 Immanuel Kant, Kritik der Urteilskraft. Werkausgabe, hg. von Wilhelm Weischedel, Frankfurt/Main: Suhrkamp, 1977, Bd. X, S. 270

Bei aller vordergründigen Schlichtheit ist Kant eine zutiefst widersprüchliche Person, was sich auch in seinen Werken spiegelt. Der Ausgangspunkt von Kants Philosophie war die Frage gewesen, was das Denken als *reine Vernunft* eigentlich in bezug auf die alten metaphysischen Probleme der Philosophie und Theologie leisten kann. Es ging ihm also durchaus um die Fragen, die uns noch immer brennend interessieren und deren Beantwortung viele für die eigentliche Aufgabe der Philosophie halten: die Frage nach der Freiheit des Menschen, die Frage nach Gott als der ersten Ursache allen Seins, die Frage nach der Unsterblichkeit der Seele. Kant interessierte, ob die Vernunft allein diese Fragen befriedigend beantworten kann. Denn eines war klar: Auf der Ebene der Empirie läßt sich dies nicht bewerkstelligen. Wir können aus reiner Beobachtung nie sagen, ob jemand frei oder nicht frei ist. Desgleichen können wir Gott nicht beobachten – er ist kein Gegenstand der Erfahrung wie ein Stein oder ein Naturereignis. Auch in der Frage nach der Unsterblichkeit der Seele ist es bis jetzt – obwohl es unterschiedliche Beobachtungen im Bereich der Grenzwissenschaften gibt – nicht gelungen, diese empirisch nachzuweisen. Was vermag nun die Vernunft, konfrontiert mit diesen Fragen? Es gehörte zum Anspruch der christlich orientierten Metaphysik der vergangenen 1500 Jahre, daß es der Vernunft möglich sein sollte, diese Fragen positiv zu beantworten, deduktiv klarzulegen, warum es Freiheit, Gott und die Unsterblichkeit gibt. Kant untersuchte deshalb die Leistungsfähigkeit der Vernunft überhaupt erst einmal prinzipiell. Das macht den zentralen Teil seiner *Kritik der reinen Vernunft* aus.

Kants Ergebnis war ernüchternd: Wann immer sich die Vernunft einer dieser Fragen stellt, muß sie sich in haltlose, logisch nicht mehr auflösbare Widersprüche, in *Antinomien* verstricken. Man kann mit guten Gründen die Position vertreten, daß es einen ersten Anfang der Welt gegeben haben muß, Gott also existieren muß. Man kann auch mit genauso guten Gründen die Gegenposition beweisen, daß die Welt unendlich ist, ein Schöpfergott also nicht vonnöten ist. Mit reiner Vernunft sind solche Fragen schlechterdings nicht zu entscheiden. Vor diesen Fragen muß die Vernunft kapitulieren. Was aber kann die Vernunft dann? Wo liegen ihre tatsächlichen Fähigkeiten und Kompetenzen, wo überschreitet sie ihre Möglichkeiten? Widmet sich die Vernunft den alten metaphysischen Fragen, überschreitet sie ihre Kompetenzen. Wendet sie sich aber der Frage nach den Bedingungen und Grenzen des menschlichen Erkenntnisvermögens zu, kann sie sehr wohl zu einem Ergebnis kommen. Die Vernunft kann danach fragen, was es für den Menschen bedeutet, sich als vernünftiges Wesen zu definieren und sich in seinem Handeln an seiner Vernünftigkeit zu orientieren. Diesen Anspruch formulierte Kant in berühmt gewordenen Fragen, denen sich die Philosophie widmen sollte: *Was kann ich wissen, was soll ich tun, was darf ich hoffen, was ist der Mensch?*[6] Im Wesentlichen ging es Kant also darum, das Wesen des Menschen, seine Fähigkeiten, Möglichkeiten und Grenzen auszuloten.

Ein zentraler Gedanke bei Kant war nun, die Freiheit als Möglichkeit, selbst zu denken und sich selbst zu bestimmen, zu *postulieren.* Dies markiert auch seinen Begriff von Aufklärung. In seiner berühmt gewordenen Schrift *Was ist Aufklärung* aus dem Jahre 1783 hat Kant diese Überlegungen pointiert und durchaus versetzt mit politischen Implikaten vorgeführt. Die berühmten Eingangssätze dieser Schrift lauten: „*Aufklärung ist der Ausgang des Menschen aus seiner selbst verschuldeten Unmündigkeit. Unmündigkeit ist das Unvermögen, sich seines Verstandes ohne Leitung eines anderen zu bedienen. Selbstverschuldet ist diese Unmündigkeit, wenn die Ursache derselben nicht am Mangel des Verstandes, sondern der Entschließung und des Mutes liegt, sich seiner ohne Leitung eines andern zu bedienen. Sapere aude! Habe Mut dich deines eigenen Verstandes zu bedienen! ist also der Wahlspruch der Aufklärung.*" Das Projekt, das Kant verfolgte, war immer der Mensch, der imstande ist, sich seines Verstandes selbständig zu bedienen. Warum die Menschen sich diesen Mut nicht zutrauen, warum sie unmündig sind, ja freiwillig in dieser Unmündigkeit verharren, hat Kant – auch wenn wir das heute vielleicht nicht mehr so akzeptieren wollen – wie folgt erklärt: „*Faulheit und Feigheit sind die Ursachen, warum ein so großer Teil der Menschen […] gerne zeitlebens unmündig bleiben; […] Es ist so bequem, unmündig zu sein. Habe ich ein Buch, das für mich Verstand hat, einen Seelsorger, der für mich Gewissen hat, einen Arzt, der für mich die Diät beurteilt, usw.*, so *brauche ich mich ja nicht selbst zu bemühen. Ich habe nicht nötig zu denken, wenn ich nur bezahlen kann; andere werden das verdrießliche Geschäft schon für mich übernehmen.*" Der wirklich mündige Mensch muß imstande sein, über alles, was sein Leben betrifft, aus eigener, vernünftiger, reiflicher, abwägender Überlegung zu urteilen. Allerdings gilt oder galt auch: „*Daß der bei weitem größte Teil der Menschen (darunter das ganze schöne Geschlecht) den Schritt zur Mündigkeit, außer dem daß er beschwerlich ist, auch für sehr gefährlich halte: dafür sorgen schon jene Vormünder, die die Oberaufsicht über sie gütigst auf sich genommen haben.*" Feigheit und Faulheit sind nicht die einzigen Gründe für

6 Vgl. dazu auch Konrad Paul Liessmann, Vom Nutzen und Nachteil des Denkens für das Leben. Vorlesungen zur Einführung in die Philosophie 1. Wien: WUV-Universitätsverlag, [2]1998, S. 119ff.

das Verharren der Menschen in Unmündigkeit. Es gibt immer auch die selbsternannten Vormünder aller Art, die ein Interesse an der Unmündigkeit der anderen haben. Das Mündigwerden der Menschen erfordert allerdings eine Voraussetzung, die offensichtlich gar nicht so leicht zugestanden werden kann: *„Zu dieser Aufklärung aber wird nichts erfordert als Freiheit; und zwar die unschädlichste unter allem, was nur Freiheit heißen mag, nämlich die: von seiner Vernunft in allen Stücken öffentlichen Gebrauch zu machen.*"

An dieser Stelle müssen wir uns vom gewohnten Gebrauch einiger Begriffe verabschieden. Wenn Kant hier vom eingeforderten öffentlichen Vernunftgebrauch spricht, dann in dem Sinne, als der vernünftig Denkende dieses Denken öffentlich, also etwa in einer wissenschaftlichen Fachzeitschrift, publizieren und zur Diskussion stellen soll. Auf der anderen Seite weiß Kant sehr genau, daß man nicht in jeder Situation anfangen kann, lang über bestimmte Dinge zu räsonieren und sie in Frage zu stellen. Wer vor jeder Prüfung eine Grundsatzdebatte über den Sinn von Prüfungen begönne, würde sein Ziel, ein Studium zu beenden, nur sehr schwer erreichen – was nicht bedeutet, daß man sich nicht öffentlich, in diversen Medien, kritisch über das universitäre Prüfungssystem äußern dürfte. Kant unterscheidet deshalb von diesem öffentlichen Vernunftgebrauch den privaten: *„Den Privatgebrauch nenne ich denjenigen, den er in einem gewissen ihm anvertrauten bürgerlichen Posten oder Amte von seiner Vernunft machen darf. Nun ist zu manchen Geschäften, die in das Interesse des gemeinen Wesens laufen, ein gewisser Mechanism notwendig, vermittelst dessen einige Glieder des gemeinen Wesens sich bloß passiv verhalten müssen, um durch eine künstliche Einhelligkeit von der Regierung zu öffentlichen Zwecken gerichtet, oder wenigstens von der Zerstörung dieser Zwecke abgehalten zu werden. Hier ist es nun freilich nicht erlaubt, zu räsonnieren; sondern man muß gehorchen.*"[7] Heute ist es wohl nicht mehr opportun, von „gehorchen" zu sprechen – die gegenwärtig übliche Formulierung für das, was Kant meinte, lautet wohl: sich an die Spielregeln halten. Im Grunde geht es darum, daß soziale, ökonomische und politische Institutionen nur funktionieren können, wenn die darin handelnden Personen bestimmte Voraussetzungen und Regeln fraglos akzeptieren. Sehr wohl gehört es aber zum Anspruch einer Gesellschaft, die sich dem aufklärerischen Rationalitätsprinzip verpflichtet fühlt, daß diese Institutionen immer wieder grundsätzlich und kritisch zum Gegenstand eines vernünftigen, öffentlichen Diskurses gemacht

7 Immanuel Kant, Was ist Aufklärung? Werkausgabe, hg. von Wilhelm Weischedel, Frankfurt/Main: Suhrkamp, 1978, Bd. XI, S. 53ff.

werden können. Die Akteure einer bürgerlichen Gesellschaft treten gewissermaßen als gespaltene Personen auf: in ihrem beruflichen Handeln müssen sie sich jenen Gesetzen unterwerfen, die sie als räsonierende Bürger in ihren (öffentlichen) Diskussionsbeiträgen durchaus kritisieren mögen. Dadurch ist auch eine für moderne Gesellschaften nicht untypische Form von Öffentlichkeit intendiert, die auf der Freiheit der Meinungsäußerung beruhen kann, weil diese das mehr oder weniger reibungslose Funktionieren der Gesellschaft und des Staates nicht unmittelbar betrifft, sondern nur mit jenen Verzögerungen tangiert, die die Auswirkungen eines öffentlichen Vernunftdiskurses auf Institutionen zu haben pflegen. Dies rechtfertigte auch Kants Hoffnung, daß sich durch eine garantierte Freiheit des Denkens allmählich die Gesellschaft selbst verändern werde: „*Wenn denn die Natur unter dieser harten Hülle den Keim, für den sie am zärtlichsten sorgt, nämlich den Hang und Beruf zum freien Denken, ausgewickelt hat: so wirkt dieser allmählich zurück auf die Sinnesart des Volks (wodurch dieses der Freiheit zu handeln nach und nach fähiger wird) und endlich auch sogar auf die Grundsätze der Regierung, die es ihr selbst zuträglich findet, den Menschen, der nun mehr als Maschine ist, seiner Würde gemäß zu behandeln.*“[8]

Aufklärung: Die selbständige Betätigung der Vernunft muß allerdings auch darüber aufklären, was es mit dieser Vernunft auf sich hat, was an Leistungs- und Erkenntnisvermögen sie sich überhaupt zutrauen kann. Eine der zentralen Fragen, die der kleingewachsene Königsberger Philosoph hartnäckig verfolgte, war die nach den Grenzen der Vernunft. Diese Frage beherrscht auch das Hauptwerk, die *Kritik der reinen Vernunft*. Wir wollen uns dieser Frage allerdings anhand einer späteren, vielleicht etwas weniger sperrigen Schrift nähern, der *Anthropologie in pragmatischer Hinsicht* aus dem Jahre 1798. In dieses Werk, das auch den Versuch darstellt, den Menschen in seiner Vielseitigkeit zu erfassen, sind nicht nur einige Skurrilitäten eingeflossen, sondern darin legt Kant in verknappter, aber anschaulicher Weise sein philosophisches Programm dar, wobei einiges von dem, was die biographische Skizze andeuten konnte, als philosophische Argumentationsfigur wiederkehrt.

Der erste Teil der *Anthropologie* handelt vom Erkenntnisvermögen. Für jeden, der in Kant den emotionslosen Vernunftmenschen vermutet, müssen die ersten Kapitel überraschend sein, denn dieser sperrige, spröde, vergeistigte, entsexualisierte, sich selbst züchtigende Charakter beginnt ausgerechnet mit einer „*Apologie für die Sinnlichkeit*“, einer Verteidigung der Sinnlichkeit gera-

8 Kant, Was ist Aufklärung?, S. 61

de gegen jene Vorwürfe, die gegen diese seit der Antike erhoben werden: „*Die Sinnlichkeit ist in üblem Ruf. Man sagt ihr viel Schlimmes nach: z. B. 1. daß sie die Vorstellungskraft verwirre; 2. daß sie das große Wort führe und als Herrscherin, da sie doch nur die Dienerin des Verstandes sein sollte, halsstarrig und schwer zu bändigen sei; 3. daß sie sogar betrüge und man in Ansehung ihrer nicht genug auf seiner Hut sein könne.*“[9] Ausgerechnet Kant macht sich nun daran, die Sinnlichkeit gegen diese Vorwürfe zu verteidigen und zwar mit folgenden, auch ein Licht auf seinen Vernunftbegriff werfenden Argumenten: „*Die Sinne verwirren nicht. Dem, der ein gegebenes Mannigfaltige zwar aufgefaßt, aber noch nicht geordnet hat, kann man nicht nachsagen, daß er es verwirre. Die Wahrnehmungen der Sinne (empirische Vorstellungen mit Bewußtsein) können nur innere Erscheinungen heißen. Der Verstand, der hinzukommt und sie unter einer Regel des Denkens verbindet (Ordnung in das Mannigfaltige hineinbringt), macht allererst daraus empirisches Erkenntnis, d. i. Erfahrung. Es liegt also an dem seine Obliegenheit vernachlässigenden Verstande, wenn er keck urteilt, ohne zuvor die Sinnenvorstellungen nach Begriffen geordnet zu haben, und dann nachher über die Verworrenheit derselben klagt, die der sinnlich gearteten Natur des Menschen zu Schulden kommen müsse.*“[10]

Die Sinne können also gar nicht verwirren. Wir sehen, was wir sehen, und wenn wir Vieles *sehen*, Buntes, Verschiedenes, dann *sehen* wir eben dieses Vielerlei und Mannigfaltige. Alles, was uns die Sinne letztlich geben, sind *innere Erscheinungen*. Sind diese Eindrücke ungeordnet, dann sind nicht die Sinne daran schuldig, sondern der Verstand, der nicht imstande war, die Mannigfaltigkeit der Eindrücke zu ordnen. Damit grenzt sich Kant deutlich von älteren Theorien ab, die die Sinneserkenntnis für sich als dunkel und ungenau bestimmten. Entscheidend für Klarheit, so Kant, ist immer die Tätigkeit des Verstandes.

Auch gegen den zweiten Anklagepunkt nimmt Kant die Sinne in Schutz. Diese sind gar nicht imstande, den Verstand zu verwirren: „*Die Sinne gebieten nicht über den Verstand. Sie bieten sich vielmehr nur dem Verstande an, um über ihren Dienst zu disponieren.*“[11] Unsere Sinneserfahrungsmöglichkeiten – Wahrnehmung, Leiblichkeit, Körperlichkeit, Emotionalität, Triebhaftigkeit – könnten nach Kant als eine Art Dienstleistungsangebot an den Verstand interpretiert werden. Der Verstand kann sich der Sinnlichkeit bedienen, um

9 Immanuel Kant, Anthropologie in pragmatischer Hinsicht. Werkausgabe, hg. von Wilhelm Weischedel, Frankfurt/Main: Suhrkamp, 1980, Bd. XII, S. 432

10 Kant, Anthropologie, S. 433

11 Kant, Anthropologie, S. 434

mit dem Material, das diese zu Verfügung stellen, seine Welt zu bauen. Der Verstand hat die dazu notwendige Souveränität; verzichtet er darauf, darf er sich nicht wundern, wenn die Sinne machen, was sie eben machen. Wer sich den Sinnen überläßt, darf diese aber dann nicht für seine Verwirrtheit und Getriebenheit verantwortlich machen; verantwortlich ist immer derjenige, der seinen Verstand nicht benützt oder mutwillig – etwa durch zu hohen Alkoholkonsum – außer Kraft gesetzt hat.

Kants Rechtfertigung der Sinnlichkeit wider die dritte Anklage ist zweifellos die philosophisch interessanteste: „*Die Sinne betrügen nicht. Dieser Satz ist die Ablehnung des wichtigsten, aber auch, genau erwogen, nichtigsten Vorwurfs, den man den Sinnen macht; und dieses darum, nicht weil sie immer richtig urteilen, sondern weil sie gar nicht urteilen; weshalb der Irrtum immer nur dem Verstande zu Last fällt.*“[12] Seit Platon waren die Sinne dem Verdacht ausgesetzt zu täuschen und zu betrügen. Als Medium der Wahrheitsfindung sollten sie deshalb wenig taugen, sinnliche Erfahrung war kein Kandidat für die Erkenntnis der Welt. Das führte auch zu einer moralischen Abwertung der Sinne, des Körpers, von Leiblichkeit schlechthin. Aber, so Kant, und er unterstreicht die Wichtigkeit dieses Satzes, die Sinne betrügen nicht. Sie sind nicht hinterlistig oder gemein, sie sind schon gar nicht moralisch insuffizient, den sie reproduzieren nur, was sie an inneren und äußeren Reizen empfangen. Deshalb sind die sogenannten Wahrnehmungstäuschungen auch keine Täuschung der Sinnesorgane. Denn auch wenn ich etwas über die Sinne wahrnehme, was sich im nachhinein als Täuschung erweist, haben mich die Sinne nicht getäuscht, sondern sie haben wahrgenommen, was wahrzunehmen war. Unsere Sinnesorgane arbeiten neutral, sie urteilen nicht über die Welt. Das Auge sagt mir nicht, ob das gut oder böse, wahr oder falsch ist, was ich sehe. Wenn wir sinnliche Erscheinungen fälschlicherweise für wahrheitsfähige Erfahrungen halten, irren sich nicht die Sinne, sondern der Verstand. Die bedeutende Fähigkeit zum Irrtum ist ausschließlich eine Qualität des Verstandes. Denn nur an ihm liegt es zu urteilen. Die Sinne machen keine Aussagen über die Welt, sie repräsentieren sie, wie unzulänglich auch immer. Der Verstand ist es, der sich irritiert fühlt, wenn etwa in den Wahrnehmungen Widersprüche auftreten. Es ist der Verstand, der aus dem Vergleich und der Kombination von Sinnesdaten Urteile über die Welt fällen muß, die an dieser und an seiner immanenten Logik wieder überprüft werden müssen.

12 Kant, Anthropologie, S. 435f.

Neben den Sinnesorganen kennt Kant verschiedene intellektuelle Vermögen, die zwar zu keinen Gewißheiten, aber doch zu einem reflektierteren Umgang mit Wahrnehmungen und Erfahrungen führen können. Das ist einmal der schon mehrmals genannte Verstand. *Verstand* ist nach Kant schlicht das Vermögen zu denken, also die Fähigkeit, sich *„durch Begriffe etwas vorzustellen"*.[13] Was aber heißt dies? *„Ein richtiger Verstand ist der: welcher nicht sowohl durch Vielheit der Begriffe schimmernd ist, als vielmehr durch Angemessenheit derselben zur Erkenntnis des Gegenstandes, also zur Auffassung der Wahrheit das Vermögen und die Fertigkeit enthält."*[14] Die Tätigkeit des Verstandes ist nicht willkürlich. Die Begriffe, die das Denken imstande ist zu bilden, müssen einen Beitrag zum *Begreifen* der Welt leisten – sie dürfen nicht zu weit, aber auch nicht zu eng sein, die müssen das umfassen, was sie zu umfassen vorgeben. Begriffsklärung und die Suche nach stimmigen Definitionen wird so immer ein Geschäft des verständigen Denkens bleiben. Geht es bei der Bildung der Begriffe weniger um theoretische Erkenntnis, als vielmehr um praktische Orientierungen, spricht Kant von einem *„gesunden"*, *„fürs Haus hinreichenden"* Verstand[15] – also auch dieser hat in der Reihe der intellektuellen Vermögen durchaus seinen Platz.

Das zweite intellektuelle Vermögen ist die *Urteilskraft*. Kant definiert sie als die Fähigkeit der *„Unterscheidung, ob etwas ein Fall der Regel sei oder nicht"*.[16] Es geht dabei also nicht um die Fähigkeit, Allgemeinbegriffe zu bilden, sondern um die Kompetenz, an Einzelfällen bestimmte Gesetzmäßigkeiten zu erkennen. Von einem Ding zu sagen: ‚Dies ist ein gutes Buch' bedeutet, einen einzelnen Gegenstand zweierlei Regeln unterzuordnen: einmal der Regel, nach der wir Bücher von Nicht-Büchern unterscheiden; und der Regel, nach der wir gute von schlechten Büchern unterscheiden. Die Urteilskraft kann allerdings, so Kant, nicht gelehrt, sondern nur geübt werden. Urteile, sowohl im juridischen als auch im lebensweltlichen und ästhetischen Sinn können deshalb nicht nur ungenau oder falsch, sondern auch voreilig und unreif sein.

Damit kommen wir zum dritten und letzten intellektuellen Vermögen, der *Vernunft*. Kant bestimmt die Vernunft an dieser Stelle als die Fähigkeit, *„von dem Allgemeinen das Besondere abzuleiten und dieses letztere also nach Prinzipien und als notwendig vorzustellen."*[17] Vernunft ist also das Vermögen, allge-

13 Kant, Anthropologie, S. 505
14 Kant, Anthropologie, S. 506
15 Kant, Anthropologie, S. 506f.
16 Kant, Anthropologie, S. 509
17 Kant, Anthropologie, S. 509

meine Prinzipien zu erkennen, zu formulieren und Einzelfälle daraus mit Notwendigkeit abzuleiten. Darüber hinaus ist die Vernunft die Fähigkeit, die uns erlaubt, auch Zwecke überhaupt zu definieren – sowohl Zwecke des Erkennens als auch des Handelns. Die Vernunft ist der Garant dafür, daß der Mensch, weil vernünftiges, das heißt: zwecksetzendes Wesen, sich als Selbstzweck, als autonom begreifen kann. Darin liegt für Kant die Würde der Vernünftigkeit: sie ist der Ausdruck und die Bedingung für die Autonomie, die Selbstbestimmtheit, die Freiheit des Menschen.

In seiner *Anthropologie*, die doch auch von einiger Menschenkenntnis zeugt, analysierte Kant übrigens auch die Mängel, Fehler und Defekte der intellektuellen Vermögen. Da dies ein ziemlich unangenehmes Kapitel ist, dazu nur einige Hinweise. So rechnet Kant zum Beispiel die „*Zerstreung*", die „*Abkehrung der Aufmerksamkeit von gewissen herrschenden Vorstellungen durch Verteilung derselben auf andere ungleichartige*", zu den Schwächen des Intellekts.[18] Konzentration ist die Vorbedingung jeder Form des Reflektierens und Denkens; eine Kultur, die Zerstreuung zum (Freizeit)Ideal erhebt, hat, denkt man Kantianisch, offensichtlich auf den Anspruch des Denkens von vornherein verzichtet. „*Einfältig*" hingegen nennt Kant denjenigen, dem man nichts beibringen kann, „*dumm*" denjenigen, der zu Geschäften nicht gebraucht werden kann, weil er keine Urteilskraft besitzt. Ein „*Tor*" aber ist der, „*welcher Zwecken, die keinen Wert haben, das aufopfert, was einen Wert hat; z. B. die häusliche Glückseligkeit den Glanz außer seinem Hause*".[19] Wohl ist es heute nicht mehr opportun, diese Schwächen beim Namen zu nennen; inwieweit mit den Namen aber auch die Phänomene verschwunden sind, bleibe einmal dahingestellt.

Die intellektuellen Vermögen des Menschen, die man unter dem Begriff „Denken" zusammenfassen kann, lassen sich nach Kant auch als Maximen, als Gebote formulieren, die garantieren sollen, daß sich der Mensch als autonomes und als soziales Wesen begreifen und erleben kann. Diese Maximen formulierte Kant wie folgt: „*1. Selbst denken. 2. Sich (in der Mittheilung mit Menschen) in die Stelle jedes anderen zu denken. 3. Jederzeit mit sich selbst einstimmig zu denken.*" [20] Selbst denken: das bedeutet nicht nur, nicht andere für sich denken zu lassen, sondern das bedeutet auch, den Anspruch zu erheben, im Denken keiner Autorität unterworfen zu sein. Sich im Denken an die

---

18 Kant, Anthropologie, S. 518f.
19 Kant, Anthropologie, S. 524
20 Kant, Anthropologie, S. 549

Stelle jedes anderen versetzen zu können: das ist nach Kant die entscheidende Form von *Liberalität.* Weil wir uns gegenseitig als Vernunftwesen achten, haben wir auch die Möglichkeit, im eigenen Denken das des anderen zu vollziehen. Das bedeutet nicht, diesem Denken immer zuzustimmen; aber es erlaubt jenes Verstehen, das den anderen als autonomes Subjekt imstande ist wahrzunehmen, auch und gerade dann, wenn man dem Denken des anderen widersprechen wird, *weil* man es verstanden hat. Mit sich selbst in Übereinstimmung denken aber ist der eigentliche Prüfstein für Vernünftigkeit. Vernünftig sein heißt in letzter Instanz, Widersprüche und Inkonsequenzen im eigenen Denken nicht auszuhalten oder zu ignorieren, sondern daran denkend weiterzuarbeiten.

6. Vorlesung

G. W. F. Hegel – Das absolute Wissen

Auf Immanuel Kant folgt in der deutschsprachigen Philosophie unweigerlich GEORG WILHELM FRIEDRICH HEGEL (1770–1831). Diese beiden Philosophen – ein ungleiches Paar durchaus – hatten die Entwicklung der deutschsprachigen Philosophie im 19. Jahrhundert weitgehend dominiert. Hegel ist dabei aber ein wunderbares Beispiel dafür, welches wandelbare Schicksal eine Philosophie erleben kann. Zu Lebzeiten war Hegel zuerst unbekannt, dann umstritten, dann berühmt. Nach seinem Tod haben seine Schüler die Philosophie in Deutschland beherrscht, wenig später aber wurde Hegel vollkommen vergessen, um dann, in verschiedenen, sich wandelnden Gestalten eine ganze Reihe von Auferstehungen und Verdammungen zu erleben.

Hegel selbst ist auch als Typus nicht uninteressant, nicht zuletzt deshalb, weil er, lange Zeit zumindest, noch unauffälliger war als Kant. Er stammte aus einer Familie, die während der Gegenreformation gezwungen war, von Kärnten nach Deutschland, ins protestantische Schwaben, auszuwandern. In Stuttgart wurde Hegel 1770 geboren. Sein Vater, ein höherer, staatstreuer Beamter, ließ seinem Sohn die damals gutbürgerliche Erziehung zukommen: Besuch der Grundschule, dann des Gymnasiums, wo der junge Hegel zwar strebsam und fleißig gewesen sein soll, aber in keiner Weise als sonderlich begabter Schüler aufgefallen war. Er sollte die in diesen Schichten nicht unübliche Laufbahn eines Theologen und Pfarrers einschlagen. Ein Stipendium ermöglichte Hegel den Besuch des berühmten und legendären Tübinger Stiftes. Diese Ausbildungsstätte galt als Kaderschmiede der protestantischen intellektuellen Elite. Es war auf der einen Seite eine sehr konservative Institution, mit strengem Reglement, auf der anderen Seite aber gab es sehr gute Lehrer, die nicht nur profunde Kenntnisse, sondern auch etwas von dem Geist ihrer Zeit vermittelten. Man darf nicht vergessen, als Hegel sein

Studium beginnt, bricht in Frankreich die Revolution aus und die intellektuelle Jugend blickte natürlich gebannt nach Paris und diskutierte leidenschaftlich die neuen Schlagworte wie Freiheit, Bürgerlichkeit, Brüderlichkeit, Konstitution, Verfassung, Aufklärung. Am Rande des Stifts waren solche Diskussionen durchaus möglich, und Hegel mußte dabei wohl die Erfahrung machen, daß es eine ganze Reihe von entflammten Kommilitonen gab, die ihn offensichtlich an Phantasie, Witz und Geist überflügelten.

Hegel bewohnte eine Zeitlang eine Stube zusammen mit FRIEDRICH HÖLDERLIN (1770–1843), der später zum vielleicht wirklich größten Dichter Deutschlands werden sollte. Ein anderer Stubengenosse, der Hegel ein Leben lang zu schaffen machen sollte, war FRIEDRICH WILHELM JOSEPH SCHELLING (1775–1854), der fünf Jahre jünger war als Hegel, also noch keine fünfzehn, als er das Stift bezog. Im Gegensatz zu Hegel galt Schelling tatsächlich als philosophisches Wunderkind. Hegel muß das schwer verkraftet haben, denn wir wissen, daß er ziemlich ehrgeizig, aber ohne jeden Enthusiasmus war. In allen Lebensbeschreibungen Hegels wird erwähnt, daß er ein stiller, behäbiger und schon in jungen Jahren wie ein alter Mann wirkender Student gewesen war. Er sprach zeitlebens einen breiten schwäbischen Dialekt, was später, als er Professor in Berlin wurde, einige kuriose Mißverständnisse hervorgerufen hat. Ja, Hegel ging sogar soweit, das Schwäbische als besonders geeignet für das Philosophieren zu halten. Gesichert ist auch, daß er schon in jungen Jahren sehr stark dem Alkohol zugesprochen hat, was einen seiner Kommilitonen zu der Bemerkung veranlaßte, wenn er so weitermache, werde er sich das bißchen Verstand, das er habe, auch noch aus dem Kopfe saufen.

Was Hegel von allem Anfang an mit seinen Studienkollegen geteilt hatte, war sein Interesse für die Politik. Die Französische Revolution und die Napoleonischen Kriege waren und blieben entscheidende Ereignisse für Hegel. Man erzählte sich, daß er noch in hohem Alter, schon längst zum preußischen Staatsphilosophen avanciert, zum Jahrestag der Revolution für sich eine Flasche Rotwein getrunken haben soll. Politische Fragen waren auch ganz wesentlich für seine Philosophie. Eine seiner ersten Arbeiten handelt über die damals heftig diskutierte Frage der Verfassung. Die Frage, wie der Staat zu denken sei, welche Form und Funktion er in einer entwickelten bürgerlichen Gesellschaft haben soll, hat Hegel bis zuletzt nicht losgelassen.

Während Schelling mit 23 Jahren seine erste Professur antrat, mußte sich der ältere Hegel als Hauslehrer verdingen, zuerst in der Schweiz, dann, auf Vermittlung Hölderlins, in Frankfurt. Er nutzt diese Zeit zu intensiver Lektüre, zur Auseinandersetzung mit den Philosophien von Fichte und Schelling und zum Entwurf erster eigener Systeme. Natürlich strebte auch Hegel eine Universitätslaufbahn an, er kann sich auch 1801 in Jena, unterstützt von Schelling, habilitieren, wird dort außerordentlicher Professor, allerdings so schlecht bezahlt, daß er sich entschließt, das Angebot, Rektor eines Gymnasiums in Nürnberg zu werden, anzunehmen. Hegel hat in dieser Zeit auch selbst Philosophie unterrichtet und seine Schüler ziemlich rücksichtslos mit seinem System konfrontiert. Fraglich, was diese davon verstanden haben, aber Hegel war einer der wenigen Professoren am Gymnasium, der seinen Schülern die Möglichkeit gab, immer zu fragen, wenn sie etwas nicht verstanden hatten, was seinerzeit nicht gerade üblich war.

Sein erstes selbständiges Werk hat Hegel im doch schon fortgeschrittenen Alter von 36 Jahren im Jahre 1807 veröffentlicht: die *Phänomenologie des Geistes.* Dieses „Jugendwerk" sollte ihn dann aber in der gelehrten Welt berühmt machen. Hegel hatte es in Jena geschrieben, den Kanonendonner jener nahen Schlacht im Ohr, in der Napoleon die preußischen Truppen besiegte. Als die Franzosen dann Jena besetzten, war auch Hegel unter jenen, die den siegreichen Kaiser Napoleon durch die Stadt reiten sahen, und der Philosoph konnte sich des Eindrucks nicht erwehren, daß da die „Weltseele", der Weltgeist persönlich an ihm vorübertrabe. Wieder zu Hause, mußte Hegel allerdings zur Kenntnis nehmen, daß die französischen Truppen mittlerweile seine Wohnung geplündert und seine Papiere in eine heillose Unordnung gebracht hatten. Immerhin blieb diese Koinzidenz der Ereignisse paradigmatisch: auf der einen Seite die dramatische Realgeschichte, und auf der anderen der Philosoph, der darin jenen Geist am Werke sieht, der in der Philosophie nicht nur begriffen, sondern überhaupt erst zum wahren Bewußtsein seiner selbst gelangt. Das zumindest war und blieb das Programm des Hegelschen Denkens.

Im Jahre 1816 bekommt Hegel dann endlich eine Professur an der Universität Heidelberg. Auch durch eine Erbschaft abgesichert, heiratet er erst jetzt, mit 41 Jahren, ein 20jähriges Mädchen aus gutem Haus, nachdem er allerdings vorher einen Sohn mit einer anderen Frau gezeugt hatte. Dieser Sohn lebte wohl bei ihm im Haus, aber Hegel hat kein sonderlich inniges Verhältnis zu ihm entwickelt. Seine Ehe soll jedoch sehr gut gewesen sein. Hegel wird dann – nicht zuletzt auf Grund seines zunehmenden Ruhmes – schon im Jahre 1818 nach Berlin berufen. Hier gelingt es Hegel, sich eine geistige und institutionelle Macht zu verschaffen, die singulär gewesen sein muß. Seine schwierigen Vorlesungen waren überfüllt, nicht nur Studenten, auch interessierte Bürger hörten ihm zu, dementsprechend gespannt war das Verhältnis zu seinen Kollegen. Der junge Privatdozent Arthur Schopenhauer etwa empfand Hegel und seine Philosophie als eine unerträgliche Zumutung, auch das Verhältnis zu dem berühmten Theologen Schleiermacher war nicht das allerbeste. Hegel gelang es allerdings, Schüler und Anhänger auch aus anderen wissenschaftlichen Disziplinen und aus dem Bereich der Politik und Verwaltung zu gewinnen. Für Hegel war die Philosophie tatsächlich noch das Fach der Fächer, die Wissenschaft der Wissenschaften. Es konnte für ihn keine Wissenschaft einigermaßen vernünftig arbeiten, wenn sie nicht gestützt und aufgebaut war auf Basis der Philosophie, und diese alle Wissenschaft und alle Vernünftigkeit des staatlichen Lebens legitimierende Philosophie war seine Philosophie. Aus dem bescheidenen, altklugen jungen Mann der Tübinger und Heidelberger Tage wurde eine philosophische Institution, die allen Ernstes – und das provoziert an Hegel bis heute – behauptete, daß mit seinem umfassenden System die Philosophie und damit das Denken, die Vernunft, an ihr Ziel und Ende gekommen sei.

Hegel selbst hat neben der *Phänomenologie des Geistes*, die seinen Ruhm begründete, eine ganze Reihe von weiteren Arbeiten geschrieben, die zum Teil als Explikation der Ansätze aus der *Phänomenologie des Geistes* aufgefaßt werden können, und die den Anspruch hatten, Philosophie als Wissenschaft von der Totalität der Wirklichkeit und des Denkens zu entfalten. Er hat seinem eigentlichen systematisch-philosophischen Hauptwerk so auch den schönen Titel *Enzyklopädie der philosophischen Wissenschaften im Grundrisse* gegeben, ein Werk, das die Gesamtheit der Wissenschaften zwar nicht in ihren Detailergebnissen, sondern ihrem Prinzip nach zu erfassen und darzustellen suchte. In seiner Vorlesungstätigkeit kristallisierten sich bei Hegel überdies einige Schwerpunkte heraus, die von der umfassenden Art seines Philosophierens Auskunft geben. Vor allem beschäftigte er sich – und das kam ja seinem Denken nicht nur nahe, sondern das war auch das Fundament seines Denkens – mit der *Philosophie der Geschichte*. Hegel insistierte darauf, daß es eine Logik des Fortschritts in der Geschichte gäbe, die auch erkannt werden könnte. Dann las Hegel mehrmals über die Philosophie des Staates und des Rechts, Vorlesungen, die er unter dem Titel *Grundlinien der Philosophie des Rechts* im Jahre 1821 veröffentlichte. Darin versuchte er den bürgerlichen Staat in seinen Rechtsformen zu analysieren und interpretierte den Staat als Garant und Ausdruck von Rechtssicherheit und Sittlichkeit überhaupt. Darüber hinaus beschäftigte sich Hegel aber auch mit Fragen der Religion und der Kunst, die in seinem systematischen Entwurf der Entwicklung des Geistes eine große Rolle spielten. In seinen Vorlesungen zur Philosophie der Religion und zur Ästhetik faßte Hegel Religion und Kunst als Bewußtseinsstufen, in denen der

Mensch zwar eine Vorstellung vom Absoluten gewinnt, dieses aber noch nicht begrifflich-wissenschaftlich fassen kann. Dieser Schritt bleibt erst der Philosophie vorbehalten. Seinen Ruhm, der sich nicht zuletzt auf diese Vorlesungen gründete, die später von seinen Schülern herausgegeben wurden, konnte Hegel nicht allzu lange auskosten. Er stirbt 1831 in Berlin während einer Choleraepidemie. Neuere Untersuchungen legen nahe, daß er allerdings nicht an der Seuche, sondern an einem Magenleiden verschieden ist.

Auch wenn es nicht ganz einfach ist, läßt sich in Hegels Denken vielleicht doch noch am ehesten anhand einiger weniger Überlegungen aus der *Phänomenologie des Geistes* einführen. Vorab hat Hegel den Eindruck, daß die Philosophie seiner Zeit überhaupt ziemlich desolat und auf eine neue Grundlage zu stellen sei: „*[Es] tut besonders not, daß wieder ein ernsthaftes Geschäft aus dem Philosophieren gemacht werde. Von allen Wissenschaften, Künsten, Geschicklichkeiten, Handwerken, gilt die Überzeugung, daß, um sie zu besitzen, eine vielfache Bemühung des Erlernens und Übens derselben nötig ist. In Ansehung der Philosophie dagegen scheint jetzt das Vorurteil zu herrschen, daß, wenn zwar jeder Augen und Finger hat, und wenn er Leder und Werkzeug bekommt, er darum nicht imstande sei, Schuhe zu machen, jeder doch unmittelbar zu philosophieren und die Philosophie zu beurteilen verstehe, weil er den Maßstab an seiner natürlichen Vernunft dazu besitze, – als ob er den Maßstab eines Schuhes nicht an seinem Fuße ebenfalls besäße. [...] [Die Philosophie] wird häufig für ein formelles inhaltleeres Wissen gehalten, und es fehlt sehr an der Einsicht, daß, was auch dem Inhalte nach in irgendeiner Kenntnis und Wissenschaft Wahrheit ist, diesen Namen allein dann verdienen kann, wenn es von der Philosophie erzeugt worden; daß die anderen Wissenschaften, sie mögen es mit Räsonieren ohne die Philosophie versuchen, soviel sie wollen, ohne sie nicht Leben, Geist, Wahrheit in ihnen zu haben vermögen.*“[1]

In wenigen Sätzen formuliert Hegel hier sein Programm. Philosophie ist keine formale Betätigung des Verstandes, sondern durchaus an Inhalte, an Sachkenntnis, an Qualitäten und an bestimmte Fertigkeiten des Denkens geknüpft. Die natürliche Vernunft, von der Kant noch glaubte, jeder kann sie benützen, weil sie uns gegeben ist, ist zwar eine notwendige Voraussetzung für das Philosophieren, aber keine hinreichende. Hegel hat durchaus – wenn auch auf eine sehr eigenwillige Weise – Bedacht darauf gelegt, daß die Philosophie die Ergebnisse der anderen Wissenschaften nicht nur zur Kenntnis

---

1 G. W. F. Hegel, Phänomenologie des Geistes. Werke in zwanzig Bänden, Frankfurt/Main: Suhrkamp 1970, Bd. 3, S. 62f.

nehmen muß, sondern daß sie überhaupt nur mit diesen Ergebnissen arbeiten kann. Dies bedeutet aber auch – und daran kann man schon jene *Dialektik* erkennen, für die Hegel berühmt und berüchtigt wurde – daß, weil es eben keinen zufälligen, sondern einen notwendigen Zusammenhang zwischen der Philosophie und den anderen Erkenntnissen gibt, die Wissenschaften ohne Philosophie eigentlich nur blindes Scheinwissen erzeugen. Wenn es aller Erkenntnis um Leben, Geist und Wahrheit geht, dann bedarf jede Form von Erkenntnis, bedarf jede Wissenschaft einer philosophischen Grundlegung und Durcharbeitung, damit sie von sich behaupten kann, daß das, was sie hervorbringt, tatsächlich auch im emphatischen Sinn wahre, das heißt notwendige Erkenntnisse sind.

Wie aber kommt man zu diesen wahren Erkenntnissen? Hegel schreibt in seiner Vorrede zur *Phänomenologie*: „*Wahre Gedanken und wissenschaftliche Einsicht ist nur in der Arbeit des Begriffs zu gewinnen. Er allein kann die Allgemeinheit des Wissens hervorbringen, welche weder die gemeine Unbestimmtheit und Dürftigkeit des gemeinen Menschenverstandes, sondern gebildete und vollständige Erkenntnis, noch die ungemeine Allgemeinheit der durch Trägheit und Eigendünkel von Genie sich verderbenden Anlage der Vernunft, sondern die zu ihrer einheimischen Form gediehene Wahrheit [ist], welche fähig ist, das Eigentum aller selbstbewußten Vernunft zu sein.*“[2] Es geht also Hegel nicht darum, philosophische Thesen oberflächlich zur Kenntnis zu nehmen oder sich pathetisch in der Rhetorik des Tiefsinns zu bewegen und von ewigen Werten und großen Wahrheiten zu reden; worauf es ankommt in der Philosophie ist die *Arbeit des Begriffs*. Damit meint Hegel nicht nur die Arbeit *am* Begriff im Sinne einer Begriffsanalytik, nicht nur die Arbeit an der Sprache im Sinne einer Analyse der Bedeutung eines Wortes, nicht nur die Arbeit mit Begriffen im Sinne der Suche nach griffigen Definitionen, sondern in erster Linie ging es ihm um das begreifende Durchdringen der Wirklichkeit, um die Dynamik, die im begrifflichen Denken selbst steckt und nur in ihm zum Ausdruck kommen kann.

Hegel ging davon aus, daß es ausschließlich der Geist ist, der erkennen kann. Der Geist selbst betätigt sich, indem er begreift, und er begreift, indem er Begriffe entwickelt. Begriffe sind vom Geist nicht zu trennen. Die Begriffe, die wir haben und die wir verbalisieren, sind nichts anderes als Ausdruck unserer Geistigkeit. Wir sind Geist so sehr, so sehr wir Begriffe verwenden, und wenn wir uns nicht-begrifflich artikulieren, sei es im Traum, sei es in bildli-

---

2 Hegel, Phänomenologie, S. 65

chen Anschauungen oder im Bereich der Gefühle, dann gehört das sehr wohl zu unserer Wirklichkeit, aber es ist kein authentischer Ausdruck unseres Geistes. Nicht zuletzt über diesen Punkt hat sich Hegel mit seinem Jugendfreund Schelling zerstritten, weil Schelling eine Kombination von Geist und sinnlicher Imaginationskraft als den eigentlichen Königsweg der Philosophie erhoffte und in dieser von ihm so genannten *intellektuellen Anschauung* die zentrale und umfassende erkennende Tätigkeit des Menschen sehen wollte. Hegel hält aber daran fest, daß wahrhaftes Philosophieren nichts anderes sein kann als die Arbeit am Begriff. Was aber bedeutet dies? Vorerst nichts anderes, als daß man sich der Eigendynamik eines Begriffes überläßt, die natürlich eine Denkbewegung ist. Hegel nannte diese Denkbewegung *dialektisch* – es ist eine Bewegung, die sich aus den inneren Gegensätzen eines Begriffes, aus seinen *immanenten* Widersprüchen entfaltet. Ein berühmtes Beispiel, wie diese Dialektik des Begriffs funktioniert, findet sich in Hegels umstrittener *Wissenschaft der Logik.*

Wie jedes Buch, muß auch Hegels große *Logik* irgendwie anfangen. Was aber bedeutet: Anfangen? Hegel fängt an, indem er sich dem Anfang als Anfang überläßt. Und die Grundsituation allen Anfangs ist folgende: *„Es ist noch nichts, und es soll etwas werden."* Das ist die einfache logische Struktur des Anfangs. Denn wenn schon etwas da ist, muß es schon angefangen haben und der Anfang wäre schon vorbei; wenn aber wirklich das reine Nichts wäre, wollte offensichtlich niemand etwas anfangen und es gäbe keinen Anfang. Man kann also nicht mit dem Nichts anfangen, man kann aber auch nicht damit anfangen, daß schon etwas ist. Der Begriff „Anfang" beginnt also zu arbeiten: *„Der Anfang ist nicht das reine Nichts, sondern ein Nichts, von dem Etwas ausgehen soll; das Sein ist also auch schon im Anfang enthalten. Der Anfang enthält also beides: Sein und Nichts; ist die Einheit von Sein und Nichts, – oder ist Nichtsein, das zugleich Sein, und Sein, das zugleich Nichtsein ist.*"[3]

Man kann nun sagen, das ist Wortspielerei und dialektische Akrobatik; wenn man aber wirklich den Begriff des Anfangs logisch durchdenkt, wird man notwendigerweise auf diese Widersprüchlichkeit stoßen, daß im Anfang selbst die Idee des Nichts und die Idee des Seins enthalten sein müssen. Aber die Entwicklung, die Arbeit am Begriff, geht weiter. Der Anfang muß Sein und Nichts enthalten – zwei große Begriffe der abendländischen Ontologie. Was bedeuten diese für den Anfang? Betrachten wir einmal diese Kategorien.

---

3 G. W. F. Hegel, Wissenschaft der Logik I. Werke in zwanzig Bänden, Frankfurt/Main: Suhrkamp 1970, Bd. 5, S. 73

Nehmen wir also das wirklich „*reine Sein*", ohne alle weitere Bestimmung: „*In seiner unbestimmten Unmittelbarkeit ist es nur sich selbst gleich [...] Es ist die reine Unbestimmtheit und Leere.*" Wäre dieses Sein nämlich Sein von etwas, wäre es nicht mehr rein, sondern konkretisiert zu einem Gegenstand. Vom reinen Sein läßt sich nicht mehr sagen, als: es ist. Mehr nicht. Das Sein selbst – wenn ich es bedenke und am Begriff des Seins arbeite – kippt also an einem bestimmten Punkt um in das Nichts; hinter diesem Sein verbirgt sich nichts, dahinter ist reine Leerheit, da gähnt der Abgrund des Nichts im Sein selbst auf: „*Das Sein, das unbestimmte Unmittelbare ist in der Tat* Nichts *und nicht mehr noch weniger als Nichts.*"

Was aber ist dann das „reine Nichts"? – „*Es ist einfache Gleichheit mit sich selbst, vollkommene Leerheit, Bestimmungs- und Inhaltslosigkeit; Ununterschiedenheit in ihm selbst.*" Das Nichts ist in der Tat absolute Inhaltslosigkeit; vom Nichts läßt sich auch nicht sagen, daß es ist – dann wäre es ein Sein; aber zu sagen, daß es nicht ist, wäre auch schon zu viel vom Nichts gesagt; ich kann vom Nichts im Grunde nur nichts sagen. Was aber bedeutet dies: „*Nichts ist somit dieselbe Bestimmung oder vielmehr Bestimmungslosigkeit und damit überhaupt dasselbe, wie das reine Sein ist.*" Das reine Sein und das reine Nichts ist also dasselbe. Beide Begriffe sind vollkommen leer. Einmal besteht die Leerheit darin, daß überhaupt nichts existiert, und im anderen Fall besteht sie darin, daß etwas ist, von dem ich nicht zu sagen wüßte, was es ist. Was aber folgt daraus für den Anfang? „*Was die Wahrheit ist, ist weder das Sein noch das Nichts, sondern daß das Sein in Nichts und Nichts in Sein – nicht übergeht, sondern übergegangen ist.*" Wer anfängt, hat immer schon angefangen. Sein geht permanent in Nichts und Nichts geht permanent in Sein über. Diese Bewegung aber ist das „*Werden*" – als Entstehen und Vergehen. Der Begriff des Werdens ist die Einheit von Sein und Nichts, er enthält das Sein und das Nichts, ist aber von diesen beiden Kategorien deutlich unterschieden. Das Geheimnis des Anfangs besteht darin, daß etwas wird.[4]

Dialektik im Hegelschen Sinne bedeutet also, daß aus einem Begriff, der konsequent durchgedacht wird, selbst das Gegenteil, die Negation springt, und diese Negation selbst mit ihrer ersten Fassung versöhnt werden will. Dieser Vorgang wird oft, wenn auch ungenau, als der Dreischritt *These – Antithese – Synthese* beschrieben. Hegel geht es allerdings nicht um formallogische Prozesse der Negation und doppelten Negation – denn da kann am Ende nie mehr herauskommen als am Anfang immer schon da war –, sondern um die

4 Hegel, Logik I, S. 82f.

geistige Durcharbeitung einer These, die darauf in ihr begriffliches Gegenteil umschlägt, das, seinerseits durchgearbeitet, die Ausgangsthese auf einer neuen Stufe in sich aufnimmt: Sein – Nichts – Werden. In diesem Sinne konnte Hegel sagen, daß in der Synthese These und Antithese *aufgehoben* sind – in der dreifachen Bedeutung dieses Wortes: aufgehoben im Sinne von *ungültig*; aufgehoben im Sinne von *aufbewahrt* und aufgehoben im Sinne von *auf eine höhere Stufe gehoben.*

Hegels *Phänomenologie des Geistes* ist so auch eines der ersten Bücher, das nach dem System einer rückgekoppelten Schleife geschrieben ist – erst wenn man alles gelesen hat, versteht man den Anfang anders und besser als am Anfang selbst. Hegel hat seine Methode einmal als „Kreis von Kreisen" beschrieben, und die Lieblingsmetapher für sein Denken war die Spirale: sein Denken kreist in sich, aber im Kreisen schraubt sich dieses Denken höher. Die Wahrheit ist aber nicht an einem Punkt dieser Spirale zu finden, auch nicht an ihrem Ende, sondern die Wahrheit besteht im Prozeß dieser Bewegung selbst. Das verführte Hegel zu einer Formulierung, die berühmt geworden ist und auch allerlei Umdeutungen und Paraphrasen erfahren hat: „*Das Wahre ist das Ganze*".[5] Der Satz ist so zu nehmen, wie er dasteht: so schlicht, so einfach, so kompliziert, so schwierig. Die Wahrheit ist wirklich das Ganze, die Wahrheit kann nicht etwas sein, was nur Teil unserer Wirklichkeitserfahrung oder Denkerfahrung ist. Die Wahrheit kann nicht etwas sein, was nur Teil unserer Welt oder unserer Geschichte ist. Die Wahrheit kann nicht etwas sein, was nur Teil unserer moralischen Werturteile oder unserer politischen Erfahrung ist. Die Wahrheit ist immer das Ganze – das Positive, Negative, Individuelle, Allgemeine, Gewesene, Seiende und Zukünftige. Das Ganze meint hier wirklich das Ganze, das heißt: die Totalität des Daseins in all seinen Dimensionen.

Das Hegelsche Ganze aber ist ein anderes Ganzes als das gegenwärtiger Ganzheitsphilosophien. Es ist auch zu unterscheiden vom Ganzen der Gestaltpsychologie – es ist nicht nur mehr als die Summe seiner Teile. Bei Hegel kommt noch ein wesentliches Moment hinzu – die Bewegung, die Entfaltung in der Zeit, die Geschichte: „*Das Wahre ist das Ganze. Das Ganze aber ist nur das durch seine Entwicklung sich vollendende Wesen. Es ist von dem Absoluten zu sagen, daß es wesentlich Resultat, daß es erst am Ende das ist, was es in Wahrheit ist; und hierin eben besteht seine Natur, Wirkliches, Subjekt oder Sichselbstwerden zu sein*". Das heißt, das Ganze ist auch nichts Statisches, es

5 Hegel, Phänomenologie, S. 24

gibt keinen Punkt von dem aus man einen Blick werfen könnte auf das Ganze – man ist immer Teil, Moment des Ganzen. Das Ganze selbst ist immer in Bewegung, und wirklich erfassen könnte man es erst, wenn es ein Ende gibt.

Hegel – das ist der Kerngedanke seiner *Phänomenologie des Geistes* – begreift diese Entwicklung in mehrfacher Hinsicht: Gemeint ist damit auf einer sehr konkreten, unmittelbaren Erfahrungsebene die Entwicklung des Menschen als Individuum, vom Embryo über den Jugendlichen, Erwachsenen, Greis bis hin zum Sterbenden. Entwicklung meint aber auch das, was wir die Geschichte der Menschheit nennen – von irgendwelchen dunklen Ursprüngen angefangen, die wir heute mit Hilfe der Evolutionstheorie zu erklären versuchen, über die verschiedenen Stufen und Formen der Kulturen bis hin zu dem Status, in dem wir uns jetzt befinden. Und dann betrifft Entwicklung bei Hegel natürlich auch das, was die traditionelle Metaphysik das Absolute oder Gott genannt hatte. Hier ist Hegel eine ähnliche Konstruktion gelungen wie Spinoza, nur angereichert durch eine unglaubliche Dynamik. Gott, das *Absolute* oder der *Weltgeist* steht hier nicht mehr außerhalb der Geschichte, sondern ist selbst Bedingung und Resultat dieser Geschichte, verwirklicht sich über den Gang der Geschichte, über die Entwicklungen, aber auch Auseinandersetzungen der Individuen, Völker und Kulturen.

Das bedeutet also, daß das Wahre – wenn es sich als Resultat einer Entwicklung überhaupt erst zeigt und erweist – im Grunde immer erst nach einem Ende festgestellt werden kann. Was aber ist ein Ende? Schon beim Individuum ließe sich sagen, daß es auch nach seinem physischen Ende historisch wirksam werden kann. Wer jemand *wirklich* war, das Ganze seines Daseins, ist ja nicht nur konzentriert auf seine singuläre Personalität, dazu gehört auch, wie er auf andere gewirkt hat, wie er sich in die Erinnerung von anderen eingegraben hat, was er bei anderen ausgelöst hat, auch was er anderen angetan hat. In noch höherem Maße gilt dies für das Ganze der Weltgeschichte. Solange Geschichte fortschreitet, ist ihre Wahrheit in letzter Instanz nicht erkennbar. Es verwundert so wenig, daß Hegel gerne gehabt hätte, daß die Geschichte an ein Ende gekommen sein möge – denn nur unter dieser Voraussetzung wäre sie in ihrer Totalität begreifbar gewesen. Letztlich bedeutet dies aber, daß es keine letzte Wahrheit des Lebendigen geben kann. Erkenntnis, gerade wenn sie etwas taugen soll, kann immer nur Erkenntnis des Vergangenen und Vergehenden sein, was Hegel in schönen und berühmten Worten ausgedrückt hat: „*Wenn die Philosophie ihr Grau in Grau malt, dann ist eine Gestalt des Lebens alt geworden, und mit Grau in Grau läßt sie sich nicht verjüngen, sondern nur erkennen; die Eule der Minerva beginnt erst mit der einbrechenden Dämmerung ihren Flug.*"[6]

Hegel zeigt also in der *Phänomenologie des Geistes* diese Bewegungen des Werdens, des Entstehens und Vergehens auf allen Ebenen – auf der Ebene der Menschheitsentwicklung, auf der Ebene des objektiven Geistes und auf der Ebene des individuellen Bewußtseins. Diese Entwicklung vollzieht sich auf jeder dieser Ebenen in verschiedenen Stufen. Die erste Stufe markiert den Beginn. Es ist der Beginn der erwachenden Menschheit genauso wie der des erwachenden Menschenkindes, das zwar als Embryo *an sich* – so Hegel – schon Mensch ist, aber es ist dies noch nicht *für sich*, es weiß noch nicht, daß es Mensch ist. Die erste Stufe ist deshalb die Stufe des *Bewußtseins.* Bewußtsein heißt, es ist schon Geist da, aber noch kein Selbstbewußtsein. Es ist Geist im Sinne von Bewußtseinsfähigkeit der Wahrnehmung, des Gedächtnisses, der Sprache, des Ausdrucks. Damit lassen sich sinnlichen Erfahrungen und Bedürfnisse artikulieren und befriedigen, auf dieser Stufe werden aber auch die ersten Täuschungen und Frustrationen erlebt. Es sind individualpsychologisch die ersten Lebensjahre, menschheitsgeschichtlich die mythologische Zeit, die Zeit vor dem Erwachen der Geschichte, vor der Schriftkultur.

Die erste Erscheinungsform des Bewußtseins nannte Hegel das Stadium der *sinnlichen Gewißheit.* Es ist das Stadium der unmittelbaren, singulären, individuellen Erfahrungen, das aber noch keine Form eines gültigen Wissens darstellen kann, gerade weil es zur Struktur dieser Erfahrungen gehört, daß man sich ihrer so leicht *gewiß* ist. Wenn es aber um Wissen, um Einsicht geht, stehen wir vor dem Problem, diese subjektiven Erfahrungen verallgemeinern zu müssen, ansonsten bleiben sie nur je individuell und nur gültig für das *Hier* und das *Jetzt.* Denn nur in diesen Kategorien vollzieht sich die *sinnliche Gewißheit.* In einem der beeindruckendsten Abschnitte der *Phänomenologie des Geistes* hat Hegel gezeigt, was diese Unmittelbarkeit des Hier und Jetzt eigentlich bedeutet und welche Dialektik sich daraus entfaltet. Das Hier und Jetzt ist nämlich Flüchtigste, was es überhaupt nur geben kann.

Das sieht dann etwa so aus: Hier ist ein Buch; wenn ich mich aber umdrehe, ist das Buch für mich weg, sofern ich nur ein sinnliches Wesen bin, denn ich sehe es ja nicht mehr; nur meine Sinne sagten mir, hier ist es, und dann ist es weg, ja wo ist es denn nun? Ist es nun hier oder nicht? Natürlich ist es nicht hier, denn wenn ich mich umdrehe, ist etwas anderes hier, nämlich eine

---

6 G. W. F. Hegel, Grundlinien der Philosophie des Rechts. Werke in zwanzig Bänden, Frankfurt/Main: Suhrkamp 1970, Bd. 7, S. 28

Wand. So taumelt die sinnliche Erfahrung von einem subjektiven, zeitlich und räumlich isolierten Punkt der Wahrnehmung zum nächsten, und erst wenn der Geist dazu kommt, etwa im Sinne von Erinnerung – daß ich weiß, ich habe mich umgedreht, und hinter mir war etwas –, oder im Sinne von Reflexion auf den Raum – Was heißt hinter mir? Würde ich mich rein auf meine Sinne verlassen, gibt es ja kein hinter mir, weil ich ja immer nur das sehe, was vor mir ist –, erst dann kann das Bewußtsein sich in Raum und Zeit einigermaßen zurechtfinden. Was auf der Ebene der sinnlichen Gewißheit bleibt, ist allein das reine *Hier* – etwas ist immer hier, wohin ich auch schaue. Genauso verhält es sich mit der Zeit, dem *Jetzt*. Das Jetzt ist völlig leer, abstrakt, zerfällt in eine unzählige Reihe von Gegenwartswahrnehmungen. Irgend etwas ist immer jetzt, aber in dem die Zeit vergeht, ist jetzt immer etwas anderes, so daß letztlich der sinnlichen Gewißheit nur das leere Jetzt bleibt. Das natürliche Bewußtsein bewegt sich so auf der Ebene des reinen *Hier* und *Jetzt*, ihm bleibt, gerade weil es der Fülle der sinnlichen Wahrnehmungen ausgesetzt ist, nichts als diese leeren und dürren Bestimmungen.

Diese Phase des Bewußtseins wird abgelöst von der zweiten Stufe, vom *Selbstbewußtsein*. Das heranwachsende Individuum – genau wie die Menschheit – bekommt ein Bewußtsein seiner selbst. Ein Wesen wird sich damit selbst zum Gegenstand, existiert nicht nur *an sich*, sondern auch *für sich*. Die bis heute rätselhafte Frage, wie das Selbstbewußtsein entsteht, hat Hegel natürlich nicht entwicklungspsychologisch oder evolutionsbiologisch, sondern spekulativ beantwortet. Trotzdem gehört dieses Kapitel der *Phänomenologie des Geistes* zu den faszinierendsten und folgenreichsten Abschnitten dieses Buches. Überschrieben hat es Hegel mit *„Herrschaft und Knechtschaft"*. Das mag auf den ersten Blick absonderlich anmuten, entbehrt aber nicht einer gewissen Logik, denn Hegels zentrale These lautet: Selbstbewußtsein entwickelt man im Kampf um Anerkennung mit einem anderen. Daß man ein Selbst ist, das sich selbst zum Gegenstand machen kann, erkennt man nicht von alleine. Dazu bedarf es eines anderen, der mir entgegentritt, der mich in Frage stellt. Durch dieses In-Frage-Stellen sehe ich mich gezwungen, mich selbst in Frage zu stellen. Um diesem Zwang zu entgehen, will ich – das ist eine Lösung, um Selbstbewußtsein zu gewinnen –, daß der andere mich anerkennt, akzeptiert, wie ich bin, mich also gerade nicht in Frage stellt. Der andere aber will genau das gleiche von mir. Das ist psychologisch und historisch zutiefst wahr: es gibt kein Selbstbewußtsein, sowohl im Sinne von Selbstbehauptung als auch im Sinne der Möglichkeit, sich selbst zu reflektieren, ohne die Anerkennung durch einen anderen. Die provozierende Kälte von Hegels Analyse – der diese Reflexionen vor dem *Jahrhundert des Kindes* und der Reformpädagogik anstellte – besteht nun darin, daß er davon ausging, daß der andere diese Anerkennung nicht freiwillig gibt: sie muß erkämpft werden. Deshalb – so Hegel – gibt es immer eine Phase des Kampfes auf Leben und Tod mit dem anderen – sowohl im realhistorischen als auch im metaphorischen Sinn: „*Das Verhältnis beider Selbstbewußtseine ist also so bestimmt, daß sie sich selbst und einander durch den Kampf auf Leben und Tod bewähren. Sie müssen in diesen Kampf gehen, denn sie müssen die Gewißheit ihrer selbst, für sich zu sein, zur Wahrheit an dem Anderen und an ihnen selbst erheben [...] Das Individuum, welches das Leben nicht gewagt hat, kann wohl als Person anerkannt werden; aber es hat die Wahrheit dieses Anerkanntseins als eines selbständigen Selbstbewußtseins nicht erreicht.*“[7] Der Kampf muß geführt werden, um den anderen zur Anerkennung zu zwingen. Wenn es gelingt, dann deshalb, weil der andere früher aufgegeben hat, weil ihm sein Leben mehr wert ist als die Freiheit und der Tod. Damit wird er ein Knecht, denn er hat sich unterworfen. Der Sieger in diesem Kampf aber wird zum Herren. Dessen Selbstbewußtsein besteht nun darin, daß er sich einen Knecht geschaffen hat. Aber gleichzeitig – und das ist das Geniale an dieser Dialektik von Hegel – begibt sich gerade der Herr, der die Anerkennung des Knechtes sich erzwungen hat, indem er ihn besiegt hat, in die Abhängigkeit dieses Knechtes. Denn sein ganzes Selbstbewußtsein hängt nun davon ab, daß ihn jemand anerkennt, den er selbst nicht anerkennen kann, weil er ihn unterworfen hat.

Ist dieser Prozeß der Gewinnung von Selbstbewußtsein gelungen, dann gibt es die dritte Stufe: die Möglichkeit, im Lauf der individuellen als auch der Bildungsgeschichte der Menschheit weiterzuschreiten und dieses gewonnene subjektive Selbstbewußtsein auf einer höheren Ebene mit der Wirklichkeit wieder zu vermitteln. Diesen Prozeß behandelt Hegel unter den Titeln der *Vernunft* und des *Geistes*. Sein Dreischritt der Entwicklung lautet also: Bewußtsein, Selbstbewußtsein, Vernunft/Geist. Vernunft und Geist aber kennen wiederum eine ganze Reihe von sich einander abwechselnden, auch konkurrierenden Gestalten und Erscheinungsformen. Da ist zum einen die *Aufklärung*. Sie ist die Epoche, in der die Vernunft zu sich selbst kommt, der Mensch sich als vernünftiges Wesen begreift und weiß, daß er jetzt mit dieser Vernunft nicht nur sich selbst thematisieren, sondern auch die Wirklichkeit bearbeiten, erforschen und erkennen kann. Eine zweite Dimension dieses Komplexes von Vernunft und Geist ist für Hegel die Art und Weise, wie der selbstbewußt und vernünftig gewordene Mensch versucht, sich selbst zu verobjektivieren, selbst nach

7 Hegel, Phänomenologie des Geistes, S. 148f.

außen hin wirkmächtig zu werden, seinem Denken eine objektive, von ihm selbst unabhängige Gestalt zu geben, die alles Subjektive übersteigt. Dieser objektiv gewordene Geist realisiert sich in den Formen der *Religion* und der *Kunst*. Religion und Kunst sind historisch gewordene Objektivationsformen des Geistes, durch die der Mensch eine erste Ahnung und Vorstellung vom Absoluten und vom Sinn seiner eigenen Geschichte gewinnt.

Bei dieser Ahnung bleibt der Geist aber nicht stehen. Das letzte Kapitel der *Phänomenologie des Geistes*, damit auch das letzte Kapitel in der Bildungsgeschichte eines Individuums und das letzte Kapitel in der Geschichte der Menschheit überschreibt Hegel recht keck mit *„Das absolute Wissen"*. Natürlich ist damit kein letztes, esoterisches Wissen im inhaltlichen Sinn gemeint. In diesem schmalen und für viele Leser doch enttäuschenden Kapitel erkennt der Geist den Prozeß, den er durchlaufen hat und den er nun auch *wissenschaftlich* begreifen kann. Die Philosophie als *Wissenschaft des erscheinenden Wissens* und der sich in dieser Wissenschaft *„als Geist wissende Geist"* bilden jene *„begriffene Geschichte"* und damit *„die Erinnerung und die Schädelstätte des absoluten Geistes, die Wirklichkeit, Wahrheit und Gewißheit seines Throns, ohne den er das leblose Einsame wäre."*[8] In dem Moment, in dem Hegel begriffen hat, wie die Entwicklungsgeschichte des Bewußtseins verläuft, ist der letzte Stand des Wissens erreicht. In diesem Moment kehrt der Geist, der als Embryo, als Urmensch, als keimhafter Gott irgendwo entsprungen war, im Grunde zu sich selbst zurück. Und wenn das Ganze ein historischer Prozeß sein soll, dann ist damit nicht nur das Ende des Wissens erreicht, sondern auch das Ende der Geschichte.

Das bedeutet allerdings auch – und dies muß bis heute provozieren – daß für Hegel der Prozeß der Geschichte einen Prozeß der Entfaltung der Vernunft darstellt. Die Weltgeschichte, so Hegel mit einem berühmten Wort, ist der *„Fortschritt im Bewußtsein der Freiheit"*, und er setzte hinzu: *„ein Fortschritt, den wir in seiner Notwendigkeit erkennen können"*.[9] In der Reflexion auf diesen Fortschritt erkennt nicht nur der Geist seine eigenen Gestalten, er erkennt in der Geschichte nicht nur die *„List der Vernunft"*, die sich die Leidenschaften und Begierden der Menschen zunutze macht, um ihr Fortschrittsprogramm zu realisieren, sondern es erfüllt sich am Ende der Geschichte auch die Versöhnung der Vernunft mit der Wirklichkeit. In der *Rechtsphilosophie*

---

8 Hegel, Phänomenologie, S. 591

9 G. W. F. Hegel, Vorlesungen über die Philosophie der Geschichte. Werke in zwanzig Bänden, Frankfurt/Main: Suhrkamp, 1970, Bd. 12, S. 32

hatte Hegel dies unmißverständlich ausgedrückt: „*Was vernünftig ist, das ist wirklich; und was wirklich ist, das ist vernünftig.*“[10] An diesem Satz, an der Frage, ob die Wirklichkeit als bürgerliche Gesellschaft schon vernünftig geworden sei oder ob auch diese Gesellschaftsordnung erst noch vernünftig werden muß, sollten sich allerdings die Geister scheiden.

Daß diese Thesen noch immer so etwas wie Aktualität beanspruchen können, zeigte das vieldiskutierte Buch *Das Ende der Geschichte* des amerikanischen Politologen FRANCIS FUKUYAMA.[11] Der Autor versuchte, Hegels These vom Ende der Geschichte auf die politische Situation nach 1989 anzuwenden. Fukuyama geht davon aus, daß nach dem Zusammenbruch des Kommunismus kein anderer Zustand der Geschichte mehr vorstellbar ist als der des bürgerlichen Rechtshorizontes, in dem die Ansprüche des Individuums einerseits und die Ansprüche der Allgemeinheit andererseits zu einer offenbar unüberbietbaren Synthese gefunden haben. In diesem Sinne sind wir über das absolute Wissen Hegels nicht hinausgekommen. Diejenigen, die etwa wie Marx und seine Nachfolger diesen Horizont überschreiten wollten, indem sie eine *ganz andere* Gesellschaftsordnung konzipierten, sind offenbar kläglich gescheitert – wenn auch nach einem durchaus furiosen Beginn.

10 Hegel, Rechtsphilosophie, S. 24

11 Francis Fukuyama, Das Ende der Geschichte. Wo stehen wir? München: Kindler, 1992

7. Vorlesung

Karl Marx – Die Verwirklichung der Philosophie

Hegels Philosophie wurde zum Anstoß für zwei der einflußreichsten und wirkmächtigsten philosophischen Strömungen des 19. und 20. Jahrhunderts: für den Marxismus und den Existentialismus. In unterschiedlicher Weise entstanden diese Philosophien nicht zuletzt aus der kritischen Auseinandersetzung mit Hegels Geschichtsphilosophie. War es im einen Fall Karl Marx, der Hegels Denken eine völlig neue Wendung geben wollte, so war es im anderen Fall der dänische Philosoph Sören Kierkegaard, der aus einer fundamentalen Ablehnung des Hegelschen Geschichtsbegriffs heraus versuchte, den Menschen radikal neu zu denken.

Über KARL MARX (1818–1883) zu sprechen, ist nicht ganz einfach. Wie bei keinem anderen Denker läßt sich an ihm das Wohl und Wehe einer Philosophie ablesen, die mehr sein wollte als graue Theorie, die eingreifen wollte in den Gang der Geschichte, die sich nicht der abstrakten Wahrheit, sondern der konkreten Praxis verpflichtet fühlte. Und immerhin hat es diese Philosophie geschafft, daß in ihrem Namen Revolutionen gemacht, Kriege geführt und Gesellschaftssysteme errichtet wurden, immerhin wurde diese Philosophie in zahlreichen Staaten zu so etwas wie einer offiziellen Ideologie und am Höhepunkt ihrer Erfolgsgeschichte – in den 60er und 70er Jahren unseres Jahrhunderts – herrschte diese Philosophie in Gestalt kommunistischer Parteien nicht nur über ein Drittel der Weltbevölkerung, sondern dominierte in Gestalt des Neomarxismus auch den intellektuellen Diskurs in Westeuropa, Nordamerika und der Dritten Welt. Der sang- und klanglose Zusammenbruch des Kommunismus hat innerhalb von wenigen Jahren dann auch die Philosophie des Karl Marx in die Bedeutungslosigkeit zurückfallen lassen, und wer sich heute noch mit Marx beschäftigt, muß schon ziemlich gute Gründe dafür angeben können.

So falsch und tragikomisch die einstige Stilisierung der Marxschen Philosophie zu einem unbefragbaren dogmatischen Welterklärungssystem im Marxismus-Leninismus gewesen war, so voreilig wäre es allerdings, Marx aus dem Reigen der großen Philosophen zu verbannen und zu einer Fußnote der Philosophiegeschichte zu degradieren. Denn in Marx bündeln sich nicht nur einige zentrale, heute sogar höchst aktuelle Problemstellungen der Moderne, die sublime Wirkmächtigkeit des Marxschen Denkens war so groß, daß es – vergleichbar vielleicht nur mit der Psychoanalyse – unser alltägliches Denken, unsere gegenwärtigen Weltdeutungskonzepte in einem Maß beeinflußt, dessen wir uns längst nicht immer bewußt sind. Ein kritischer Blick auf Marx, der von Glorifizierung ebenso frei sein sollte wie von Häme, ist allenthalben lohnend.

Marx wurde 1818 in Trier geboren. Er entstammte einer Rabbinerfamilie, sein Vater war allerdings aus politischen und sozialen Gründen zum Protestantismus konvertiert. Marx wuchs in einem durchaus bürgerlichen, aufgeklärten, relativ freisinnigen und nahezu säkularen Haushalt auf, was für seine distanzierte Einstellung zu Fragen der Religion und des Judentums sicher nicht unwichtig gewesen war. Er studierte kurz Jurisprudenz in Bonn, ging aber bald in das intellektuelle Zentrum Deutschlands, nach Berlin, um sich dort intensiv mit Philosophie und Geschichte zu beschäftigen. Marx promovierte in absentia in Jena mit einer Arbeit über Demokrit und Epikur, eine akademische Karriere, die er ursprünglich wohl angestrebt hatte, scheiterte, nicht zuletzt aufgrund seiner Nähe zur rebellischen Berliner Intellektuellenszene. Wie viele gescheiterte Philosophen nach ihm sattelte Marx auf den Journalismus um. Er wurde Redakteur eines liberalen Blattes, der *Rheinischen Zeitung*, und hat sich dort zum ersten Mal politisch betätigt und geäußert. Das führte zu einer Konstellation, die für die erste Hälfte seines Lebens typisch werden sollte.

Auf der einen Seite empfand sich Marx nach wie vor als Theoretiker, als philosophischer Kritiker. Auf der anderen Seite empfand er sich zunehmend nicht nur als Journalist, sondern tatsächlich auch als Politiker. Diese Diskrepanz, dieses ambivalente Verhältnis hat seinen Lebensweg entscheidend strukturiert. Marxens politische Karriere war allerdings relativ rasch beendet. Sein demokratisches Engagement in Preußen endete mit seiner Ausweisung; Marx geht – wie unter anderem auch Heinrich Heine, mit dem er sich auch anfreunden sollte – ins Exil nach Paris. Dort fand er Mitte der 40er Jahre Kontakt zu den Kommunisten- und Sozialistenbünden, die im Zusammenhang mit der zunehmenden Armut der neuen Industriearbeiterschaft entstanden. Aus dieser Zeit datiert auch der Beginn seiner lebenslangen Freundschaft und Zusammenarbeit mit dem Industriellen Friedrich Engels. 1845 wird Marx auch aus Frankreich ausgewiesen, er geht nach Brüssel. Im Revolutionsjahr 1848 kehrt er nach Deutschland zurück, wird Chefredakteur der neugegründeten *Neuen Rheinischen Zeitung* und versucht, zumindest publizistisch die bürgerlich-nationale Erhebung in eine proletarisch-revolutionäre zu verwandeln.

Diese Versuche scheitern nicht nur, sie werden fast gar nicht zur Kenntnis genommen. Das mit viel Pathos 1847 mit Engels geschriebene, 1848 veröffentlichte *Manifest der Kommunistischen Partei* hinterläßt keinerlei Wirkung, der Kommunistenbund in Deutschland wird aufgelöst, Marx 1849 erneut ausgewiesen. Er geht nun nach London ins Exil, wo er bis zu seinem Lebensende bleibt. Als Politiker ist Marx auch weiterhin erfolglos. Er scheitert mit der 1864 gegründeten ersten *Internationalen Arbeiterassoziation* ebenso wie in seinem Bemühen, über die in Deutschland erfolgreiche Sozialdemokratische Partei unmittelbar Einfluß auf die rasant wachsende Arbeiterbewegung zu nehmen. Marx hatte offenbar das Talent, sich mit allen zu zerstreiten, so daß er, unterstützt nur von Freund Engels und seiner Familie – Marx hatte in jungen Jahren eine preußische Aristokratin, Jenny von Westphalen, geheiratet – zunehmend das Leben eines exzentrischen Privatgelehrten führte, der bis zu seinem Tod unerbittlich an seinem unvollendet gebliebenen wissenschaftlichen Hauptwerk arbeitete, einer Analyse der bürgerlichen Gesellschaft, deren erster Teil 1867 unter dem Titel *Das Kapital* erschienen war. Marx stirbt 1883 in London, der zweite und dritte Teil des *Kapital* sowie wichtige philosophische Schriften aus seiner Frühzeit erscheinen erst posthum, zum Teil überhaupt erst ein halbes Jahrhundert nach seinem Tod.

Begonnen hatte der Schüler und Student Marx, wie viele vor und nach ihm, natürlich als Dichter. Er war fasziniert von der Kultur der Romantik, die das Pathos des Aufbruchs, der Erneuerung in sich hatte. Als Poet war der junge Marx allerdings nicht sonderlich talentiert, aber es finden sich in seinen Gedichten Ansätze, die schon auf jene Fragen verweisen, die später für ihn wichtig werden sollten:

Nimmer kann ich ruhig treiben,
Was die Seele stark erfaßt
Nimmer still behaglich bleiben,
Und ich stürme ohne Rast.

Alles möchte' ich mir erringen,
Jede schönste Göttergunst
Und im Wissen wagend dringen
Und erfassen Sang und Kunst.

Darum laßt uns alles wagen,
Nimmer rasten, nimmer ruhn,
Nur nicht dumpf so gar nichts sagen
Und so gar nichts woll'n und tun.

Nur nicht brütend hingegangen
Ängstlich in dem niedern Joch,
Denn das Sehnen und Verlangen
Und die Tat, sie blieb uns doch.[1]

Bei aller Schwärmerei schimmert hier ein zentraler Gedanke nicht nur Marxens durch: Entscheidend ist die *Tat*. Die Philosophie selbst muß zur *praktischen Kritik*, zur revolutionären Tat werden. Beschränkt auf das Denken, bleibt sie machtlos und letztlich falsch. Um die Jahreswende 1843/44 schreibt Marx einen Text, der diesen Gedanken im Detail entwickelte: *Zur Kritik der Hegelschen Rechtsphilosophie. Einleitung*. Der Aufsatz beginnt mit dem Satz: „*Für Deutschland ist die Kritik der Religion im Wesentlichen beendigt und die Kritik der Religion ist die Voraussetzung aller Kritik.*“[2] Hier schreibt einer, der sich am Ende einer philosophischen Tradition, am Ende eines philosophisch-politischen Kampfes sieht, aber über dieses Ende hinauswill. Marx bezieht sich dabei auf die Religionskritik, wie sie seit der Mitte der 30er Jahre des vorigen Jahrhunderts vorgetragen wurde und im Buch *Das Wesen des Christentums* des Hegelschülers LUDWIG FEUERBACH (1804–1872), auf das Marx hier offensichtlich anspielt, ihre schärfste und präziseste Ausformung erfahren hatte. Religion war nach dieser Kritik nichts anderes als die inverse Projektion der Sorgen und Nöte des irdischen Menschen auf die Leinwand einer imaginären Transzendenz. Marx zieht daraus allerdings radikalere Schlüsse als seine kritischen Zeitgenossenen: „*[Die Religion] ist die phantastische Verwirklichung des menschlichen Wesens, weil das menschliche Wesen keine*

1 Zit. nach Werner Blumenberg, Marx. Reinbek bei Hamburg: Rowohlt, 1996, S. 24f.

2 Karl Marx / Friedrich Engels, Werke (MEW), hrsg. vom Institut für Marxismus-Leninismus beim ZK der SED, Berlin: Dietz, 1956ff., Bd. 1, S. 378

wahre Wirklichkeit besitzt. Der Kampf gegen die Religion ist also mittelbar der Kampf gegen jene Welt, deren geistiges Aroma die Religion ist. Das religiöse Elend ist in einem der Ausdruck des wirklichen Elendes und in einem die Protestation gegen das wirkliche Elend. Die Religion ist der Seufzer der bedrängten Kreatur, das Gemüt einer herzlosen Welt, wie sie der Geist geistloser Zustände ist. Sie ist das Opium des Volkes. Die Aufhebung der Religion als des illusorischen Glücks des Volkes ist die Forderung seines wirklichen Glücks. Die Forderung, die Illusion über seinen Zustand aufzugeben, ist die Forderung, einen Zustand aufzugeben, der der Illusionen bedarf. Die Kritik der Religion ist also im Keim die Kritik des Jammertals, dessen Heiligenschein die Religion ist.“[3]

Religion, und dies meint die so oft falsch zitierte Formel „Opium des Volkes“, ist keine oktroyierte Illusion, sondern eine Projektion, die imaginärer Ausdruck des Elends und Protest gegen das Elend ist. Marx aber formulierte deshalb im Anschluß daran in ersten Zügen sein eigenes Programm, in dem die Philosophie nur mehr in der Gestalt einer fundamentalen, umfassenden *Kritik* aufritt: „*Die Kritik des Himmels verwandelt sich [wenn die Kritik der Religion beendet ist] damit in die Kritik der Erde, die Kritik der Religion in die Kritik des Rechts, die Kritik der Theologie in die Kritik der Politik.*“[4] Letztlich mußte daraus der Umschlag von der theoretischen in die praktische Kritik folgen: „*Krieg den deutschen Zuständen! Allerdings! Sie stehen unter dem Niveau der Geschichte, sie sind unter aller Kritik, aber sie bleiben ein Gegenstand der Kritik, wie der Verbrecher, der unter dem Niveau der Humanität steht, ein Gegenstand des Scharfrichters bleibt.*“[5] Man könnte jetzt lang darüber nachdenken, inwiefern sich diese polemische Metaphorik in einer politischen Praxis bitter bewahrheitet hat, die nur allzu oft die theoretische Kritik mit dem Beil des Scharfrichters oder mit den Gewehren des Erschießungskommandos verwechselt hat. Denn Marx setzte mit wollüstiger Schärfe fort: „*[Die Kritik] ist kein anatomisches Messer, sie ist eine Waffe. Ihr Gegenstand ist ihr Feind, den sie nicht widerlegen, sondern vernichten will. Denn der Geist jener Zustände ist widerlegt. […] Sie gibt sich nicht mehr als Selbstzweck, sondern nur noch als Mittel. Ihr wesentliches Pathos ist die Indignation, ihre wesentliche Arbeit die Denunziation.*“[6]

Schon hier ist im Keim eine Denkfigur zu sehen, die Kritik nicht als theoretische Widerlegung, sondern als praktische Vernichtung auffassen will. Und

---

3 MEW 1, S. 378f.
4 MEW 1, S. 379
5 MEW 1, S. 380
6 MEW 1, S. 380

wer immer die Praxis zum Kriterium der Wahrheit machen will, wird irgendwann einmal eine ähnlich prekäre Denkfigur entwickeln. Damit diese Kritik auch wirklich greift, muß die Philosophie negiert und damit verwirklicht werden: „*Mit einem Worte: Ihr könnt die Philosophie nicht aufheben, ohne sie zu verwirklichen.*“[7] Damit ist ein Entwurf skizziert, der das ganze Verhältnis von Theorie und Praxis, wie es das Marxsche Denken durchzieht, umreißt. Radikales Denken gilt es zu verwirklichen, indem es negiert wird, und es wird negiert, indem es sich aufhebt – und indem das alles sich vollzieht, bewirkt es die Befreiung der Gesellschaft von allen Fesseln. Nur: Damit die Kritik in Praxis umschlagen kann, bedarf sie eines Komplizen. Den glaubte Marx in Gestalt des frühen Industrieproletariats gefunden zu haben. Im Proletariat sah er den völlig entrechteten Menschen, dessen Aufstand die Befreiung des Menschen von jeder Form von Herrschaft zur Folge haben sollte. Dazu bedurfte das Proletariat allerdings der richtigen Theorie: „*Wie die Philosophie im Proletariat ihre* materiellen, *so findet das Proletariat in der Philosophie seine* geistigen *Waffen [...] und sobald der Blitz des Gedankens gründlich in diesen naiven Volksboden eingeschlagen ist, wird sich die Emanzipation der* Deutschen *zu* Menschen *vollziehen [...] Der* Kopf *dieser Emanzipation ist die* Philosophie, *ihr* Herz *das* Proletariat. [...] *Die Philosophie kann sich nicht verwirklichen ohne die Aufhebung des Proletariats, das Proletariat kann sich nicht aufheben ohne die Verwirklichung der Philosophie.*[8] In dieser Gedankenfigur kann man zweifellos auch ein bei Marx verdrängtes, besser, verschobenes Erbe sehen: den jüdischen Messianismus. Ein Volk nimmt es auf sich, für alle anderen zuerst zu leiden und damit diese zu befreien. Die Begegnung zwischen Geist und Körper, zwischen Intellektuellen und Volk, zwischen Verstand und Herz, Paradigma aller Vereinigungsphantasien, schwingt sich bei Marx noch einmal, vielleicht ein letztes Mal, zur großen heilsgeschichtlichen Geste auf. Damit wollte Marx aber auch eine unauflösliche Klammer zwischen der Philosophie und dem Proletariat schaffen. Die beiden sind von nun an fatal aneinandergekettet: Keine Revolution ohne Verwirklichung der Philosophie und keine Verwirklichung der Philosophie ohne proletarische Revolution. Und das mag auch eine Erklärung dafür sein, warum es gerade die Intellektuellen, und zwar die besten, waren, die sich der Faszination dieses verhängnisvollen Denkens so wenig entziehen konnten.

---

7 MEW 1, S. 384
8 MEW 1, S. 391

Diesem Entwurf einer Aufhebung der philosophischen Theorie in eine politische Praxis hat Marx wenig später in seinen 1845 entstandenen Thesen *ad Feuerbach* eine berühmte und berüchtigte allgemeine Form gegeben. Die elfte und letzte dieser Thesen lautet nämlich: „*Die Philosophen haben die Welt nur verschieden* interpretiert, *es kömmt drauf an, sie zu* verändern."[9] Diese These ist zu einem geflügelten Wort geworden, zu einer Lieblingsphrase auch für jene, die sonst wenig mit Marx im Sinne hatten. Die Philosophen haben *nur* interpretiert. *Nur* – das ist es. Interpretieren ist immer zuwenig, interpretieren ist überhaupt nichts. Die Denkfeindlichkeit einer Epoche fühlte sich gut aufgehoben in Marxens 11. These. Und überhaupt: die Welt verändern – wer wollte dies nicht gern und wer wüßte nicht, daß es so, wie es ist, nicht weitergehen kann. Die 11. These ist dabei aber gar nicht so eindeutig. Was in ihr tatsächlich eingestanden wird, ist nicht einmal ein Vorwurf, sondern nur das emotionslose Konstatieren einer Tatsache: Philosophie tut nicht mehr, kann nicht mehr tun, als die Welt zu interpretieren. In dem Moment, in dem es aber darauf ankommt, sie zu verändern, ist offensichtlich eine andere Strategie als die der Interpretation gefragt. Philosophie als Philosophie kann die Welt nicht verändern; sie könnte dies nur, indem sie sich als Philosophie *aufhebt.* Damit aber ist eine äußerste Grenze des philosophischen und kritischen Denkens markiert: In dem Moment, in dem es darauf ankommt, praktisch revolutionär tätig zu sein, verliert die Philosophie ihre Bestimmung als Philosophie. In dem Maße aber – zumindest diese Deutung zwingt die Geschichte selbst dieser These auf –, in dem diese bewußte und planmäßige Veränderung der Welt gescheitert ist, wird die Philosophie als Interpretation einer dem revolutionären Willen gegenüber ziemlich renitenten Welt vielleicht wieder zu einer dringenden Notwendigkeit.

Die umstrittene Bedeutung Marxens ist nicht zuletzt mit seinem Menschenbild verbunden, das meist als antiindividualistisch und kollektivistisch beschrieben wird. In seinen Thesen zu Feuerbach hat Marx allerdings einen Begriff des Menschen angedeutet, der doch etwas differenziertere Deutungen erlaubt: „*Feuerbach löst das religiöse Wesen in das* menschliche *Wesen auf. Aber das menschliche Wesen ist kein dem einzelnen Individuum innewohnendes Abstraktum. In seiner Wirklichkeit ist es das ensemble der gesellschaftlichen Verhältnisse.*"[10] Zweifellos ein viel zitierter Satz: *Der Mensch als das Ensemble der gesellschaftlichen Verhältnisse* – oft interpretiert als die anthropologische Grund-

9 MEW 3, S. 6
10 MEW 3, S. 6

lage jener Gemeinschaftlichkeit, die im realen Sozialismus zur Karikatur des verordneten Kollektivismus verkam. Aber dieser Satz ist durchaus vertrackt. Denn er bezieht sich auf den Begriff des *menschlichen Wesens,* nicht auf den *Menschen,* es geht also um die Frage nach dem Wesen, nach der Natur, nach dem Begriff des Menschen. Und genau in bezug auf dieses *Wesen* des Menschen schreibt Marx: Es ist kein dem Individuum innewohnendes Abstraktum. Das, was als Wesen des Menschen erfahrbar ist, ist immer schon dasjenige, was als Resultat gesellschaftlicher Vermittlungspraxis, als praktische Realisationsformen von Menschsein möglich und wirklich erscheint und ist. Die Gesamtheit der gesellschaftlichen Verhältnisse bündelt sich, besser vielleicht, repräsentiert sich im Einzelnen. Die conditio humana ist weder Natur noch Idee, weder Aufgabe noch Resultat, sondern schlicht: Gesellschaft und Geschichte. Damit ist nicht das Individuum eliminiert, wie viele mutmaßten, sondern das Phantasma einer *positiven* Anthropologie, die vorgibt zu wissen, was der Mensch zu sein habe. Gerade eine Zeit, die darangeht, die Frage nach dem Menschen auf dem Boden der Genetik zu stellen, argumentiert nahezu krypto-marxistisch, wenn sie das Wesen des Menschen als das bestimmt, was Menschen, auch im technischen Sinne, aus sich machen können.

Immerhin: Marx war nicht in den Fehler verfallen, *Individuum* und *Gesellschaft* zu trennen und einander abstrakt gegenüberzustellen. An einer anderen Stelle hatte sich Marx notiert: „*Es ist vor allem zu vermeiden, die ‚Gesellschaft' wieder als Abstraktion dem Individuum gegenüber zu fixieren. Das Individuum ist das gesellschaftliche Wesen.*"[11] Die Gesellschaft ist immer die Gesellschaft von Individuen, und die Individuen haben ihre Individualität als Resultat gesellschaftlicher Praxis. Es gibt nach Marx nicht das isolierte Individuum, sondern es gibt immer nur das Individuum im Kontext; es gibt aber auch nicht *die* Gesellschaft als Abstraktum – denn was sollte diese anderes sein, als die Gesellschaft von Individuen. Es gibt bei Marx eben gerade *nicht* auf der einen Seite das entfremdete, geknechtete und ausgebeutete Individuum und auf der anderen *die* Gesellschaft, die an allem schuld sein soll.

Die nach Immanuel Kant alle Philosophie bündelnde Frage: *Was ist der Mensch?* kann so nach Marx nicht abstrakt und allgemein, sondern nur als Analyse der konkreten Beziehungen vergesellschafteter Individuen beantwortet werden. Marx selbst hat durchaus Ansätze zu solch einer historischen Anthropologie geliefert, vor allem in den erst 1932 publizierten sogenannten *Ökonomisch-philosophischen Manuskripten,* die Marx 1844 im Pariser Exil nie-

---

11 MEW Ergbd. 1, S. 538

dergeschrieben hatte. Marx beschrieb den Menschen darin als *animal laborans*, als arbeitendes Wesen. Unter den Bedingungen der bürgerlichen Gesellschaft aber wird diese Arbeit zu einer *entfremdeten Arbeit*. *„Der Arbeiter legt sein Leben in den Gegenstand; aber nun gehört es nicht mehr ihm, sondern dem Gegenstand. Je größer also diese Tätigkeit, um so gegenstandsloser ist der Arbeiter. Was das Produkt seiner Arbeit ist, ist er nicht. Je größer also dieses Produkt, je weniger ist er selbst. Die* Entäußrung *des Arbeiters in seinem Produkt hat die Bedeutung, nicht nur, daß seine Arbeit zu einem Gegenstand, zu einer äußern Existenz wird, sondern daß sie* außer ihm, *unabhängig, fremd von ihm existiert und eine selbständige Macht ihm gegenüber wird, daß das Leben, was er dem Gegenstand verliehen hat, ihm feindlich und fremd gegenübertritt.*“[12] Man könnte den seinerzeit vielgebrauchten Begriff der *Entfremdung* also einmal mit dem Begriff der *Vergegenständlichung* zusammenfallen lassen: Es ist ein Spezifikum des Menschen, daß er nicht bei sich bleiben *kann*, denn dann wäre er reines Naturwesen. Er muß aus sich heraustreten, muß sich in einen äußeren Gegenstand transformieren, das heißt, er muß Natur bearbeiten. Davon ließe sich ableiten, daß Entfremdung als Vergegenständlichung konstitutiv ist für die *Idee* menschlicher Arbeit schlechthin. Sie wird zu einer radikal entfremdeten Arbeit erst dann, wenn das Arbeitsprodukt nicht mehr als Vergegenständlichung außer dem Menschen ist, sondern ihm enteignet wird und ihm nicht mehr als purer Gegenstand, sondern als Mittel in der Hand eines anderen Menschen fremd gegenübertritt. Entfremdung ist schlicht eine andere Bezeichnung für asymmetrische Aneignungsformen der Resultate menschlicher Produktivität. Das allerdings führt nach Marx zu einer Verkehrung des Wesens der Arbeit. Der Mensch realisiert sich nicht mehr in dieser, sondern verliert sich dabei: *„Der Arbeiter fühlt sich erst außer der Arbeit bei sich und in der Arbeit außer sich. Zu Hause ist er, wenn er nicht arbeitet und wenn er arbeitet, ist er nicht zu Haus. Seine Arbeit ist daher nicht freiwillig, sondern gezwungen,* Zwangsarbeit. *Sie ist daher nicht die Befriedigung eines Bedürfnisses, sondern sie ist nur ein Mittel, um Bedürfnisse außer ihr zu befriedigen. Ihre Fremdheit tritt darin rein hervor, daß, sobald kein physischer oder sonstiger Zwang existiert, die Arbeit als eine Pest geflohen wird.*“ Menschsein fing für Marx erst dort an, wo das Diktat der erzwungenen Arbeit aufhört, wo man nicht arbeitet, um zu leben, sondern wo man tatsächlich lebt, um zu arbeiten. Das Tier, so Marx, *„produziert nur sich selbst, während der Mensch die ganze Natur reproduziert; sein Produkt gehört unmittelbar zu seinem physischen Leib, während der Mensch*

12 MEW Ergbd. 1, S. 512

frei seinem Produkt gegenübertritt. Das Tier formiert nur nach dem Maß und dem Bedürfnis der species, der es angehört, während der Mensch nach dem Maß jeder species zu produzieren weiß und überall das inhärente Maß dem Gegenstand anzulegen weiß. Der Mensch formiert daher auch nach den Gesetzen der Schönheit.“[13] Aus Freiheit von der Arbeit wird eine *spielende* Arbeit, eine nicht mehr unter dem Druck der Notwendigkeit stehende produktive Tätigkeit, die aus der Lust an der ästhetischen *Formung* des Gegenstandes produziert. Von diesem Gedanken wollte Marx nie mehr lassen. Noch im 3. Band des *Kapital* heißt es: „*Das Reich der Freiheit beginnt in der Tat erst da, wo das Arbeiten, das durch Not und äußere Zweckmäßigkeit bestimmt ist, aufhört; es liegt also der Natur der Sache nach jenseits der Sphäre der eigentlichen materiellen Produktion […] Die Verkürzung des Arbeitstages ist [dafür] die Grundbedingung.*“[14]

Die Wurzel der Entfremdung sah Marx also darin, daß sich Menschen die Produkte der Arbeit *aneignen* können. In der Tat war für Marx die Entwicklung des *Privateigentums* die Voraussetzung für die entfremdete Arbeit. Das Haben ist an die Stelle des Seins getreten: „*Das Privateigentum hat uns so dumm und einseitig gemacht, daß ein Gegenstand erst dann der unsrige ist, wenn wir ihn haben, er also als Kapital für uns existiert oder von uns unmittelbar besessen, gegessen, getrunken, an unsrem Leib getragen, von uns bewohnt etc., kurz, gebraucht wird.*“[15] *Besitzen* wird zur Schwundstufe aller Möglichkeiten, die der Mensch als Mensch, seiner Potenz nach, hätte. Dieses Besitzen wird allerdings zum Grundprinzip der bürgerlichen Gesellschaft. Was Marx intendierte, ist eine Interpretation der bürgerlichen Gesellschaft, die davon ausgeht, daß die Behauptung, alles wäre käuflich, nicht ein zynischer Werbeslogan ist, sondern die schlichte Realität. Wie wenige spielt Marx das Konzept des entfremdeten Menschen durch, nimmt ihn in seiner Entfremdung ernst – ein reduziertes Wesen, für das unter den Bedingungen des Marktes und asymmetrischer Aneignungsverhältnisse eine andere Entfaltung seines Selbst als durch Aneignung, durch Kauf, durch *Haben* unmöglich erscheint.

Als *sinnliche* Erscheinungsform des Zustandes, in dem alles auf das *Haben* reduziert ist, faßt Marx das *Geld* – denn das Mittel des Kaufes ist das Geld. Marx legt eine phänomenologische Funktionsbeschreibung des Geldes und seiner geheimen Kräfte vor, die allein schon wegen ihrer Rhetorik – es ist

13 MEW Ergbd. 1, S. 517
14 MEW 25, S. 828
15 MEW Ergbd. 1, S. 540

kaum unterscheidbar, ob das Folgende aus Marxens *Pariser Manuskripten* stammt oder aus der Kreditwerbung einer großen Bank – zu den brillantesten Passagen seiner frühen Schriften zählt. Eine Pointe am Rande: Marx hatte ja Zeit seines Lebens mit extremen Geldsorgen zu kämpfen gehabt und nur aus dieser völligen Abwesenheit von Geld in seinem eigenen Leben konnte er vielleicht schließen, was die Anwesenheit von Geld tatsächlich bedeuten kann: „*Was durch das* Geld *für mich ist, was ich zahlen, d. h., was das Geld kaufen kann, das* bin ich, *der Besitzer des Geldes selbst. So groß die Kraft des Geldes ist, so groß ist meine Kraft. Die Eigenschaften des Geldes sind meine – seines Besitzers – Eigenschaften und Wesenskräfte. Das, was ich* bin *und* vermag, *ist also keineswegs durch meine Individualität bestimmt. Ich* bin *häßlich, aber ich kann mir die* schönste *Frau kaufen. Also bin ich nicht* häßlich, *denn die Wirkung der* Häßlichkeit, *ihre abschreckende Kraft ist durch das Geld vernichtet. Ich – meiner Individualität nach – bin* lahm, *aber das Geld verschafft mir 24 Füße; ich bin also nicht lahm; Ich bin ein schlechter, unehrlicher, gewissenloser, geistloser Mensch, aber das Geld ist geehrt, also auch sein Besitzer. Das Geld ist das höchste Gut, also ist sein Besitzer gut, das Geld überhebt mich über dem der Mühe, unehrlich zu sein; ich werde also als ehrlich präsumiert; ich bin* geistlos, *aber das Geld ist der* wirkliche Geist *aller Dinge, wie sollte sein Besitzer geistlos sein? Zudem kann er sich die geistreichen Leute kaufen, und wer die Macht über die Geistreichen hat, ist der nicht geistreicher als der Geistreiche?*“[16]

In dieser Passage unterstellt Marx – und wer wollte ihm widersprechen, gerade heute! –, daß das Geld in den Köpfen und in den Seelen der Menschen, die damit hantieren, je schon in einer mystifizierten Gestalt erscheint und daß man dem Geld Eigenschaften und Kräfte zuschreibt, die natürlich nicht dem Geld als Geld, ihm sehr wohl aber als Moment und Symbol innerhalb der Vermittlung menschlicher Tätigkeiten zukommen. Denn die Kraft des Geldes besteht darin, das Gegensätzlichste, das Widersetzlichste in wechselseitige Berührung zu bringen. Das Geld ist das eigentliche Medium der *Verwandlung*, der *Vertauschung* und *Verkehrung*: „*Es verwandelt die Treue in Untreue, die Liebe in Haß, den Haß in Liebe, die Tugend in Laster, das Laster in Tugend, den Knecht in den Herrn, den Herrn in den Knecht, den Blödsinn in Verstand, den Verstand in Blödsinn.*“[17] Damit aber hat Marx das Geld als wirkliches *Medium* begriffen, das nicht nur Werte repräsentiert, sondern ineinander überführt, zueinander in Bewegung bringt. Nicht zuletzt dies macht die

16 MEW Ergbd. 1, S. 564f.
17 MEW Ergbd. 1, S. 566

Faszination des Geldes aus. Das Geld – das ist die eigentliche Welt der reinen Form und der reinen Metamorphose, die Welt der Vermittlung und Verwandlung, in seinen Bewegungen, in seinem Fließen erscheint uns die verborgene Welt unserer Verhältnisse und Beziehungen. In einer hochdifferenzierten bürgerlichen Gesellschaft, in der die Geldwirtschaft umfassend wird und auch Bereiche erfaßt, die in früh- oder vorbürgerlichen Gesellschaften nicht der Geldwirtschaft subsumiert waren, wird der Geldfluß zunehmend dichter und die Partizipation daran die einzige Möglichkeit zu existieren. Alle Formen des Verkehrs der Menschen untereinander nehmen in einer bürgerlichen Gesellschaft die Erscheinungsform eines Geldverhältnisses an. Damit allerdings werden alle anderen Werte – ethische, moralische, religiöse – sukzessive durch den Wert des Geldes ersetzt.

Eine zentrale These von Marx besagt deshalb auch, daß in einer bürgerlich kapitalistischen Gesellschaft alle Tätigkeit und alle Beziehungen der Menschen tatsächlich über den Markt, das heißt über den Austausch von Waren geregelt werden. Die kapitalistische Gesellschaft hat nicht die Fähigkeit und auch nicht den Willen, irgendwelche Bedürfnisse zu befriedigen, sondern sie liefert tatsächlich nur Güter, die bezahlt werden können. Das heißt, sie tauscht Waren gegen Geld, und zwar zu einem einzigen Zweck: um das Geld, das in die Produktion der Ware hineingesteckt wurde, zu vermehren, egal auf welcher Ebene, egal mit welchen Methoden. Das allerdings bedeutet auch, daß die menschlichen Beziehungen zu *Tauschbeziehungen* geworden sind. Wir können nicht einmal mehr miteinander handeln, ohne sofort in diesen Kategorien des *Tausches* zu sprechen. Wir fragen uns, wenn wir eine Beziehung eingehen, wieviel Gefühl soll ich investieren, wieviel investiert der Partner, kommt am Ende ein Geschäft heraus, mit dem beide zufrieden sein können? Unsere Beziehungen und wechselseitigen Anteilnahmen werden, so eine neuere Theorie, geradezu von einer knapp kalkulierenden „Ökonomie der Aufmerksamkeit", die analog zur Ökonomie des Geldes funktioniert, gesteuert.[18] Das heißt, wir kooperieren in der Tat in allen unseren Handlungsbeziehungen so, als befänden wir uns auf einem Markt. Die Warengesellschaft hat auch die Eigenschaft, daß alles das, was wir sind, sein wollen, fühlen, handeln, was wir als spezifische menschliche Qualitäten erkennen und wahrnehmen wollen, nur noch über den Austausch mit Waren bekommen, deshalb müssen wir auch pausenlos kaufen, deshalb können wir auch nicht zufrieden

18 Georg Franck, Ökonomie der Aufmerksamkeit. Ein Entwurf. München-Wien: Hanser, 1998

sein, denn wir haben keine andere Möglichkeit, Sehnsüchte zu befriedigen, als indem wir kaufen, oder indem wir uns – analog zu diesen Modellen – unsere Beziehungen als über den imaginären privaten oder sonstigen Markt geregelt vorstellen und uns dementsprechend verhalten. Das wäre ein Punkt bei Marx, der noch immer interessant zu sein scheint: daß gerade das vollständig durchgesetzte Marktprinzip, das vollständig durchgesetzte Arbeitsprinzip, die vollständig durchgesetzte Geldwirtschaft mehr bedeuten, als nur die Produktion und Organisation von Gütern oder den Transfer von realen oder imaginären Geldflüssen. Diese treffen uns gewissermaßen im Innersten, ob wir es wollen oder nicht.

Später, nach der Veröffentlichung des ersten Bandes des *Kapital*, hat Marx übrigens auch einige interessante Überlegungen angestellt zu einem Problem, das gerade gegenwärtig wieder intensiv diskutiert wird: Wann und unter welchen Umständen ist Arbeit tatsächlich *produktiv*, effektiv, nützlich, wertvoll? Marx hatte für diese Fragestellung einen relativ klaren Blick. Nur solche Arbeit ist für ihn produktiv, die zur Produktion und Vermehrung von Geld, von Kapital beiträgt – nicht solche, die zur Vermehrung von Gütern oder Lebensqualitäten etwas beisteuert. Ob Atombomben gebaut oder Reis angepflanzt wird, ist nicht die Frage, sondern die Frage ist, ob dabei Kapital produziert und Gewinn gemacht wird. Produktive Arbeit ist also solche, in der die wertschaffende Tätigkeit des Kapitals durch die Arbeitskraft unterstützt oder erzeugt wird, bei der sich also der Arbeiter als Resultat seiner Arbeit einer Kapitalsteigerung oder, wenn das Unternehmen ineffizient ist, einer Kapitalverminderung gegenübersieht. Und in der Tat wird ja die Produktivität eines Unternehmens nicht daran gemessen, was es an brauchbaren Gütern erzeugt, sondern was es mit Gewinn verkaufen konnte. Das ist der Kern aller Produktivität im Kapitalismus: „*Produktive Arbeit kann daher als solche bezeichnet werden, die sich direkt mit dem Geld als Kapital austauscht.*“[19] Die Produktivität der Arbeit im Kapitalismus besteht also, wie Marx es nennt, in der *formellen Subsumtion* der Arbeit unter das Kapital, also im Zwang zum Arbeiten über die unmittelbare Bedürftigkeit hinaus, einem Zwang, den die kapitalistische Produktionsweise zwar mit früheren Produktionsweisen teilt, aber in einer ganz anderen *Form* ausübt. Was im Kapitalismus neu hinzukommt ist, daß der Reichtum nicht zum privaten Genuß angeeignet wird, sondern nur, um weiteren Reichtum zu produzieren. Nur die Arbeit also, die sich direkt in Kapital verwandelt, für ein Unternehmen investierbaren Profit abwirft, ist

19 MEW 26.1, S. 366

produktive Arbeit. Alle andere Arbeit, ob im staatlichen Bildungsbereich, in der öffentlichen Fürsorge oder im privaten Haushalt, ist unproduktive Arbeit. Reflektiert man dies genauer, führt dies bei Marx allerdings zu einigen ganz interessanten Widersprüchen und Aporien, von denen ich glaube, daß gerade die heute virulente Diskussion des Arbeitsbegriffes davon noch immer einiges an Anregungen empfangen könnte.

Eine dieser Aporien besteht darin, daß, wie Marx formuliert, *„dieselbe Sorte Arbeit“* einmal *„produktiv oder unproduktiv“* sein kann. Und er erläutert dies an einem Beispiel, das zu den schönsten Exempla des Marxschen Œuvres zählt, redet er doch dabei von den Dichtern: *„Z. B. Milton, who did the Paradise lost for 5 l. [Pfund Sterling] war ein unproduktiver Arbeiter. Der Schriftsteller dagegen, der Fabrikarbeit für seinen Buchhändler liefert, ist ein produktiver Arbeiter. Milton produzierte das Paradise lost aus demselben Grund, aus dem ein Seidenwurm Seide produziert. Es war eine Betätigung seiner Natur.“* Der wahre Dichter also kann nicht anders als Dichten, es ist unverschämt, wenn er glaubt, er leiste damit eine Arbeit und gar eine produktive. Das führt übrigens dazu, daß man sich bis heute um die Arbeitsbedingungen von Künstlern wenig Sorgen macht, da man davon ausgeht, daß diese, weil sie eben einem unwiderstehlichen Drang gehorchen, schon unter allen Bedingungen kreativ sein werden. *„Eine Sängerin, die auf ihre eigene Faust ihren Gesang verkauft, ist ein* unproduktiver *Arbeiter. Aber dieselbe Sängerin, von einem entrepreneur engagiert, der sie singen läßt, um Geld zu machen, ist ein* produktiver *Arbeiter; denn sie produziert Kapital.“*[20] Jede Arbeit, jede Tätigkeit, jede Dienstleistung, und sei sie noch so absurd, kann also, findet sie auf dem Kapitalmarkt statt und kommt sie mit Kapital in Berührung, zur produktiven Arbeit werden, sofern sie für einen Unternehmer Gewinn abwirft. Das führt allerdings zu der Paradoxie, daß im Extremfall ein- und dieselbe Person *gleichzeitig* produktive und unproduktive Arbeit leisten kann, das heißt, *gleichzeitig Kapitalist und Lohnarbeiter und Konsument* sein kann. Der unabhängige Bauer, der Handwerker oder der Selbständige, der gleichsam als Einzelbetrieb arbeitet, *„wird in zwei Personen zerschnitten. [...] Als Besitzer der Produktionsmittel ist er Kapitalist, als Arbeiter ist er sein eigner Lohnarbeiter ...“*[21]

Möglich, daß diese Fragestellungen, die Marx in den Folgebänden des *Kapital* antippte, auch für die Gegenwart nicht uninteressant sind. Die heute oft geforderte Spezies des „neuen Selbständigen“ erinnert zumindest frappant

20 MEW 26.1, S. 377
21 MEW 26.1, S. 383

und fatal an den von Marx geschilderten schizoiden Typ, der sein eigener Ausbeuter ist. Und durchaus denkbar, daß, wenn wir etwa heute von Produktivitäts- und Effektivitätskriterien sprechen, gerade auch in bezug auf geistige Arbeit, von der so viel die Rede ist – intelligentes Kapital, geistiges Kapital, kognitive Gesellschaft etc. – die Marxsche Analytik noch immer heilsam und desillusionierend sein kann. Denn das Maß, die Bewertung, die Effektivitätskontrollen der geistigen Tätigkeiten werden sich nicht an deren inhaltlichen Kriterien orientieren, sondern daran, welche Rolle diese kognitiven Kompetenzen und Ressourcen für den Bildungsprozeß des Kapitals, für die Gewinne der Unternehmen, spielen können. Daß dies, wenn auch mit anderen Formulierungen, von Unternehmern ziemlich unverblümt gesagt wird, unterstreicht diese Beobachtung. Man könnte überhaupt ganz salopp die These vertreten, daß die einzigen, die wirklich intuitiv etwas von Marx begriffen haben und ihn exekutieren, die Unternehmer sind. Die Arbeiterschaft war, mit Verlaub gesagt, selten in der Lage wirklich zu begreifen, was im theoretischen Werk von Marx eigentlich steckt und was dies für ihre Existenz bedeutet.

Marx unterschätzte das dynamische Potential solch einer avancierten bürgerlichen Gesellschaft nicht. Zweifellos war er bei aller Kritik und bei allen Wünschen, daß diese Gesellschaft überwunden werden könnte, vom Kapitalismus als System fasziniert. Es seien deshalb zum Abschluß jene Passagen aus dem berüchtigten, seinerzeit aber völlig wirkungs- und bedeutungslosen *Manifest der Kommunistischen Partei* aus dem Jahre 1848 zitiert, in denen Marx ein Loblied auf die bürgerliche Gesellschaft anstimmt, das weniger auf den unterentwickelten Kapitalismus jener Jahre als vielmehr auf die Situation unserer sich globalisierenden Welt zu passen scheint: „*Die Bourgeoisie hat in der Geschichte eine höchst revolutionäre Rolle gespielt. Die Bourgeoisie, wo sie zur Herrschaft gekommen, hat alle feudalen, patriarchalischen, idyllischen Verhältnisse zerstört. Sie hat die buntscheckigen Feudalbande, die den Menschen an seinen natürlichen Vorgesetzten knüpften, unbarmherzig zerrissen und kein anderes Band zwischen Mensch und Mensch übriggelassen als das nackte Interesse, als die gefühllose >bare Zahlung<. Sie hat die heiligen Schauer der frommen Schwärmerei, der ritterlichen Begeisterung der spießbürgerlichen Wehmut in dem eiskalten Wasser egoistischer Berechnung ertränkt. Sie hat die persönliche Würde in den Tauschwert aufgelöst und an die Stelle der zahllosen verbrieften und wohlerworbenen Freiheiten die eine gewissenlose Handelsfreiheit gesetzt. […] Sie hat den Arzt, den Juristen, den Pfaffen, den Poeten, den Mann der Wissenschaft in ihre bezahlten Lohnarbeiter verwandelt. Die Bourgeoisie hat dem Familienverhältnis seinen rührend sentimentalen Schleier abgerissen und es auf ein reines Geldver-*

hältnis zurückgeführt. […] Erst sie hat bewiesen, was die Tätigkeit der Menschen zustandebringen kann, sie hat ganz andere Wunderwerke vollbracht als ägyptische Pyramiden, römische Wasserleitungen und gotische Kathedralen, sie hat ganz andere Züge ausgeführt als Völkerwanderungen und Kreuzzüge. […] Alle festen, eingerosteten Verhältnisse mit ihrem Gefolge von altehrwürdigen Vorstellungen und Anschauungen werden aufgelöst, alle neugebildeten veralten, ehe sie verknöchern können. Alles Ständische und Stehende verdampft, alles Heilige wird entweiht, und die Menschen sind endlich gezwungen, ihre Lebensstellung, ihre gegenseitigen Beziehungen mit nüchternen Augen anzusehen. Das Bedürfnis nach einem stets ausgedehnteren Absatz für ihre Produkte jagt die Bourgeoisie über die ganze Erdkugel. Überall muß sie sich einnisten, überall anbauen, überall Verbindungen herstellen. […] Die Bourgeoisie reißt durch die rasche Verbesserung aller Produktionsinstrumente, durch die unendlich erleichterten Kommunikationen alle, auch die barbarischsten Nationen in die Zivilisation. Die wohlfeilen Preise ihrer Waren sind die schwere Artillerie, mit der sie alle chinesischen Mauern in den Grund schießt […] Mit einem Wort, sie schafft sich eine Welt nach ihrem eigenen Bilde."[22]

Was Marx hier atmosphärisch, phänomenologisch, rhetorisch, übersteigert, begeistert beschreibt, ist die Omnipotenz und die Leistungsfähigkeit der einzigen bisher wirklich revolutionären und expansiven Klasse, und er scheut nicht davor zurück, diese Klasse, indem er ihr zugesteht, sich eine Welt nach ihrem Bilde zu schaffen, mit einer sakraler Weihe auszustatten: mit jener Omnipotenz, die normalerweise nur Gott zukommt. Es verbindet Marx mit dieser Klasse eine *Haßliebe* – im Grunde hat er sein Leben nicht dem Sozialismus, sondern der Erforschung dieser Bourgeoisie und ihres Gesellschaftssystems, des Kapitalismus, gewidmet. Und eine besondere geschichtsphilosophische Pointe liegt dann darin, daß Marx noch den Totengräber der Bourgeoisie: das Proletariat, als Produkt der Bourgeoisie begriff und daß genau dieser vermeintliche Totengräber sein Geschäft, zu dem er vom Weltgeist eingesetzt worden war, nicht durchzuführen imstande war. Vor der Allmacht dieser Marxschen Bourgeoisie mußte das Proletariat versagen. Zumindest aber hätte man schon beizeiten wissen müssen: Solch einen Gottvater stürzt man nicht von heute auf morgen. Wohl aber reißt diese Bourgeoisie nach wie vor alle Mauern, Berliner und auch wieder chinesische, mit der Artillerie ihrer wohlfeilen Waren nieder. Und da sage noch jemand, Marx wäre ein schlechter Prophet gewesen.

---

22 MEW 4, S. 465f.

Die Bedeutung von Marx liegt so weniger darin, daß er versuchte, den Sozialismus als geschichtslogisch notwendige Gesellschaftsform zu entwickeln; seine Bedeutung liegt darin, daß er die Philosophie zwang, der gesellschaftlichen Realität überhaupt erst einmal ins Auge zu blicken. Dabei, und das markiert den durch Marx eingeleiteten Paradigmenwechsel, mußte die zur Theorie der Gesellschaft gewandelte Philosophie erkennen, daß in der Wirklichkeit nicht der Geist, wohl aber die Ökonomie vorherrscht. Daß das Bewußtsein der Menschen sich nach ihrem gesellschaftlichen Sein richtet, hatte bei Marx den Sinn, daß die Verfaßtheit der Ökonomie bis ins Detail das Denken der Menschen bestimmt. Marx hatte allerdings noch von Verhältnissen geträumt, in denen dieser Primat der Ökonomie gebrochen werden könnte und die Freiheit des Menschen tatsächlich auch als eine Freiheit von den Notwendigkeiten der Ökonomie hätte gelebt werden sollen. Daß dieser Traum schon lange ausgeträumt ist und gerade der globale Kapitalismus unserer Tage uns den Primat der Ökonomie nur allzu deutlich vor Augen führt, bestätigt, so paradox dies auch klingen mag, Marxens These von den unhintergehbaren Schranken, die dem Leben und dem Denken durch die Zwänge des Marktes gesetzt sind. Nicht als Ahnherr des Sozialismus, wohl aber als luzider Theoretiker des Kapitalismus gehört Marx, gemeinsam mit Charles Darwin und Sigmund Freud, nicht nur zu den großen Wissenschaftsprosaisten, sondern auch und vor allem zu den Gründervätern des modernen Weltbewußtseins, das sich in seiner Anhängigkeit von Natur, Triebstruktur und Ökonomie durchschaut, ohne diese außer Kraft setzen zu können oder zu wollen.

8. Vorlesung

Sören Kierkegaard – Das Martyrium der Reflexion

Marx' Kritik an Hegels Geschichtsphilosophie hatte darauf abgezielt, diese vom Kopf auf die Füße zu stellen, das heißt, es sollte ihr eine materielle Basis gegeben werden. In der Ökonomie hatte Marx diese zwar gefunden, er war damit aber den Kategorien der Hegelschen Dialektik und Geschichtsmetaphysik letztlich verhaftet geblieben. Ein schärferer Kritiker der Hegelschen Philosophie war zweifellos Marx' Zeitgenosse SÖREN KIERKEGAARD (1813–1855) gewesen. Der dänische Theologe und Philosoph hatte sich radikal gegen das historische Denken überhaupt und jede Begriffsmetaphysik gewandt und versucht, die Reflexion des Menschen über sich selbst auf eine neue Grundlage zu stellen, die zweifellos auch stark von Kierkegaards Auseinandersetzung mit der christlichen Religion bestimmt war. Für unseren Zusammenhang kommt aber noch etwas hinzu. Es gibt wohl kaum einen Philosophen der Moderne, bei dem das Denken so eng mit dem Leben verknüpft war wie bei Sören Kierkegaard. Nicht nur Motive und Problemkonstellationen seines Denkens erklären sich bei ihm aus den Wechselfällen seines Lebens, die Tatsache, daß er überhaupt zum philosophischen Schriftsteller wurde, verdankt sich der komplizierten Beziehung zu seinem Vater ebenso wie einer unglückseligen Liebesgeschichte. Wenige Denker haben wie Kierkegaard ihre persönlichen Probleme und inneren Notlagen zum Gegenstand eines öffentlich geführten Diskurses gemacht, wenige haben so wie er das Öffentliche privatisiert und das Private veröffentlicht.

Geboren wurde Sören Aabye Kierkegaard am 5. Mai 1813 in Kopenhagen. Sein Vater Michael Pedersen Kierkegaard stammte von einem ärmlichen Hof in Westjütland und hatte in Kopenhagen eine erfolgreiche Laufbahn als Kaufmann hinter sich gebracht. Sören war das jüngste Kind, fünf Geschwister starben vor ihm. Während Kierkegaard seine Mutter kaum je erwähnt, übten Charakter, Erziehungsstil und das Leben seines Vaters einen entscheidenden Einfluß auf ihn aus. Michael Pedersen galt als schwermütiger Pietist, der seinen Kindern eine überaus strenge christliche Erziehung angedeihen ließ. Im Rückblick auf seine *vita ante acta*, auf sein Leben, bevor er Schriftsteller wurde, schrieb Kierkegaard: *„Als Kind ward ich strenge und mit Ernst im Christentum erzogen, menschlich gesprochen, auf wahnsinnige Weise erzogen: bereits in der frühesten Kindheit hatte ich mich verhoben an den Eindrücken, unter denen der schwermütige alte Mann (i.e. der Vater), der sie auf mich gelegt hatte, selber zusammensank – ein Kind, auf wahnsinnige Weise dazu verkleidet ein schwermütiger alter Mann zu sein. Fürchterlich! Was Wunder denn, daß Zeiten kamen, da mir das Christentum vorkam als die unmenschlichste Grausamkeit ...*“[1] Kierkegaard mußte meistens zu Hause bleiben, er durfte höchstens mit dem Vater die Diele auf und ab spazieren und sich dabei vorstellen, er wäre auf der Straße oder im Park. Das Kind lebte so mehr in seiner Phantasie denn in der Realität. Das Resulat dieser Erziehung war bei Kierkegaard eine Mischung aus Einsamkeit und Melancholie, war eine Schwermut *„bis zur Grenze des Irrsinns*“[2], die er in Anlehnung an ein Bibelwort als seinen *„Pfahl im Fleische*“[3] bezeichnet, der ihn ein Leben lang schmerzen wird. Dennoch faßte er diesen *Pfahl im Fleische* als Bedingung und Ausdruck seines Schaffens. Sein nahezu manischer Reflexionszwang, seine Unfähigkeit zu leben, drängen Kierkegaard fast mit unerbittlicher Folgerichtigkeit in die Position eines Beobachters, der alles sieht, aufnimmt, notiert und reflektiert, ohne selbst am Geschehen teilnehmen zu können: *„Mein Martyrium ist das Reflexions-Martyrium, oder das Martyrium, wie es sich in der Welt zeigen kann, nachdem die Reflexion an Stelle der unmittelbaren Leidenschaften getreten ist.*“[4] Wo sich Kierkegaard dennoch ins Leben stürzt, tut er dies zum Schein. Die *Täuschung* – andere zu täuschen und sich in sie hineinzutäuschen – gehört in mannigfacher Hinsicht ganz wesentlich zum Leben und zum Denken des dänischen Philosophen.

Nach der Reifeprüfung beginnt der junge Sören 1830 in Kopenhagen Theologie zu studieren, jedoch scheinen ihn die Philosophie des deutschen Idealismus und die Ästhetik der Romantik weit mehr beschäftigt zu haben.

---

1 Sören Kierkegaard, Die Schriften über sich selbst. Gesammelte Werke, hg. von Emanuel Hirsch und Hayo Gerdes. Gütersloh: GTB Siebenstern, 1979ff., S. 75

2 Sören Kierkegaard, Die Tagebücher, ausgewählt, neugeordnet und übersetzt von Hayo Gerdes, Düsseldorf-Köln: Diederichs, 1962ff., Bd. III, S. 296

3 Kierkegaard, Werke, Die Schriften über sich selbst, S. 79

4 Kierkegaard, Tagebücher III, S. 63

Kierkegaard schließt sein Studium nicht wie vorgesehen ab, sondern gerät 1834/35 in eine tiefe Krise. Im Herbst dieses Jahres erlebt er eine gravierende Erschütterung: das *große Erdbeben.* Kierkekaard, der wohl auch etwas von einem sexuellen Fehltritt seines Vaters wußte, hatte erfahren, daß sein Vater, als er in jungen Jahren allein und einsam Schafe hüten mußte, in seiner Not und Verlassenheit einmal Gott verflucht haben soll. Er ist überzeugt davon, daß dieser Fluch nun auf der Familie lastet, und daß alle Kinder, also auch er, vor dem Vater sterben werden. Er zieht am 1. September 1837 aus dem Hause seines Vaters aus und stürzt sich zumindest vordergründig in das Leben eines Kopenhagener Bohemiens. Am 11. August des Jahres 1838 geschieht aber, was nicht hätte geschehen sollen: Michael Pedersen stirbt, und Sören lebt. Vom Vermögen, das der Vater dem Sohn hinterläßt, wird Kierkegaard bis zu seinem Tode leben, ohne es irgendwie gewinnbringend anzulegen. Kierkegaard beendet nun sein Studium und verfaßt eine Dissertation *Über den Begriff der Ironie mit ständiger Rücksicht auf Sokrates.* In diese Zeit fällt aber auch die vielleicht wichtigste und folgenschwerste Entscheidung in Kierkegaards Leben: Am 10. September 1840 verlobt er sich mit der 17jährigen Regine Olsen, der Tochter eines Dezernenten in der Finanzhauptkasse.

Kierkegaard hatte das Mädchen schon zwei Jahre zuvor kennengelernt und nun nahezu überfallsartig um ihre Hand angehalten. Regine willigt nahezu sofort in die Verlobung ein: Doch schon nach zwei Tagen bereut er diesen Entschluß. Seine Schwermut, sein problematisches Vorleben, der Fluch, der auf der Familie lastet – all dies glaubt er, seiner Verlobten verheimlichen zu müssen, aber er will auch nicht mit solchen Verheimlichungen in eine Ehe treten. Er ringt sich zu der Überzeugung durch, das Verlöbnis lösen zu müssen. Ein Jahr lang quält sich Kierkegaard mit dieser Frage, um sich am 11. Oktober des Jahres 1841 von Regine zu trennen. Er sah nun das Mädchen kaum mehr, aber innerlich war Kierkegaard offenkundig um so heftiger mit der Frage beschäftigt, ob er recht gehandelt hatte. Er zieht sich zurück, lebt nahezu wie ein Mönch, und es beginnt eine Periode rastlosen Schreibens. In wenigen Jahren, zwischen 1842 und 1846 – die Phase der „ästhetischen Schriftstellerei" – entstehen seine philosophischen Hauptwerke, die er unter verschiedenen Pseudonymen veröffentlicht, begleitet von einer Reihe religiös motivierter *erbaulicher Reden,* die er mit seinem Namen kennzeichnet. Im *Tagebuch des Verführers,* einem Teil seiner eigentlichen Erstlingsschrift *Entweder-Oder,* die ihn sofort bekannt machte, in der romanhaften Abhandlung *Die Wiederholung* und in *Schuldig – Nicht schuldig? Eine Leidensgeschichte,* einem

Teil der umfangreichen Schrift *Stadien auf des Lebens Weg*, setzt sich Kierkegaard direkt mit dem Problem einer aufgelösten Verlobung aus verschiedenen Perspektiven auseinander. Man geht wohl nicht fehl, wenn man annimmt, daß sein Verhältnis zu Regine sein schriftstellerisches Werk überhaupt erst initiierte und inhaltlich über weite Strecken bestimmte. Trotzdem dürfen diese Bücher, die mit *Furcht und Zittern*, dem *Begriff Angst* und den *Philosophischen Brocken* und der dazugehörigen *Abschließenden unwissenschaftlichen Nachschrift* den Ertrag seiner Periode der ästhetisch-pseudonymen Schriftstellerei bilden, nicht nur als Ausdruck seiner individuellen Lebensprobleme angesehen werden. Kierkegaards Reflexionsvermögen erlaubte es ihm, gerade in der rückhaltlosen Analyse seiner selbst, im quasi versuchsweisen Einnehmen verschiedener Blickwinkel, zu jenen Dimensionen der Frage nach den Formen und Möglichkeiten der Existenz vorzudringen, die sein Werk, jenseits aller biographischen Anlässe, auch heute noch aktuell erscheinen lassen.

Eine Auseinandersetzung mit der kulturpolitisch wichtigen Zeitschrift *Der Corsar*, die *Entweder-Oder* noch enthusiastisch begrüßt hatte, führt dazu, daß Kierkegaard, 1846 im *Corsaren* durch eine Reihe bösartiger Karikaturen bloßgestellt, zum Gegenstand allgemeinen Gespötts wird. Das verschärft seine Einsamkeit, bestärkt ihn aber auch in seiner zunehmenden Kritik am Journalismus, dem Publikum, den kleinbürgerlichen Zuständen der Gesellschaft und der Verfassung der Christenheit überhaupt. In der nun einsetzenden Periode seiner „religiösen Schriftstellerei" geht es Kierkegaard neben der Kritik an den Zuständen der Kirche immer mehr um die theoretische Rekonstruktion eines wahren Christentums. In *Der Liebe Tun*, der *Krankheit zum Tode* – seinem wohl folgenreichsten Werk –, seiner *Einübung im Christentum* und einer Reihe von christlichen Reden verfolgt er dieses Unternehmen. In der Kirche seiner Zeit vermißt Kierkegaard einen Glauben, der in einer radikalen Entscheidung des Einzelnen, des Subjekts, zum Ausdruck kommen sollte und keiner institutionellen Absicherung bedürfte. Gegenstand seiner Kritik wird dabei immer mehr das Oberhaupt der dänischen Staatskirche, J. P. Mynster. Als dieser 1854 stirbt und von seinem Nachfolger Martensen in einer Gedächtnisansprache ein „Wahrheitszeuge" genannt wird, geht Kierkegaard zum offenen tagespolitischen Angriff über. In einem Artikel in der Zeitschrift *Faedrelandet* (Vaterland) denunziert er Mynsters Christentum als unchristlich, und ab Mai 1855 setzt er diese Kritiken an der Kirche in Form von Flugschriften fort, denen er den Titel *Der Augenblick* gab, in denen er die real existierende Christenheit als „die schauerlichste Art von Gotteslästerung" bezeichnete.[5] Am 2. Oktober 1855 bricht Kierkegaard auf offener Straße zusammen. Er ist in jeder Hinsicht am Ende. Die zehnte Nummer des *Augenblick* hatte das väterliche Vermögen, von dem er bisher gelebt hatte, vollständig aufgezehrt. Mittellos wird er in ein Hospital gebracht. Kierkegaard erklärt, das heilige Abendmahl nur von einem Laien entgegennehmen zu wollen, denn Pfarrer seien königliche Beamte und königliche Beamte seien dem Christentum nicht gemäß. Ohne den Segen der von ihm gehaßten Kirche stirbt Sören Kierkegaard am 11. November des Jahres 1855.

Als Schriftsteller debütierte Sören Kierkegaard, sieht man von seiner Dissertation und anderen Jugendschriften ab, mit dem Buch *Entweder-Oder*, das im Februar des Jahres 1843 erschien und sofort heftige Reaktionen provozierte. Dieses Werk, eine geniale Mischung aus Poesie, Philosophie, Ästhetik, Erotik und Ethik, über weite Strecken ironisch, ja satirisch gehalten, aber immer wieder versetzt mit grundlegenden Reflexionen, stellt wohl eines der seltsamsten und dennoch wichtigsten Bücher der philosophischen Weltliteratur dar. Wie bei kaum einem anderen Werk hat Kierkegaard in *Entweder-Oder* die Frage der Verfasserschaft mehrfach verschlüsselt und aufgespalten. Als Herausgeber fungiert ein gewisser Victor Eremita, der durch einen Zufall in den Besitz einiger voluminöser Manuskripte gekommen ist: die Papiere eines unbekannten, jungen Ästheten, A genannt, das geheimnisvolle *Tagebuch des Verführers*, als dessen Verfasser ein Johannes, mit Beinamen *der Verführer* erscheint, und die Papiere eines Gerichtsrats Wilhelm, auch B genannt, die sich offensichtlich an A richten. Gegenüber dem frivolen Ästhetizismus von A vertritt B die ernsthaften Prinzipien eines ethisch-sittlichen Lebens. In *Entweder-Oder* geht es also um die Kontroverse zwischen einer *ästhetischen* und einer *ethischen* Existenzform. Später wird Kierkegaard diese Möglichkeiten durch die *religiöse* Existenzform ergänzen. Die *ästhetische Lebensanschauung* von A wird in mehreren Texten entwickelt. Im Zentrum steht dabei eine Auseinandersetzung mit Mozarts *Don Giovanni*. Don Juan, der geniale Verführer, wird in seiner musikalischen Gestalt zum Inbegriff einer Lebensform, die dem Prinzip der erotischen Unmittelbarkeit und des Genusses gehorcht. Allerdings ist As ästhetische Lebensanschauung nicht unbedingt mit einem Hedonismus in eins zu setzen, dem es um die zügellose Befriedigung der Triebbedürfnisse geht, um blanke Lustmaximierung. Gerade in seiner Analyse des Don Juan zeigt A, daß die Vorstellung unmittelbaren Genusses nicht im Leben, sondern nur vermittelt über die Kunst, genauer die Musik, denk-

5 Kierkegaard, Werke, Der Augenblick, S. 126

bar ist. Don Juan verkörpert die Sinnlichkeit als Prinzip, er ist ein Genie der Sinnlichkeit, er ist *„die Inkarnation (Einfleischung) des Fleisches oder die Begeisterung des Fleisches aus des Fleisches eigenem Geist,*" und das bedeutet, daß seine *„Liebe nicht seelisch (ist), sondern sinnlich, und sinnliche Liebe ist nach seinen Begriffen nicht treu sondern schlechthin treulos, sie liebt nicht eine sondern alle, will heißen, sie verführt alle. Sie ist nämlich allein im Augenblick da, aber der Augenblick ist, begrifflich gedacht, Summe von Augenblicken, und damit haben wir den Verführer.*"[6]

Der *Augenblick*, eine für Kierkegaard in verschiedenen Kontexten zentrale Kategorie, erscheint hier als die Zeit negierende Dimension einer Sinnlichkeit, die ethisch nicht belangt werden kann, weil sie Zeit schlechthin suspendiert. Damit aber ist die Voraussetzung aller moralischen Kritik – eine beurteilbare Absicht – ebenso gefallen wie die Möglichkeiten eines später sich einstellenden Schuldgefühls und von Reue. Wenn nur der Moment zählt, gibt es kein Vorher und kein Nachher, damit aber auch keine einklagbare Verantwortlichkeit. Die verführende Kraft des Don Juan liegt genau im Überwältigenden des Augenblicks selbst – und dies ist das Geheimnis der Kraft von Sinnlichkeit überhaupt: Sie kennt kein Davor und kein Danach, damit keine Rücksicht, aber auch keine Konsequenzen. Sie ist reine Unmittelbarkeit. Die Musik bietet sich als Ausdrucksform der Sinnlichkeit geradezu mit Notwendigkeit an.

Das Gegenstück zu Don Juan bildet *Johannes der Verführer*, der Verfasser des *Tagebuchs*. Er stellt den Typ des *reflektierten Verführers* dar, er verkörpert am ehesten eine bewußt ästhetizistische Lebensform. Das Tagebuch, in das Kierkegaard eigene Tagebuchaufzeichnungen und Briefe eingearbeitet hat, verzeichnet minutiös die Schritte und Überlegungen, die Johannes anstellt, um ein junges Mädchen, Cordelia, zu verführen. Seine oberste Maxime dabei ist, daß die Verführung nach allen Regeln der Kunst und des Geschmacks, also nach ästhetischen Gesichtspunkten erfolgen soll. Verschiedene Strategien verwirft er, weil sie ihm zu plump, zu wenig elegant, zu wenig raffiniert erscheinen. Er nimmt sich Zeit für die Verführung, konzentriert sich ganz auf sein Opfer, versucht ihr Inneres zu ergründen, um sie sicher in der Hand zu haben. Diese Aufmerksamkeit, die er seinem Opfer entgegenbringt, erlaubt es ihm sogar, zynisch davon zu sprechen, daß er Cordelia liebt: *„Liebe ich Cordelia? ja! aufrichtig? ja! – in ästhetischem Sinne, und das hat doch wohl etwas zu bedeuten. Was hätte dieses Mädchen davon, wenn sie in die Hände eines Plump-*

6 Kierkegaard, Werke, Entweder-Oder I/1, S. 93ff.

sacks von treuem Ehemann gefallen wäre? Was wäre denn aus ihr geworden? Nichts. Man sagt, es gehöre ein bißchen mehr als Ehrlichkeit dazu, um durch die Welt zu kommen; ich möchte sagen, es gehöre ein bißchen mehr als Ehrlichkeit dazu, ein solches Mädchen zu lieben. Dies Mehr besitze ich – es ist Falschheit. Gleichwohl liebe ich sie treu. Streng und enthaltsam wache ich über mir selbst, auf daß alles, was an ihr liegt, die ganze reiche göttliche Natur in ihr, zur Entfaltung kommen möge. Ich bin einer der Wenigen, die das zu tun vermögen, sie ist eine der Wenigen, die sich dazu eignen; passen wir dann nicht zueinander?"[7] Das höchste Ziel seiner Verführungskunst ist daher, die Sache so zu arrangieren, daß das Mädchen glaubt, sich aus Freiheit hinzugeben, selbst die Verführerin zu sein. Johannes erreicht über einen komplizierten Umweg sein Ziel. Danach verläßt der kalte Verführer die Unglückliche sofort. Nachdem das Ziel erreicht wird, hört das Mädchen auf, für den Verführer interessant zu sein. Sie wird langweilig, und der ästhetisch reflektierte Verführer, der weiß, daß Langeweile der Tod aller Kunst ist, wendet sich neuen Reizen und Abenteuern zu.[8]

Der zweite Teil von *Entweder-Oder* besteht aus den Papieren des Gerichtsrats Wilhelm (B). In diesen umfangreichen Aufzeichnungen wird der Versuch unternommen, die ästhetische Existenz aus der Perspektive eines notwendigen ethischen Anspruchs, den kein Mensch, sofern er geistiges Wesen ist, hintergehen kann, zu kritisieren. Für den Gerichtsrat ist es das Ethische, das erst so etwas wie Bewegung, Dynamik, Entwicklung, damit aber auch Schuld und Verantwortung in das Leben eines Menschen bringt. Der ästhetische Mensch ist der Beliebigkeit des Augenblicks unterworfen; damit aber ist er auf seine unmittelbare Subjektivität zurückgeworfen, das heißt: er bleibt einsam; der ethische Mensch jedoch versucht, sein Leben in der Gemeinschaft zu strukturieren, ihm durch soziale Verbindlichkeiten Sinn und Gewicht zu geben: „*Wer ästhetisch lebt, ist der zufällige Mensch, er glaubt, der vollendete Mensch dadurch zu sein, daß er der einzige Mensch ist; wer ethisch lebt, arbeitet darauf hin, der allgemeine Mensch zu werden.*“[9] Das Allgemeine jedoch ist nicht nur die Institution gewordene Verbindlichkeit, wie Ehe oder Staat, sondern das Allgemeine als Vernünftiges ist für B Ausdruck des Menschseins an sich. Indem der Mensch Geist hat und damit die Fähigkeit, sich selbst und die Welt als Allgemeines zu fassen, muß der Ästhet, der diese Verbindlichkei-

7 Kierkegaard, Werke, Entweder-Oder I/2, S. 415

8 Vgl. dazu auch Konrad Paul Liessmann, Ästhetik der Verführung. Kierkegaards Konstruktion der Erotik aus dem Geiste der Kunst. Frankfurt/Main: Hain, 1991

9 Kierkegaard, Werke, Entweder-Oder II/2, S. 273

ten des Denkens nicht akzeptieren will, letztlich mit sich selbst in Konflikt kommen. Diesen Konflikt zwischen einer unmittelbaren subjektiven Sinnlichkeit und den diese Sinnlichkeit transzendierenden Ansprüchen des Geistes nennt B die eigentliche *Schwermut*. „*Was also ist Schwermut? Sie ist des Geistes Hysterie. Es kommt da im Leben des Menschen ein Augenblick, da die Unmittelbarkeit gleichsam reif geworden ist, und da der Geist eine höhere Form heischt, da er sich selber als Geist ergreifen will.*“[10] Der ästhetische Mensch, der dieser Bewegung des Geistes nicht nachgeben kann, muß, so B, in Verzweiflung enden. Und der entscheidende Grund dafür ist, daß er auf etwas aufbaut – und dies charakterisiert alle Kunst –, was sowohl sein wie nicht sein kann. Der ethische Mensch jedoch baut nicht auf den Möglichkeiten ästhetischer Entwürfe auf, sondern auf der Faktizität und Notwendigkeit des sittlichen Lebens. B erkennt also, daß in der Betonung der *Form* einer Handlung immer schon eine Beliebigkeit gegenüber dem moralisch bewertbaren Inhalt derselben gegeben ist. Deshalb stehen auch das Böse und das Ästhetische in einem Naheverhältnis: „*Übrigens wirkt das Böse vielleicht nie verführerischer, als wenn es solchermaßen unter ästhetischen Bedingungen auftritt; es gehört ein hohes Maß ethischen Ernstes dazu, das Böse nie unter ästhetischen Kategorien begreifen zu wollen.*“[11] Selten ist im 19. Jahrhundert vor Nietzsche der amoralische Charakter des Ästhetischen, und damit der Kunst, so klar ausgesprochen worden wie in dieser Kritik des Gerichtsrates Wilhelm an der ästhetischen Lebensanschauung und Existenz seines Freundes A.

In *Entweder-Oder* war es Kierkegaard zentral um die Frage nach den Möglichkeiten einer ästhetischen oder ethischen Existenz gegangen. Der Begriff der Existenz, des Existierens wird ihm überhaupt zur wichtigsten Kategorie werden. Für Kierkegaard ist diese aber keine Abstraktion, sondern überhaupt nur als das Dasein des Einzelnen thematisierbar. Immer wieder kehren seine Reflexionen zu der Frage zurück, was das Leben des Menschen in seiner unmittelbaren Daseinsweise bestimmt, welche Dimensionen diese Existenz bestimmen. Bei der Reflexion dieser Frage erweist es sich aber, daß die Möglichkeiten der Existenz selbst schon eine paradoxale, eine widersprüchliche Struktur aufweisen. So versuchte Kierkegaard zu zeigen, daß eine wesentliche Dimension des Daseins die *Angst* ist – ein Gedanke, der in der existentialistischen Philosophie des 20. Jahrhunderts, die ja ohne Kierkegaard undenkbar ist, von besonderer Bedeutung sein wird. Kierkegaard selbst ist diesem Pro-

---

10 Kierkegaard, Werke, Entweder-Oder II/2, S. 201
11 Kierkegaard, Werke, Entweder-Oder II/2, S. 241

blem in einer 1844 veröffentlichten Schrift nachgegangen: *Der Begriff Angst.* Er wählte auch für dieses Buch ein Pseudonym: *Vigilius Haufniensis*, ein sprechender Name, den man mit *Beobachter* oder *Wächter Kopenhagens* übersetzen könnte. Dieser Text gibt sich die Form einer strengen wissenschaftlichen Abhandlung mit systematischem Aufbau, konsequent nach Paragraphen gegliedert – aber dies könnte auch eine Kierkegaardsche Ironie sein.

Seiner Studie über den Begriff der Angst hat Kierkegaard den Untertitel *Eine schlichte psychologisch-andeutende Überlegung in Richtung auf das dogmatische Problem der Erbsünde* gegeben. Diese Koppelung einer psychologischen Analyse der Angst mit dem Problem der Erbsünde mag auf den ersten Blick erstaunlich sein. Kierkegaard benützt die biblische Geschichte Adams, um einige grundsätzliche *anthropologische* Voraussetzungen zu klären. Kierkegaard nimmt dabei den Zusammenhang zwischen Menschwerdung und Sündenfall ernst, wobei er sich keine Mühe gibt, die Sünde selbst erklären zu wollen: „*Die Sünde ist durch die Sünde in die Welt gekommen. Wäre dem nicht so, so wäre die Sünde hineingekommen als etwas Zufälliges, und das zu erklären, soll man sich wohl hüten [...] Die Sünde kommt also hinein als das Plötzliche, d. h. durch den Sprung [...] Dies ist dem Verstand ein Ärgernis.*“[12] Der Sündenfall muß unter diesem Gesichtspunkt, der eine externe Verführung zur Sünde ausschließt, ein logisches Paradoxon bleiben, das nicht nur für Adam gilt, sondern sich an jedem Menschen wiederholt. Kierkegaard hat, abseits aller Theologie, dieses Paradoxon in seiner ganzen Schärfe und unnachahmlich formuliert: „*Also gleichwie Adam durch die Schuld die Unschuld verloren hat, gerade so verliert sie jeder Mensch. Verlor er sie nicht durch Schuld, so verlor er auch nicht die Unschuld, und war er nicht unschuldig, ehe denn er schuldig ward, so wurde er niemals schuldig.*“[13] Die Dialektik von Schuld und Unschuld läßt sich also nicht auflösen oder genetisch erklären – und doch wird aus ihr die gesamte Angst-Problematik erwachsen.

Die Genauigkeit, mit der Kierkegaard dann die einzelnen Etappen des Sündenfalls reflektiert, ist bewundernswert. Kierkegaard geht dabei von der so naheliegenden und doch so selten gedachten Überlegung aus, daß das Verbot Gottes, vom Baum der Erkenntnis zu essen, für Adam eigentlich sinnlos bleiben muß, weil sein Verständnis schon seine Übertretung voraussetzt: „*Das Verbot ängstigt [Adam], weil das Verbot die Möglichkeit der Freiheit in ihm weckt. Was an der Unschuld vorübergestreift ist als das Nichts der Angst, das ist*

12 Kierkegaard, Werke, Der Begriff Angst, S. 29
13 Kierkegaard, Werke, Der Begriff Angst, S. 33

nun in ihn selbst hineingetreten, und ist hier wiederum ein Nichts, die ängstigende Möglichkeit zu können." Hier wird der Zusammenhang von Geist und Angst auf einen entscheidenden Begriff gebracht: Freiheit. Das Verbot weckt nicht, wie eine Trivialpsychologie es nahelegt, die Lust, es zu übertreten, sondern das Verbot signalisiert die vorerst noch abstrakte Möglichkeit, überhaupt etwas zu *können*. Das Unverständnis garantiert, daß die Möglichkeit als reine Möglichkeit am Horizont der Erfahrung Adams auftaucht. In verschärfter Form wiederholt sich dieses Aufblitzen von Freiheit nach der Ankündigung Gottes, welche Konsequenz das Übertreten des Verbots, vom Baume der Erkenntnis zu essen, haben würde: *So wirst du gewißlich des Todes sterben*. Und wieder geht Kierkegaard davon aus, daß der paradiesische Adam nicht begreifen kann, was es heißen soll zu sterben – bestenfalls können diese Worte ein unbestimmtes „*Entsetzen*" in ihm auslösen, das wiederum nichts anderes sein kann als „*die Zweideutigkeit der Angst*", die nun allerdings eine subtile, aber unaufhaltsame Dynamik ins Spiel bringt: „*Die unendliche Möglichkeit zu können, die durch das Verbot geweckt wurde, rückt jetzt dadurch näher, daß diese Möglichkeit eine Möglichkeit als ihre Folge aufzeigt.*"[14]

Sehr genau reflektiert Kierkegaard dann das Problem, wie aus einer reinen Möglichkeit eine Wirklichkeit werden kann. Er stellt sich die Frage, was es bedeutet, daß überhaupt eine Möglichkeit am Horizont des Handelns auftauchen kann. Keine Möglichkeit kann unmittelbar in die Wirklichkeit umgesetzt werden. Dort, wo das Bewußtsein herrscht, daß etwas getan werden könnte, das aber nicht getan werden muß, weil es nicht notwendig, nur möglich ist, drückt sich dies als eine *Angst* aus, die genau jenen Punkt markiert, wo zwar eine *Freiheit* zum Handeln besteht, aber diese Freiheit sich noch nicht als Entscheidung durchgesetzt hat. Die Angst indiziert eine Freiheit, die sich noch keine inhaltliche Bestimmung gegeben hat. Wenn aber gehandelt worden ist – in der Terminologie von Kierkegaard: der Sündenfall eingetreten ist – gibt sich die Freiheit auf in der nun gesetzten Wirklichkeit, die vorher Möglichkeit gewesen war. Den Schritt zurück gibt es dann nicht mehr. Nach einer Handlung mit ihren verpflichtenden Folgen mag zwar die Angst weg sein, aber man weiß auch, daß man nur vorher frei gewesen war. Man könnte auch sagen, daß die Angst die einzige Form ist, in der Freiheit als Freiheit tatsächlich *erfahren* werden kann. Und mit einem beeindruckenden Bild beschreibt Kierkegaard einmal diese Angst als den *Schwindel der Freiheit*.

---

14 Kierkegaard, Werke, Der Begriff Angst, S. 42f.

Die Möglichkeit von Freiheit als reines Können ist die Möglichkeit der Sünde. Ihre Erscheinungsform aber, in der sie dem Subjekt sich mitteilt, ist die Angst. Nimmt man so mit Kierkegaard die Sünde als eine Form, frei zu sein, so behauptet diese Analyse, quer zu den gängigen psychologischen Paradigmen des 20. Jahrhunderts, daß die entscheidenden Beweggründe des Handelns nicht begreiflich sind – weil es im strengen Sinn keine *Gründe* für ein Handeln gibt. Erst diese radikale Fassung eines Handlungsbegriffs, der aus keinem allgemeinen Prinzip mehr ableitbar ist, konstituiert überhaupt erst Individualität: „*Der Begriff Sünde und Schuld setzt eben den Einzelnen als den Einzelnen.*“[15] Kierkegaard deutet damit eine ebenso bedenkliche wie bedenkenswerte These an: Daß die Auflösung aller individuellen Schuld in ein abstrakt Allgemeines – ob dies nun eine psychologische Motivationstheorie oder die Gesellschaft ist – den Einzelnen vielleicht *entlasten* mag, aber *als Einzelnen* auch zum Verschwinden bringt. Individualität, Freiheit und damit die Möglichkeit, schuldig zu werden, stehen so für Kierkegaard in einem untrennbaren Zusammenhang – und er weiß, daß in der Immanenz des irdischen Daseins dieser Zusammenhang nicht aufzulösen sein wird. Erst der *Sprung* in eine andere, eine religiöse Form der Existenz könnte nach Kierkegaard diese Frage beantworten.

Trotz dieser radikalen Individiualisierung des Zusammenhangs von Freiheit und Schuld stellt sich auch für Kierkegaard die Frage nach der Geschichtlichkeit des Menschen. Anders aber als Marx kommt er bei seiner Auseinandersetzung mit Hegel zu einer radikalen Kritik des Begriffs der Geschichte. Diese findet sich einer kleinen, seltsamen, ebenfalls 1844 erschienen Schrift: *Philosophische Brocken oder Ein Bröckchen Philosophie von Johannes Climacus, herausgegeben von S. Kierkegaard.* In diese Schrift hat Kierkegaard ein Zwischenspiel eingestreut, das zu den glänzendsten Satyrstücken der Philosophie des 19. Jahrhunderts gehört: *Hat das Vergangene größere Notwendigkeit als das Zukünftige? oder Ist das Mögliche damit daß es wirklich geworden ist notwendiger geworden als es gewesen ist?* Hinter dem gespreizten Titel, der manche dazu verführt haben mag, das ganze Stück als schwierig und sehr ernst einzustufen, verbirgt sich, hübsch in Paragraphen gegliedert, eine gleichermaßen tiefsinnige wie bissige Kritik an Hegels Geschichtsphilosophie, die dennoch auf wenigen Seiten imstande ist, Kierkegaards eigene Auffassung von Geschichte zu exponieren. Gerade dieses philosophische Meisterstück gewinnt in geschichtlich bewegten Zeiten womöglich eine Aktualität, die weit

15 Kierkegaard, Werke, Der Begriff Angst, S. 100

über seine Stellung in den *Brocken* hinausragt. Kierkegaard beginnt gleich mit einem Hegelschen Zentralbegriff: dem *Werden* – also mit jener Kategorie, in der Geschichte sich fundieren muß. Die „*Veränderung des Werdens*", so Kierkegaard, sei der „*Übergang von der Möglichkeit zur Wirklichkeit*", wobei die Möglichkeit als ein „*Sein, welches dennoch ein Nicht-Sein ist*", definiert wird, die Wirklichkeit als ein „*Sein, welches Sein ist*". Das Notwendige aber „*kann überhaupt nicht verändert werden*", denn es wird nicht, sondern ist. Das bedeutet nicht weniger, als daß alles, was wird, eben durch sein Werden zeigt, „*daß es nicht notwendig ist*".[16] Die Veränderung des Werdens, der Schritt von der Möglichkeit zur Wirklichkeit, der einer Vernichtung der Möglichkeit als Möglichkeit gleichkommt, entsteht also nicht aus Notwendigkeit, sondern, wie schon *Der Begriff Angst* nahelegte, aus Freiheit: „*Alles Werden geschieht durch Freiheit, nicht aus Notwendigkeit; nichts Werdendes wird aus einem Grunde; alles aber aus einer Ursache. Jegliche Ursache entspringt letztlich in einer freiwirkenden Ursache.*" Kierkegaard differenziert also zwischen Ursache und Grund, wobei der Grund den Charakter einer naturgesetzlichen Notwendigkeit hätte, während Ursachen die nicht notwendigen Voraussetzungen eines Werdens oder einer Handlung genannt werden können. Die letzte Ursache allen Handelns bleibt unbegründet, also Freiheit. Geschichtliche Handlungen haben so ihre Ursachen, die sich auch rekonstruieren lassen, aber sie haben keinen gesetzmäßigen Grund.

Mit den so gewonnenen begrifflichen Bestimmungen entwickelt Kierkegaard nun seine Theorie der Geschichte, deren Prämisse lautet: „*Alles was geworden ist, ist eben damit geschichtlich.*" Das heißt aber auch, daß es in der Geschichte keine Notwendigkeit gibt. Zwar gilt: „*Was immer geschehen ist, ist geschehen, kann nicht wieder zurückgerufen werden; somit auch nicht umgeändert werden.*" Aber diese Unveränderlichkeit des Geschehenen, also der Vergangenheit, stellt keine Notwendigkeit dar – es hätte auch anderes werden können. Was aber für das Vergangene gilt, gilt auch für das Zukünftige – es wird nicht mit Notwendigkeit geschehen: „*Das Zukünftige voraussagen zu wollen (prophezeien) und die Notwendigkeit des Vergangenen verstehen wollen, ist ganz und gar das Gleiche, und nur die Mode macht, daß einem Geschlecht das eine beifallswürdiger erscheint als das andre.*" Vergeblich jedoch sind beide Bemühungen. Wäre es anders, gäbe es also die erkennbare notwendige Gesetzmäßigkeit in der Geschichte, dann wären Freiheit und Werden bloße Einbildungen: „*Die Freiheit würde Hexerei, das Werden blinder Lärm.*" Daß

16 Dieses und die folgenden Zitate: Kierkegaard, Werke, Philosophische Brocken, S. 70ff.

Kierkegaard dem historischen Werden die Notwendigkeit abspricht, hat selbstredend entscheidende Konsequenzen für eine Theorie des historischen Wissens. Für Kierkegaard ist es klar, daß, wer immer das Vergangene erkennen wollte, ein *„rückwärts gewandter Prophet“* ist.[17] Anders formuliert: Es kann kein sicheres Wissen von der Geschichte geben, oder, noch radikaler: Es kann überhaupt kein *Wissen* von der Geschichte geben.

Will man die Vergangenheit nicht skeptisch in Schwebe halten, sind alle Aussagen über sie Formen des Glaubens – alle Quellen, Indizien, Berichte und Funde können daran nichts ändern.

In der *Abschließenden unwissenschaftlichen Nachschrift zu den philosophischen Brocken* hat Kierkegaard diese Fragestellung erheblich differenziert und erweitert und ist dabei zu einer ausdrucksstarken Analytik des Daseins vorgedrungen. Die *Nachschrift* enthält vielleicht die radikalste Apologie von Subjektivität, die die Moderne entwickelt hat. Kierkegaard sieht einen fundamentalen Widerspruch zwischen der Subjektivität eines gelebten Lebens und den Ansprüchen eines objektiven logischen Denkens. Aus dieser Differenz zwischen den subjektiven Formen des Daseins – und anders ist menschliches Dasein nicht denkbar – und subjektunabhängigen, verallgemeinerbaren Objektivationen des Geistes folgert Kierkegaard, daß es zwar ein *„logisches System“*, nicht aber ein *„System des Daseins“* geben kann. Logik und Leben passen nicht zusammen. Diese Überlegung führt Kierkegaard, der weiß, daß die Logik letztlich ein unter ganz bestimmten Voraussetzungen „konstruiertes“ System ist, zu einer wichtigen Bestimmung desselben: *„In ein logisches System darf nichts aufgenommen werden, was ein Verhältnis zum Dasein hat, was nicht gegen die Existenz gleichgültig ist. Das unendliche Übergewicht, das das Logische dadurch, daß es das Objektive ist, über alles Denken hat, wird wieder dadurch begrenzt, daß es subjektiv gesehen eine Hypothese ist, gerade weil es im Sinne der Wirklichkeit gleichgültig gegen das Dasein ist.“*[18]

Das Dasein jedoch entzieht sich aller Objektivierung, denn *„der Existierende ist beständig im Werden“*. Die Verzeitlichung macht jede Existenz prinzipiell unfertig, auch wenn das *„Trügerische dieser Unendlichkeit“* darin besteht, daß *„in jedem Augenblick die Möglichkeit des Todes vorhanden ist“*. Das Dasein, die Existenz eines Menschen kann zwar durch den Tod beendet werden, das heißt, sie hört auf zu existieren, aber solange das Dasein ist, läßt sich kein Punkt angeben, von dem sich sagen ließe, es ist vollendet: *„Dies stete Im-Wer-*

---

17 Kierkegaard, Werke, Philosophische Brocken, S. 76

18 Kierkegaard, Werke, Nachschrift I, S. 101ff.

den-Sein ist der Unendlichkeit Hinterlist gegen das Dasein. Es kann den sinnlichen Menschen zur Verzweiflung bringen, denn man fühlt doch ständig den Drang, etwas Fertiges zu haben; aber dieser Drang ist vom Übel, und man muß ihm absagen. Das unaufhörliche Werden ist die Ungewißheit des Erdenlebens, worin alles ungewiß ist.“[19] Ein abgeschlossenes System des Daseins kann es wohl geben – aber nur für Gott, nie für irgendeinen existierenden menschlichen Geist. Hegels Hoffnung, daß der Mensch sich diese Totalität vergegenwärtigen könnte, war hybrid. Lebendiges Dasein und logisches System lassen sich nicht zusammendenken. Und daraus folgt Kierkegaards fundamentaler Satz: „*Die Wahrheit ist die Subjektivität.*“[20]

Subjektivität aber ist bei Kierkegaard eine höchst gefährdete Kategorie. In seinem, zumindest dem Titel nach wohl bekanntesten Buch *Die Krankheit zum Tode. Eine psychologische Erörterung zur Erbauung und Erweckung* aus dem Jahre 1849 hat Kierkegaard diese Gefährdung, diese Ausgesetztheit des modernen Menschen mit jener Intensität analysiert, ohne die der Existentialismus des 20. Jahrhunderts undenkbar gewesen wäre. Kierkegaard geht es in diesem Buch um die Analyse einer für ihn zutiefst existentiellen Kategorie: der *Verzweiflung*. Verzweiflung bei Kierkegaard ist mehr als die Schwermut, mehr als die Melancholie, ist auch nicht das, was später Depression genannt werden wird. Verzweiflung ist auch nicht Wahn, führt aber an diesen nah, ganz nah heran. Aber, und dies macht die Sache so interessant, als existentielle Kategorie ist diese Verzweiflung nicht das Pathologische, sondern geradezu das Normale.

Der Mensch kann nach Kierkegaard nicht einheitlich gedacht werden. Er ist, mit den Worten des Dänen, eine Synthese, eine Einheit aus einander widersprechenden Prinzipien, Anlagen und Fähigkeiten. Kierkegaard faßt diese durchaus philosophisch auf. Er schreibt: „*Der Mensch ist eine Synthesis von Unendlichkeit und Endlichkeit, von dem Zeitlichen und dem Ewigen, von Freiheit und Notwendigkeit.*“[21] Eine Form der Verzweiflung besteht nun darin, daß es dem Menschen nicht gelingt, zwischen diesen Polen eine Einheit herzustellen, sondern sich in die eine oder andere Richtung verliert. Betrachtet man zum Beispiel die Komponenten Unendlichkeit/Endlichkeit, so zeigt sich die Verzweiflung der Unendlichkeit dann, wenn der Mensch der Endlichkeit ermangelt. Was heißt das aber? Der Mensch schweift ab in das Grenzenlose,

19 Kierkegaard, Werke, Nachschrift I, S. 74ff.
20 Kierkegaard, Werke, Nachschrift I, S. 179
21 Kierkegaard, Werke, Die Krankheit zum Tode, S. 8

in das Phantastische. Der Mensch, der an seiner Unendlichkeit verzweifelt, ist derjenige, der nur in der Welt der Phantasie, im Reich der unendlichen Möglichkeiten lebt und deshalb nicht zu sich selbst kommen kann: „*Das Phantastische ist überhaupt dasjenige, was einen Menschen dergestalt ins Unendliche hinausführt, daß es ihn lediglich von ihm selber fortführt und ihn dadurch abhält zu sich selbst zurückzukehren.*“[22]

Mangelt es hingegen den Menschen an Unendlichkeit, gibt es also überhaupt keine Phantasien, kein Überschreiten der Grenzen im Geiste, dann ist das Resultat eine „*verzweifelte Begrenztheit, Borniertheit*“. Ja, auch die Borniertheit ist eine Form der Verzweiflung, die es allerdings erlaubt, „*recht gut […] in der Zeitlichkeit dahinzuleben, dem Anschein nach Mensch zu sein, von anderen gepriesen zu werden, Ehre und Ansehen zu haben, mit allen Vorhaben der Zeitlichkeit beschäftigt. Ja eben das, was man die Weltlichkeit nennt, besteht aus lauter solchen Menschen, welche sich, wenn man so sagen darf, der Welt verschreiben.*“ Hinter dieser Fassade aber lauert die Verzweiflung aus Beschränkung.

Mißlingt andererseits die Synthese zwischen Möglichkeit und Notwendigkeit, ergeben sich für Kierkegaard wiederum zwei Formen der Verzweiflung: „*Läuft die Möglichkeit nun die Notwendigkeit über den Haufen, so daß das Selbst in der Möglichkeit sich selber entläuft, so daß es nichts Notwendiges hat, zu dem es zurück soll: dann ist dies die Verzweiflung der Möglichkeit.*“ Menschen, die an dieser Verzweiflung leiden, erscheint mehr und mehr möglich, sie könnten dies, aber auch jenes tun, sie überstürzen sich in Plänen, Projekten, Vorhaben, aber was ihnen fehlt, wozu sie nie kommen, ist: Wirklichkeit. Denn mit der Wirklichkeit, mit der Realisation eines Planes, käme die Notwendigkeit, die Verpflichtung. Aber anstatt eine Möglichkeit zurückzunehmen in diese Notwendigkeit, läuft solch ein Mensch der Möglichkeit nach – „*und zuletzt kann er nicht mehr zu sich zurückfinden*“. Dominiert hingegen die Wirklichkeit, mangelt es dem Selbst an Möglichkeiten, so drückt sich die Verzweiflung darin aus, daß einem entweder alles als notwendig erscheint – das heißt, man wird Determinist oder Fatalist – oder es wird einem alles zur Trivialität. Der Determinist und der Fatalist sind verzweifelt, weil sie ihre Subjektivität, zu der das Entwerfen von Möglichkeiten unabdingbar gehört, verloren haben – solch einer fühlt sich von außen (Natur, Geschichte, Gott) vollkommen bestimmt. Etwas anders verhält es sich nach Kierkegaard mit der Trivialität: sie ist die Verzweiflung des Spießbürgers: „*Spießbürgerlichkeit ist*

22 Dieses und die folgenden Zitate: Kierkegaard, Werke, Die Krankheit zum Tode, S. 27ff.

Geistlosigkeit, Determinismus und Fatalismus ist Geistesverzweiflung; jedoch Geistlosigkeit ist gleichfalls Verzweiflung."

Die Verzweiflung kann und wird allerdings noch tiefer gehen. In einer berühmt gewordenen Passage der *Krankheit zum Tode* hat Kierkegaard den Menschen als „Geist" bestimmt und dann weitergefragt: „*Was aber ist Geist? Geist ist das Selbst. Was aber ist das Selbst? Das Selbst ist ein Verhältnis, das sich zu sich selbst verhält.*"[23] Genau das, so könnte man sagen, ist das eigentliche Problem. Wir sind keine Einheit, sondern ein Verhältnis. Der Mensch ist das Wesen, das sich zu sich selbst verhalten kann. Deshalb aber ist er nie bei sich. Und dieses tendenzielle stets Außer-sich-Sein fundiert die Verzweiflung in ihrer peinigendsten Form. Denn die Identität im Selbst ist ohne Nicht-Identität nicht denkbar. Wer seine Identität sucht, hat offenbar vorerst einmal etwas verloren. Kierkegaard beschreibt dies mit eindringlichen Worten: „*Verzweiflung ist eine Krankheit im Geist, im Selbst, und kann somit ein Dreifaches sein: verzweifelt sich nicht bewußt sein ein Selbst zu haben (uneigentliche Verzweiflung); verzweifelt nicht man selbst sein wollen; verzweifelt man selbst sein zu wollen.*" Es geht dabei also um die mißlingende Selbstgewinnung des Menschen, ein Mißlingen, das in der Struktur seines Geistes seine eigentliche Wurzel hat. Auch wenn man glaubt, man verzweifelt *über etwas*, verzweifelt man eigentlich, so Kierkegaard, immer *an sich selbst* – verzweifelt man aber an sich, dann findet das seinen Ausdruck darin, daß man „*sich nun selber los sein [will]*". Kierkegaard demonstriert dies plastisch an jenem Herrschsüchtigen, dessen Losung ist: *Entweder Caesar oder gar nichts.* Wird dieser Herrschsüchtige nun nicht Caesar, dann verzweifelt er darüber – aber dies bedeutet, „*daß er, eben weil er nicht Caesar geworden ist, es nun nicht aushalten kann er selbst zu sein.*" Wäre er aber Caesar geworden, wäre er auch nicht er selbst geworden – denn er war nicht Caesar –, sondern nur ein anderer, er wäre „*verzweifelt sich selbst los geworden*". Der so Verzweifelnde will „*verzweifelt nicht [er] selbst sein*".

Es ist dies die Verzweiflung der Schwachheit: „*Verzweifelt ein andrer sein wollen als man selbst, ein neues Selbst sich wünschen.*"[24] Es ist vielleicht gar keine allzu gewagte Vermutung, daß unter den Stichworten „Identitätskrise" und „Selbstfindung" heute genau diese Form der Verzweiflung abgehandelt wird, ja, diese Form der Verzweiflung ist geradezu zu einem marktgängigen und zukunftsträchtigen Programm einer ganzen Kultur geworden. Ein Un-

23 Dieses und die folgenden Zitate: Kierkegaard, Werke, Die Krankheit zum Tode, S. 8ff.

24 Dieses und die folgenden Zitate: Kierkegaard, Werke, Die Krankheit zum Tode, S. 51ff.

zahl von durch Werbung und Medien affichierten Menschenbildern suggeriert förmlich den Wunsch, ein anderer werden zu müssen. Solch ein Verzweifelter, das wußte schon Kierkegaard, glaubt in der Tat, die Vertauschung des Selbst *„könne so leicht vor sich gehen wie das Wechseln eines Rockes"*. Und er kommentiert, noch immer gültig: *„Es gibt sicherlich nicht leicht eine Verwechslung, die lächerlicher wäre. Denn ein Selbst ist geradezu unendlich verschieden von der Äußerlichkeit."* Und doch, bei aller Lächerlichkeit, ist es eine Form der Verzweiflung, ein *Leiden* an seinem Selbst.

Das komplementäre Gegenstück zu diesem Leiden an sich selbst ist die *„Verzweiflung, verzweifelt man selbst sein zu wollen."* Es ist dies nicht Schwachheit, sondern verzweifelte Selbstbehauptung, also: Trotz. Die Schwachheit selbst ist es, die in Trotz umschlagen kann. Der Verzweifelte wird sich bewußt, daß er nicht er selbst sein will – *„dann schlägt es um, dann ist der Trotz da, denn dann ist es eben deshalb, weil er verzweifelt er selbst sein will."* Solche Selbstbehauptung, die eines wirklichen Selbst entbehrt, bleibt allerdings schal und leer, das Selbst ist zwar *„sein eigner Herr"*, aber dabei ein *„König ohne Land"*, es baut sich *„Luftschlösser"* und führt *„fort und fort bloße Lufthiebe"*. Dieser Trotz, verzweifelt man selbst sein zu wollen, kann dann verschiedene Formen annehmen: etwa die *Resignation*, in der ein Selbst verzweifelt ein Selbst sein will, die Vergeblichkeit einsieht und doch nicht abläßt davon; oder die des dämonischen Wahnsinns, in dem ein Selbst sich auf diese Qual dann mit seiner ganzen Leidenschaft wirft, trotzig jede Form von Erlösung von sich weisend: *„O, dämonischer Wahnsinn, am allermeisten rast er bei dem Gedanken, daß es der Ewigkeit in den Sinn kommen möchte, sein Elend von ihm zu nehmen."*[25] Damit allerdings ist die Verzweiflung endgültig in Wahnsinn umgeschlagen.

Die Verzweiflung, die Ver-rückung, das Hängenbleiben im Außer-sich-Sein, in Phantasiewelten, bei fixen Ideen: all das ist Resultat und Konsequenz einer Krankheit des Selbst. Und niemand ist davor gefeit, denn niemand lebt in einem ungebrochenen Selbstsein. Die Notwendigkeit, sein Selbst, seine Identität, erst bilden zu müssen, trägt den Keim der Verzweiflung immer schon in sich.

---

25 Kierkegaard, Krankheit zum Tode, S. 72f.

9. Vorlesung

Friedrich Nietzsche – Der tote Gott

Die meisten der von uns als wichtig bezeichneten Denker des 19. Jahrhunderts hatten im Grunde alle ein Problem mit der Philosophie. Man könnte die Philosophien des 19. und 20. Jahrhunderts auch als Versuche beschreiben, die Grenzen der Philosophie auszuloten und zu überschreiten. Der letzte große Denker des 19. Jahrhunderts hat diese Skepsis an der Philosophie, aber auch an allen tradierten, überkommenen Werten, Ideologien und Wahrheiten bis an die äußerste Grenze weitergetrieben: FRIEDRICH NIETZSCHE (1844–1900).

Auch Nietzsches Philosophie ist wahrscheinlich nur verständlich aus seinem ganz eigentümlichen und einzigartigen Schicksal. Nietzsche wurde 1844 als Sohn eines Pfarrers geboren und durchlief eine humanistische Ausbildung in einer der bedeutendsten deutschen Bildungsanstalten: Schulpforta. Schon der Knabe verstand sich als literarischer Mensch. Kaum konnte er lesen und schreiben, dichtete er. Und schon der 14jährige Nietzsche macht sich daran, seine Autobiographie zu schreiben: *Aus meinem Leben.* Und durchaus kritisch blickt dabei der Pubertierende auf die poetischen Versuche der Kinderzeit zurück: *„Auch fallen in diese Zeit meine ersten Gedichte. Das was man in diesen ersten zu schildern pflegt, sind gewöhnlich Naturscenen. Wird doch jedes jugendliche Herz von großartigen Bildern angeregt, wünscht doch jedes diese Worte, am liebsten in Verse zu bringen! Grauenhafte Seeabentheuer Gewitter mit Feuer waren der erste Stoff zu diesen. Ich hatte keine Vorbilder, konnte kaum mir denken, wie man einem Dichter nachahme und formte sie wie die Seele sie mir eingab. Freilich entstanden da auch sehr mißgelungene Verse und fast jedes Gedicht hatte sprachliche Härten, aber diese erste Periode war mir dennoch bei weiten lieber als die zweite, die ich später erwähnen will. Ueberhaupt war es stets mein Vorhaben,* *ein kleines Buch zu schreiben und es dann selbst zu lesen. Diese kleine Eitelkeit habe ich jetzt immer noch.*"[1]

Immerhin: dieser kleinen Eitelkeit sollte Nietzsche ein Leben lang treu bleibe. Und der Knabe beendete diesen altklugen Rückblick mit einem Wunsch, der sich nahezu als prophetisch erweisen sollte: „*Es ist etwas gar zu Schönes sich späterhin seine ersten Lebensjahre vor die Seele zu führen und die Ausbildung der Seele daran zu erkennen. Ich habe hier ganz der Wahrheit getreu erzählt ohne Dichtung und poëtische Ausschmückung. Daß ich mitunter etwas nachgetragen habe, ja noch nachtragen werde, wird man mir bei der Größe des Werks verzeihen. Könnte ich doch nur noch recht viele solche Bändchen schreiben!*"[2] Nietzsche hat noch recht viele solcher Bändchen geschrieben – und das autobiographische Moment wird allen diesen Bändchen eingeschrieben sein, bis hin zu *Ecce homo,* seiner intellektuellen Biographie am Ende seines bewußten Lebens, die man dem kindlichen *Aus meinem Leben* nahezu spiegelbildlich gegenüberstellen könnte.

Der junge Nietzsche war außerordentlich talentiert und begabt, sowohl in musischer als auch in sprachlicher Hinsicht. Nietzsche wird aufgrund der Empfehlungen seiner Lehrer, bevor er noch promovierte, zum außerordentlichen Professor für alte Sprachen an der Universität Basel ernannt, im Alter von 23 Jahren. Zu einer prognostizierten wissenschaftlichen Karriere kam es aber dann doch nicht. Der Grund dafür war nicht zuletzt das erste Buch, das er geschrieben und 1871 veröffentlicht hatte: *Die Geburt der Tragödie aus dem Geiste der Musik.* Das Thema war durchaus eines Altphilologen würdig, ging es doch darin um eine Theorie zur Genese der griechischen Tragödie. Allerdings hatte Nietzsche diese Theorie so spekulativ und unter Mißachtung aller Regeln der Philologie und Altertumskunde vorgetragen, daß es seinem jüngeren Kollegen Ulrich von Wilamowitz-Moellendorff keine Schwierigkeiten bereitete, es vernichtend zu kritisieren. Damit war Nietzsches akademische Karriere beendet, kaum daß sie begonnen hatte.

Trotzdem war Nietzsche mit diesem Buch ein epochales Werk gelungen – vielleicht weniger im engen kulturhistorischen, als vielmehr im philosophisch-ästhetischen Sinn. Die darin entwickelten Überlegungen zur Kunst gehören zu den folgenreichsten kunstphilosophischen Entwürfen der Moderne. Nietzsche bestimmte die Kunst darin als die *eigentliche metaphysische Tätigkeit des Lebens,* die sich vor allem auf zwei Prinzipien gründet: dem *Apol-*

1 Friedrich Nietzsche, Frühe Schriften I. München: Beck, 1994, S. 11
2 Nietzsche, Frühe Schriften I, S. 31f.

linischen und dem *Dionysischen.* Während das *Apollinische* der Welt des Traumes als ästhetischer Urerfahrung entspricht, korrespondiert das *Dionysische* mit der Welt des Rausches. Das *Apollinische* stellt in der Kunst das Prinzip der Individualität dar, das sich ästhetisch in beherrschten, klaren, bildhaften Formen realisiert; das *Dionysische* jedoch verweist auf den alle Individualität überschreitenden orgiastischen, ekstatischen Zustand der Selbstvergessenheit, der sich für Nietzsche vor allem in der Musik ausdrückt.[3]

Das *Dionysische* wurde zu einem Leitbegriff Nietzsches. Man vermutet allerdings, daß der erste und letzte Versuch des jungen Nietzsche, selbst als Dionysos zu agieren, als er in seiner Leipziger Studentenzeit ein Bordell besuchte, katastrophal geendet hat: Er hat sich dort wahrscheinlich mit Syphilis angesteckt, einer Krankheit, die noch nicht therapiert werden konnte, und die wohl mit ein Auslöser für seine Paralyse, seinen geistigen Zusammenbruch gewesen sein mag, der ihn zehn Jahre vor seinem Tod ereilte. Dazu kam, daß Nietzsche von seiner körperlichen Statur her ohnehin eher schwach war. Er hatte 1871 am Preußisch-Französischen Krieg als Krankenpfleger teilgenommen und war schwer zerrüttet aus dem Feld zurückgekommen, was dazu führte, daß er den deutschen Nationalismus Zeit seines Lebens verachtete. Es gehört zu den großen Paradoxien der Nietzsche-Rezeption, daß gerade die Nationalsozialisten jenen Denker als einen der ihren reklamieren wollten, der wie kaum ein anderer immer seine Verachtung für die deutsche Nation und jede Form des Nationalismus kundgetan hat. Das ging so weit, daß Nietzsche – wahrscheinlich schon halb wahnsinnig – in *Ecce Homo,* seinem letzten Buch, behauptete, daß er gar kein Deutscher sei: „*Ich bin ein polnischer Edelmann pur sang, dem auch nicht ein Tropfen schlechtes Blut beigemischt ist, am wenigsten deutsches. Wenn ich den tiefsten Gegensatz zu mir suche, die unausrechenbare Gemeinheit der Instinkte, so finde ich immer meine Mutter und Schwester, – mit solcher canaille mich verwandt zu glauben wäre eine Lästerung auf meine Göttlichkeit.*“[4]

Nietzsche war übrigens auch kein Antisemit gewesen, eher im Gegenteil. Es gibt zahlreiche Bemerkungen in seinen Texten, in denen er dem Judentum eine außerordentlich große Bedeutung zumißt, und in seiner Konzeption eines geeinten Europa – Nietzsche war einer der großen Europa-Visionäre des 19. Jahrhunderts – kam der jüdischen Kultur eine ganz wesentliche Bedeutung zu. Nietzsches kritisches Verhältnis zum Antisemitismus spiegelt sich

---

3 Nietzsche, KSA 1, S. 27ff.
4 Nietzsche, KSA 6, 268

auch in seinen komplizierten persönlichen Beziehungen zu seiner Familie wider. Seine Schwester Elisabeth heiratete einen bekannten deutschen Judenhasser, Bernhard Förster. Nietzsche hat diese Ehe nie akzeptiert. Elisabeth ist dann auch mit ihrem Mann nach Südamerika ausgewandert, um dort eine deutsche Kolonie zu gründen, *Neugermania.* Das Vorhaben scheiterte allerdings, Elisabeth kehrte zurück und begann, sich intensiv um Nietzsches Belange zu kümmern. Nach dessen Tode kompilierte Elisabeth Förster aus Nietzsches Nachlaß ein Buch, das sie unter dem Titel *Der Wille zur Macht* veröffentlichte. Diese verfälschende Auswahl trug ganz wesentlich zu jenem Nietzsche-Bild bei, an das die Faschisten und Nationalsozialisten anknüpfen konnten. Wenn man sich mit dem späten Nietzsche beschäftigt, sollte man deshalb den *Willen zur Macht* mit entsprechender Zurückhaltung lesen; besser ist es, diese *Nachgelassenen Fragmente* überhaupt in der *Kritischen Studienausgabe* von Colli und Montinari zu studieren, die einen authentischen Eindruck von Nietzsches Ringen um eine neue Philosophie vermitteln, deren hybride und elitäre Züge übrigens überhaupt nicht in Abrede gestellt werden sollen.

So sehr Nietzsche, gerade auch in den späten Texten, gerne ein Philosoph der Stärke gewesen wäre, so schwach war er selbst. Seit dem Frankreich-Feldzug kränkelte er, er war von Migräneanfällen und einem sich allmählich verschlechternden Augenleiden geplagt, kontinuierlich zu lesen oder zu schreiben wurde ihm nahezu unmöglich. Nietzsche sah sich bald nicht mehr imstande, seiner Lehrverpflichtung nachzukommen. Er legte 1879 die Professur in Basel nieder und führte von da an das unstete Leben eines Getriebenen. Er hatte keinen ständigen Wohnsitz mehr, pendelte ständig zwischen Italien, Deutschland und der Schweiz hin und her, immer auf der Suche nach einer idealen Landschaft, in der er sich wohl fühlen konnte, die seinen inneren Bewegungen entsprach. Einerseits war es das italienische Ambiente, die Weite des Meeres, die südliche Helligkeit, die ihn anzog; andererseits suchte er immer wieder die klare Alpenluft, die Höhe. Nietzsche verbrachte mehrere Sommer in Sils-Maria, dort entstand auch *Also sprach Zarathustra,* für Nietzsche selbst sein philosophisches Hauptwerk.

Die Migräneanfälle und das Augenleiden hatten aber auch mehr oder weniger unmittelbare Auswirkungen auf den Stil, und damit auf das Denken Nietzsches. Die *Geburt der Tragödie* ist das einzige Buch geblieben, das alle Kennzeichen einer geschlossenen Abhandlung aufweist. Alle anderen Texte sind – von wenigen Ausnahmen abgesehen – eigentlich *Aphorismen.* Nietzsche hat damit, vielleicht aus Not, zu einer Textform gegriffen, die in der europäischen Literatur durchaus ihren Platz hatte. Nicht zuletzt die deutsche Aufklärung hatte in GEORG CHRISTOPH LICHTENBERG (1742–1799) einen der großen Aphoristiker hervorgebracht. Der Aphorismus als Form geht übrigens zurück auf die Schriften des berühmten antiken Arztes HIPPOKRATES (460–370 v. Chr.), der seine Diagnosen in kurzen Sentenzen niedergelegt hat. Die Wortbedeutung von *Aphorismus* meint dann auch etwas Ähnliches wie die lateinische *Definition:* Abgrenzung. Aphorismen wollen präzise und klare, oft pointierte und überraschende *Gedankensplitter* sein, die wohl erhellende Einsichten vermitteln, aber auf deren umständliche Begründung verzichten.

Wenn Nietzsche nun auf den Aphorismus als Form des Denkens zurückgreift, die sich der systematischen Betrachtung und Herleitung der Begriffe verweigert, sprengt er damit auch den großen Gestus zumindest der deutschen idealistischen Philosophie, die noch von der Möglichkeit eines systematischen Entwurfs ausgegangen war. Es macht deshalb auch wenig Sinn, hinter Nietzsches Denken ein System erblicken zu wollen. Nietzsche gab nur allzu gern der Versuchung nach, einen Gedanken ohne Rücksicht auf Verluste zuzuspitzen, und die Charakteristik seines Denkens als eine *experimentelle Philosophie* ist vielleicht nicht die schlechteste. Wie jedes Experiment trägt aber auch solch ein vorbehaltloses Denken ein Risiko in sich, und man muß sich diesem Risiko wohl aussetzen, wenn man sich mit Nietzsche beschäftigt.

Ein wunder Punkt in Nietzsches Leben war zweifellos auch sein Verhältnis zum weiblichen Geschlecht. Nietzsche gilt als der große Frauenfeind in der Philosophie, und es ist in der Tat recht einfach, in seinen Texten Stellen zu finden, in denen seine Verachtung des Weibes zum Ausdruck gebracht wird. Man kennt den vielzitierten Satz aus dem *Zarathustra*: *„Du gehst zu Frauen? Vergiss die Peitsche nicht!"*[5] Mit diesem Satz hat es allerdings eine seltsame Bewandtnis. Zarathustra war die Figur, die sich Nietzsche, inspiriert von dem persischen Religionsstifter, als positiven Gegenentwurf zu seiner eigenen kritischen Philosophie, die alles zertrümmert hatte, geschaffen hat. Zarathustra: das war für Nietzsche auch das große Ja zum Leben, die dionysische Affirmation des Daseins. Allerdings wäre es voreilig, Nietzsche mit seinem Zarathustra einfach zu identifizieren. Das Buch selbst ist eine eigenartige Mischung aus religiösem Roman und philosophischem Traktat, mit der Nietzsche versuchte, eine positive Lehre zu entwickeln, die sich um zwei zentrale Gedanken dreht: um den ominösen und umstrittenen *Übermenschen*, durch den der kleinliche Mensch des bürgerlichen Zeitalters überwunden werden sollte, und um die *ewige Wie-*

---

5 Friedrich Nietzsche, Also sprach Zarathustra. KSA 4, S. 86

derkehr des Gleichen, um diese komplizierte Vorstellung also, daß wir in keiner linearen Zeit leben, sondern einer zirkulären Zeit- und damit auch Kultur- und Bewußtseinsstruktur ausgeliefert sind. Die Szene, in der der Satz mit der Peitsche fällt, zeigt Zarathustra im Gespräch mit einem „alten Weiblein", in dem das Verhältnis von Mann und Frau thematisiert wird. Am Ende bittet Zarathustra das Weiblein noch um eine Weisheit und erhält als Antwort den ominösen Satz. Möglich, daß Nietzsche diese demütigende Aussage über die Frau zu allem Überfluß auch noch einer Frau in den Mund legen wollte; möglich aber auch, daß dieser Satz ganz anders zu lesen wäre.

Nietzsches Leben war in hohem Maße von Frauen bestimmt: von seiner Mutter, seiner Schwester, von Cosima Wagner, von Freundinnen und Gönnerinnen und von Lou Andreas-Salomé, die einzige, die er vielleicht geliebt hatte – wenn man nicht die These vertreten will, daß Nietzsche überhaupt homoerotisch orientiert gewesen war. Zu Lou Salomé, die selbst eine der bedeutendsten Intellektuellen des 19. Jahrhunderts gewesen war, hatte Nietzsche zweifellos zeitweilig ein sehr kompliziertes Naheverhältnis, so wie später auch Sigmund Freud und Rainer Maria Rilke nicht ganz unkomplizierte Beziehungen zu dieser Frau unterhielten. Immerhin hat Lou Salomé eine der ersten, heute noch lesbaren Nietzsche-Biographien geschrieben und eine wichtige Abhandlung über die Erotik verfaßt. Nietzsche hatte die junge Russin 1882 durch seinen Freund Paul Rée kennengelernt, der ebenfalls in Lou verliebt war. Paul Rée war ein bedeutender Psychologe, der eine naturalistische Theorie der Moral entworfen hatte, der Nietzsche für seinen moralkritischen Ansatz einiges verdankte. Gemeinsam mit Paul Rée traf Nietzsche Lou Salomé in Rom, man verabredete sich ausgerechnet im Petersdom. Es entwickelte sich ein ziemlich kompliziertes Dreiecksverhältnis, und aus dieser Zeit – Sommer 1882 – existiert auch eine in jeder Hinsicht aufschlußreiche Photographie: Nietzsche und Rée vor einen Wagen gespannt, dahinter Lou Salomé, eine Peitsche schwingend. Und auf die Rückseite des Photos hatte sich Nietzsche den ominösen Satz aus dem Zarathustra notiert. Die von Nietzsche selbst arrangierte Atelieraufnahme zitiert übrigens ein uraltes philosophisches Motiv. Von Aristoteles erzählt man sich, daß er in eine Sklavin so verliebt gewesen sei, daß er ihr hörig wurde. Er fungierte als Reittier für diese Geliebte und wurde von ihr mit der Peitsche dirigiert. Daß, wer zu Frauen geht, die Peitsche nicht vergessen soll, hat also auch die Bedeutung, daß es die Frau ist, die die Peitsche schwingt.

Nietzsches Liebe zu Lou konnte nicht von Dauer sein. Im Ernst hat Nietzsche wohl nie daran gedacht, sich zu verehelichen, auch wenn immer wieder einmal davon die Rede war. Von seinen Krankheiten getrieben, erfüllte sich Nietzsches Schicksal, als er im Jänner 1889 in Turin auf offener Straße zusammenbrach. Die Paralyse war ausgebrochen, und Nietzsche verbrachte das letzte Jahrzehnt seines Lebens in geistiger Umnachtung, gepflegt zuerst von seiner Mutter, dann von seiner Schwester, abhängig also von jenen Frauen, die er vielleicht in seinem Leben am meisten gehaßt hat.

Ist von Nietzsches kompliziertem Beziehungsleben die Rede, muß sein prekäres Verhältnis zu Richard Wagner unbedingt thematisiert werden. Und dies nicht nur, weil Nietzsche ein Leben lang mit dieser Beziehung, die als große Freundschaft begonnen und als verzweifelte Feindschaft geendet hatte, gerungen hatte, sondern auch und vor allem, weil wesentliche Dimensionen von Nietzsches Kunstphilosophie nicht ohne dieses Verhältnis denkbar sind. Im Grunde ist auch Nietzsches Beziehung zu Wagner die Geschichte einer enttäuschten Liebe. Als Nietzsche Wagner 1869 in der Schweiz näher kennenlernt, bewundert er den Komponisten und verteidigt ihn gegen die Angriffe, denen sich der Erneuerer des Musiktheaters gegenübersah. Die *Geburt der Tragödie* war Wagner gewidmet und sollte so etwas wie die philosophische Rechtfertigung von Wagners musikalischem Schaffen darstellen. Nietzsche verkehrte viel bei Wagners und hat wohl Wagners zweite Frau, Cosima, eine Tochter von Franz Liszt und zum Zeitpunkt der ersten Begegnung noch mit dem Dirigenten Hans von Bülow verheiratet, bis zu seinem Zusammenbruch abgöttisch verehrt. Nach der Veröffentlichung der Aphorismensammlung *Menschliches, Allzumenschliches*, die bei Wagner auf wenig Verständnis stieß, begann ein langer Prozeß der Entfremdung zwischen den Freunden. Auch Nietzsche versteht Wagners musikalische Entwicklung immer weniger, er reist zwar noch 1876 nach Bayreuth, wo das Festspielhaus am Grünen Hügel eröffnet wird. Nietzsche hört den *Ring des Nibelungen*, muß aber während der *Walküre* die Vorstellung mit rasenden Kopfschmerzen verlassen. Er verläßt Bayreuth fluchtartig, weil er Wagners Musik physisch und intellektuell nicht mehr aushält. Wie tief ihn dieser Abschied allerdings getroffen hat, geht aus einem Rückblick Nietzsches deutlich hervor: „*Als ich allein weiter gieng, zitterte ich; nicht lange darauf war ich krank, mehr als krank, nämlich müde, – müde aus der unaufhaltsamen Enttäuschung über Alles, was uns modernen Menschen zur Begeisterung übrig blieb, über die allerorts vergeudete Kraft, Arbeit, Hoffnung, Jugend, Liebe, müde aus Ekel vor der ganzen idealistischen Lügnerei und Gewissens-Verweichlichung, die hier wieder einmal den Sieg über Einen der Tapfersten davongetragen hatte, müde endlich, und nicht am wenigsten, aus dem Gram eines unerbittlichen Argwohns – dass ich nunmehr verurtheilt sei, tiefer zu misstrauen, tiefer zu verachten, tiefer allein zu sein als je vorher. Denn ich hatte Niemanden gehabt als Richard Wagner …*"[6]

Nietzsches Leben war so voll von Kränkungen und unerfüllten Beziehungen, die aber sein Denken in hohem Maße motivierten und bedingten. Auch wenn es, wie angedeutet, nicht zulässig ist, Nietzsche nachträglich zu systematisieren, so lassen sich doch in seinem Philosophieren zumindest einige Motivgruppen und Themen unterscheiden, zu denen – neben den immer präsenten ästhetischen Fragen – Nietzsche immer wieder zurückgekehrt war. So lieferte Nietzsche eine Fundamentalkritik des Wahrheitsanspruchs der europäischen Philosophie; dann konzipierte er eine Fundamentalkritik der christlichen Moral, wie Nietzsche vielleicht überhaupt der entscheidende Moralkritiker der Moderne genannt werden muß; und dann war Nietzsche der große Theoretiker des modernen Nihilismus, jener Position, die dem Faktum ins Auge blicken will, daß mit dem Zusammenbruch der religiösen und ideologischen Gewißheiten nichts bleibt, als die Sinnlosigkeit des Daseins zu akzeptieren. Gleichzeitig allerdings war Nietzsche auch jener Denker gewesen, der dieser Sinnlosigkeit durch eine selbstgeschaffene Apotheose des Lebens und der Macht standhalten wollte. Nicht zuletzt darin liegt auch das Prekäre von Nietzsches Philosophie. Zu diesen Problemkomplexen nun einige Anmerkungen.

Seine fundamentale Kritik am europäischen Konzept von *Wahrheit* hat Nietzsche schon sehr früh entworfen. Im Jahre 1872 konzipierte er einen Text, den er selbst allerdings für so radikal hielt, daß er ihn zeitlebens nicht veröffentlichte: *Ueber Wahrheit und Lüge im aussermoralischen Sinne.* Schon im Titel ist ein Grundsatz Nietzsches angedeutet, nämlich der Versuch, ohne Rücksicht auf bestimmte moralische Werte und Vorstellungen das Problem der Wahrheit zu reflektieren. Der Text beginnt als Fabel: „*In irgend einem abgelegenen Winkel des in zahllosen Sonnensystemen flimmernd ausgegossenen Weltalls gab es einmal ein Gestirn, auf dem kluge Thiere das Erkennen erfanden. Es war die hochmüthigste und verlogenste Minute der ‚Weltgeschichte': aber doch nur eine Minute. Nach wenigen Athemzügen der Natur erstarrte das Gestirn, und die klugen Thiere mussten sterben. – So könnte Jemand eine Fabel erfinden und würde doch nicht genügend illustrirt haben, wie kläglich, wie schattenhaft und flüchtig, wie zwecklos und beliebig sich der menschliche Intellekt innerhalb*

6 Friedrich Nietzsche, Nietzsche contra Wagner. KSA 6, S. 431f.

der Natur ausnimmt; es gab Ewigkeiten, in denen er nicht war; wenn es wieder mit ihm vorbei ist, wird sich nichts begeben haben.“[7]

Solches schreibt ein noch nicht 30jähriger Mann, der seinen klaren Blick auf die Zufälligkeit, Kontingenz, Bedingtheit und letztendlich auf die Bedeutungslosigkeit all dessen richten will, was wir gerne Geist, Kultur, Bewußtsein, Philosophie, Wissenschaft, Erkenntnis, Reflexion nennen. Der Mensch mit seinem Bewußtsein und seinem Intellekt ist nur eine belanglose Episode in der Geschichte des Universums, wichtig einzig für den chronisch an Selbstüberschätzung leidenden Menschen. Von dieser ernüchternden Einsicht ausgehend, kommt Nietzsche, lange vor der Sprach- und Wissenschaftsskepsis des 20. Jahrhunderts, dann dazu, den Anspruch auf Wahrheit, den der Mensch mit großem Pathos verkündet, zu analysieren und seine desillusionierende Antwort zu geben auf die vielzitierte Frage des Pontius Pilatus: „*Was ist also Wahrheit? Ein bewegliches Heer von Metaphern, Metonymien, Anthropomorphismen kurz eine Summe von menschlichen Relationen, die, poetisch und rhetorisch gesteigert, übertragen, geschmückt wurden, und die nach langem Gebrauche einem Volke fest, canonisch und verbindlich dünken: die Wahrheiten sind Illusionen, von denen man vergessen hat, dass sie welche sind, Metaphern, die abgenutzt und sinnlich kraftlos geworden sind, Münzen, die ihr Bild verloren haben und nun als Metall, nicht mehr als Münzen in Betracht kommen.*“[8]

Mit diesen Sätzen ist nicht nur die Wahrheit als Chimäre der Sprache demaskiert, sondern auch das Programm von Nietzsches Philosophie festgelegt: all jene Illusionen aufzuspüren, von denen wir vergessen haben, daß sie Illusionen sind, und die deshalb für Wahrheiten gehalten werden. Nietzsche ging es also darum, die Wahrheiten zu destruieren, die vermeintlichen Gewißheiten und verbindlichen Werte, denen Menschen glauben, sich verpflichtet fühlen zu müssen, ihres illusionären Charakters zu entlarven. Nietzsche, und das macht die Sache nicht einfacher, war sich aber auch im Klaren darüber, daß wir diese Illusionen brauchen. Die Wahrheit über die Wahrheit ist, daß diese eine lebensnotwendige Lüge darstellt. Damit ist ein Grundzug von Nietzsches Denken skizziert: daß das, was wir wissen können, im Widerspruch steht zu dem, was wir wissen dürfen.

---

7 Friedrich Nietzsche, Ueber Wahrheit und Lüge im aussermoralischen Sinne, KSA 1, S. 875

8 Nietzsche, Ueber Wahrheit und Lüge, KSA 1, S. 880f.

Aus diesem Ansatz entwickelt Nietzsche dann auch seine kunstphilosophische Konzeption, die von der *Geburt der Tragödie* bis zu seinen *Nachgelassenen Fragmenten* aus den letzten Lebensjahren reicht: Daß die ästhetische Betätigung, das Schaffen von Kunst, die eigentliche *metaphysische* Tätigkeit sei, daß wir nicht *erkennen*, wohl aber *hervorbringen* können, daß aber alle Hervorbringungen letztlich scheinhaften, illusionären Charakter haben müssen, daß auch und gerade die Kunst die Aufgabe hat, an diesem feinen Lügengespinst zu arbeiten, damit wir nicht an der Wahrheit zugrundegehen. Das poetisch Fiktionale ist dasjenige, was den Menschen auszeichnet und was er betreibt, um sich selbst über die Tatsache, daß er Bewußtsein hat und um seine Kontingenz und Sterblichkeit weiß, hinwegzutrösten. Die Kunst, oder, wie Nietzsche es nennt, der Wille zum Schein, zur Illusion, wird zu einer unbändigen Triebkraft des Menschen, die aber selbst einer anderen Triebkraft untergeordnet ist, nämlich dem schlichten und nackten Willen zum Leben und zum Überleben. Zum Inbegriff der schon in der Schrift *Über die Geburt der Tragödie aus dem Geiste der Musik* angelegten ästhetischen Haltung wurde dann auch der kryptische Satz: „*– denn nur als ästhetisches Phänomen ist das Dasein und die Welt ewig gerechtfertigt: –*“[9] Damit deutete Nietzsche an, daß es keine moralische und keine religiöse Rechtfertigung des Daseins gibt, sondern daß dieses nur unter der Perspektive seiner ästhetischen Erscheinung Sinn gewinnt: die Welt als Kunstwerk. Damit ist eines der vielleicht philosophisch wichtigsten Themen der modernen Kunst angeschnitten: Wenn alle anderen Deutungen und Rechtfertigungen des Daseins, wie zum Beispiel die religiösen, obsolet geworden sind, dann bleibt die ästhetische Betrachtung, dann bleibt die Kunst die einzige Möglichkeit, dem Dasein Sinn zu verleihen. Die Welt mit allem Übel ist gerechtfertigt – aber nur als ästhetisches Phänomen. Damit ist aber auch das Übel, das Böse, das Amoralische und das Blasphemische gerechtfertigt – aber nur als ästhetisches Phänomen. Die Freiheit der Kunst bekommt hier eine tiefe Dimension. Nur unter der Perspektive seiner ästhetischen Darstellbarkeit ist das Dasein legitimiert – ansonsten ist es nichtig.

Das ist dann auch das große Problem, das Nietzsche umgetrieben hat: Wie können wir leben im Wissen unserer Bedingtheit, Zufälligkeit, Kontingenz, Endlichkeit und Bedeutungslosigkeit, wenn wir nicht mehr den Tröstungen von Religionen, Wissenschaften und Ideologien vertrauen können, weil wir diese durchschauen und zerstören? Nietzsche hat diese Destruktion von Sinn-

---

9 Nietzsche, KSA 1, S. 47

systemen immer wieder auf mehreren Ebenen versucht, am deutlichsten kommt dies wohl in seiner Kritik der Religion und Moral zum Ausdruck, wie sie sich vor allem in den Schriften seiner letzten Phase findet. In *Jenseits von Gut und Böse* und *Zur Genealogie der Moral* versuchte Nietzsche zu zeigen, wie Moral entstanden ist, nicht strikt im historischen Sinne, sondern im Sinne einer inneren Notwendigkeit, die es aber trotzdem zu kritisieren gilt; *Der Antichrist* ist dann eine fast hybride, vom Wahnsinn schon spürbar gezeichnete letzte Abrechnung mit dem Christentum; und in der *Götzen-Dämmerung* demonstrierte Nietzsche, *wie man mit dem Hammer philosophiert* – so der Untertitel dieser zeitkritischen Schrift. Viele haben deshalb aus Nietzsche den Philosophen mit dem Hammer gemacht, der alles zertrümmert, was das Abendland bisher bereitgestellt hat. Wenn man die *Götzen-Dämmerung* liest, bemerkt man schnell, daß nicht der Hammer des Handwerkers oder Straßenarbeiters gemeint war, sondern das Hämmerchen, mit dem der Psychologe und Physiologe die Kniereflexe testet. Der Philosoph arbeitet hier also mit einem feinen Instrument – er klopft ganz leicht an die Nervenpunkte der Zivilisation, reflexartig zeigt sich dann das, was hinter der Oberfläche der Ideologien und Wahrheiten steckt. Auf der einen Seite gefällt sich Nietzsche durchaus in der Rolle des Zertrümmerers, des Umwerters aller Werte, auf der anderen Seite ist er aber auch der feinfühlige, sensible Kritiker, der Analytiker und Diagnostiker, der nichts zerstören will, sondern der zeigen will, wie die Nervenbahnen unserer Kultur unter der Oberfläche der ideologischen Häute tatsächlich verlaufen: „*Ich widerlege die Ideale nicht, ich ziehe bloss Handschuhe vor ihnen an*", schrieb Nietzsche rückblickend in *Ecce homo.*[10]

Schon in „*Menschliches, Allzumenschliches*" hatte Nietzsche – wieder in Form einer kleinen Fabel – das Grundmotiv seiner Moralkritik angeschlagen: Daß Moral die intensivste und deshalb geheimnisvollste Form der Selbsttäuschung der Menschen sei: „*Die Fabel von der intelligibelen Freiheit. – Die Geschichte der Empfindungen, vermöge deren wir Jemanden verantwortlich machen, also der sogenannten moralischen Empfindungen verläuft in folgenden Hauptphasen. Zuerst nennt man einzelne Handlungen gut oder böse ohne alle Rücksicht auf deren Motive, sondern allein der nützlichen oder schädlichen Folgen wegen. Bald aber vergisst man die Herkunft dieser Bezeichnungen und wähnt, dass den Handlungen an sich, ohne Rücksicht auf deren Folgen, die Eigenschaft ‚gut' oder ‚böse' innewohne: mit demselben Irrthume, nach welchem die Sprache den Stein selber als hart, den Baum selber als grün bezeichnet – also da-*

10 Nietzsche, Ecce homo, KSA 6, S. 259

durch, dass man, was Wirkung ist, als Ursache fasst. Sodann legt man das Gut- oder Böse-sein in die Motive hinein und betrachtet die Thaten an sich als moralisch zweideutig. Man geht weiter und giebt das Prädicat gut oder böse nicht mehr dem einzelnen Motive, sondern dem ganzen Wesen eines Menschen, aus dem das Motiv, wie die Pflanze aus dem Erdreich, herauswächst. So macht man der Reihe nach den Menschen für seine Wirkungen, dann für seine Handlungen, dann für seine Motive und endlich für sein Wesen verantwortlich. Nun entdeckt man schliesslich, dass auch dieses Wesen nicht verantwortlich sein kann, insofern es ganz und gar nothwendige Folge ist und aus den Elementen und Einflüssen vergangener und gegenwärtiger Dinge concrescirt: also dass der Mensch für Nichts verantwortlich zu machen ist, weder für sein Wesen, noch seine Motive, noch seine Handlungen, noch seine Wirkungen. Damit ist man zur Erkenntniss gelangt, dass die Geschichte der moralischen Empfindungen die Geschichte eines Irrthums, des Irrthums von der Verantwortlichkeit ist: als welcher auf dem Irrthum von der Freiheit des Willens ruht.“[11]

Nietzsche wendet also das in der Schrift über Wahrheit und Lüge entwickelte Konzept auch auf die Moral an: Was das Gute und Böse ursprünglich waren, haben wir längst vergessen. Daß einmal das *Gute* das Starke und Nützliche, das *Böse* das Unnütze und Schwache meinte, verschwindet in der zunehmenden Normativität der moralischen Begriffe. Aus Beschreibungen für erwünschte oder unerwünschte Folgen einer Handlung werden moralische Imperative. Der nahezu physiologische Ursprung der moralischen Begriffe, den Nietzsche in seinem genealogischen Denken postuliert, führt ihn dazu, die Idee der Freiheit des Handelns und das davon abgeleitete Konzept einer Verantwortlichkeit des Menschen für einen Irrtum zu erklären. In Wirklichkeit, so könnte man Nietzsche paraphrasieren, sind wir biologische Maschinen, die nur einem Gesetz gehorchen, dem Willen zum Leben, dem Willen – wie das der späte Nietzsche formulieren wird – zur Ermächtigung des Lebens, zur Macht- und Lebenssteigerung. Diesen Willen nannte er dann in einer sehr mißverständlichen und politisch leicht instrumentalisierbaren Formulierung den *Willen zur Macht.* Moralische Systeme haben nun keinen anderen Sinn, als diesen Willen zu verschleiern, indem anstelle des Machtstrebens das Streben nach dem vermeintlich Guten tritt. Aber im Grunde geht es auch dabei nur um Machtsteigerung. Wer das Gute will und Menschen zu moralischen, verantwortlichen Wesen erziehen möchte, will damit seine Macht steigern und die der anderen schwächen.

---

11 Nietzsche, Menschliches, Allzumenschliches I, KSA 2, 62f.

In seiner späten Moralkritik versuchte Nietzsche dann überhaupt, die Moral als Ausdruck eines Aufstandes der Schwachen gegen die Starken, also der im ursprünglichen Sinn des Wortes *Schlechten* gegen die *Guten* zu interpretieren. Die christliche Moral war so für ihn eine Moral der Schwachen, ein raffiniertes Wehklagen derjenigen, die bei diesem Kampf ums Leben und um die Lebenssteigerung unter die Räder zu kommen drohen und aus dieser Niederlage versuchen, eine Tugend zu machen und alles das, was an sich lebensfeindlich ist und einer Lebensminderung dient – Armut, Schwäche, Leiden, Enthaltsamkeit – plötzlich zu moralischen Idealen erhoben haben. Das Raffinierte dieser Analyse liegt natürlich genau darin, daß, indem die Schwäche der Schwachen zum moralischen Ideal erhoben wird, diese über die Stärke der Starken triumphiert, sich also als die eigentliche Stärke erweist.

Es gab Phasen in Nietzsches Denken, in denen er der Ansicht war, daß dieser Lebensfeindlichkeit, dieser *Dekadenz* als Ausdruck der abendländischen Kultur nicht entgegenzutreten sei. Er schwankte wohl, ob er sich selbst als Dekadenter begreifen soll, oder als jener, der gegen diese Dekadenz Widerstand leisten kann und will. Nietzsche kokettierte deshalb in seiner Moralkritik immer wieder mit den Phantasmen des Gesunden und Starken, erklärlich wohl auch aus seiner eigenen physischen Schwäche. Die Starken, diejenigen, die lebensmächtig sich durchsetzen konnten, werden unter der Perspektive der christlichen *Sklavenmoral* als die Bösen denunziert. Die Bösen: das waren diejenigen, die sich durchsetzten, die auf ihre Stärke insistierten, die furchtlos waren, die sich zu ihrer Macht und Machtsteigerung bekannten, die ihre Vitalität lebten. Eines der großen Vorbilder Nietzsches war Cesare Borgia, der berüchtigte, hypervitale Renaissancepapst, der vor nichts zurückgeschreckt hat. Es ist nicht uninteressant, daß es Nietzsche dem deutschen Protestantismus – Martin Luther – nicht verzeihen konnte, daß er das Christentum, das durch die Renaissancepäpste so weltlich und vital geworden war, daß es sich offen zu seinem Machtwillen und seiner Machtgier bekannte, durch die protestantische Reformation vor dieser Form der Säkularisierung gerettet und auf den Weg der ursprünglichen christlichen Moral der Schwachen, der Anständigen, der Asketen, der Arbeitsamen und Tugendhaften zurückgeführt hatte. Die Deutschen hätten so die Welt um diese Form der Vitalität betrogen. Diese Kritik am Protestantismus zeigt auch, wie Nietzsche, der ja selbst aus einem protestantischen Pfarrhaus kam, an seiner eigenen Vergangenheit zu arbeiten hatte.

In der *Genealogie der Moral* findet sich dann auch die vielleicht berüchtigtste Apologie dieser ursprünglich Guten und Starken: „*[Die Guten] sind nach*

Aussen hin, dort wo das Fremde, die Fremde beginnt, nicht viel besser als losgelassne Raubthiere. Sie geniessen da die Freiheit von allem socialen Zwang, sie halten sich in der Wildniss schadlos für die Spannung, welche eine lange Einschliessung und Einfriedigung in den Frieden der Gemeinschaft giebt, sie treten in die Unschuld des Raubthier-Gewissens zurück, als frohlockende Ungeheuer, welche vielleicht von einer scheusslichen Abfolge von Mord, Niederbrennung, Schändung, Folterung mit einem Übermuthe und seelischen Gleichgewichte davongehen, wie als ob nur ein Studentenstreich vollbracht sei, überzeugt davon, dass die Dichter für lange nun wieder Etwas zu singen und zu rühmen haben. Auf dem Grunde aller dieser vornehmen Rassen ist das Raubthier, die prachtvolle nach Beute und Sieg lüstern schweifende blonde Bestie nicht zu verkennen.“[12] Nietzsches These ist aber nicht, daß die Menschen oder die Deutschen wieder zu solchen blonden Bestien werden sollen – das war die verhängnisvolle Interpretation der Nazis –, sondern daß unter den Bedingungen von Zivilisation, unter den Einschränkungen der Moral, unter Verhältnissen, in denen Gut und Böse falsch zugeteilt und gezähmt erscheinen, es immer wieder diese Ausbrüche von Vitalität und Aggressivität geben wird. Es wäre, nach Nietzsche, eine Form der Selbsttäuschung zu glauben, daß unsere Natur so zähmbar sei, daß Menschen tatsächlich unter den Bedingungen einer christlichen Moral hätten leben können. Man kann mit dem Leben alles machen – so Nietzsche – man kann nur eines nicht machen, ihm die Lebendigkeit nehmen wollen. Das ist diese ganz seltsame Dialektik von Zivilisation und Vitalität; Zivilisation ist immer – das macht Nietzsche zugleich zu einem Analytiker, Propagandisten und Kritiker der Dekadenz – etwas Dekadentes, Lebensfeindliches, Lebenseinschränkendes und gleichzeitig die Bedingung dafür, daß man das Leben als Leben überhaupt leben kann. Daß Nietzsche hin und wieder dazu tendierte, diese Vitalität zu überschätzen, apologetisch zu überzeichnen, mag auch Resultat seiner eigenen Mediokrität, seiner tatsächlichen Schwäche sein.

Schließen wir diese Betrachtung mit jener Verkündigung, die Nietzsche berühmt gemacht hat: *Gott ist tot.* Nietzsche machte in der Tat mit diesem Satz, den nicht er erfunden hat, radikal ernst. Es findet sich diese berühmte Passage in der *Fröhlichen Wissenschaft*, es ist der 125. Aphorismus, und man muß diesen Satz im Kontext lesen. Die Überschrift lautet *Der tolle Mensch*: *„Habt ihr nicht von jenem tollen Menschen gehört, der am hellen Vormittage eine Laterne anzündete, auf den Markt lief und unaufhörlich schrie: ‚Ich suche Gott! Ich suche Gott!‘ – Da dort gerade Viele von Denen zusammen standen, welche*

12 Nietzsche, Zur Genealogie der Moral, KSA 5, S. 274f.

nicht an Gott glaubten, so erregte er ein grosses Gelächter. [...] Der tolle Mensch sprang mitten unter sie und durchbohrte sie mit seinen Blicken. ‚Wohin ist Gott? rief er, ich will es euch sagen! Wir haben ihn getödtet, – ihr und ich! Wir Alle sind seine Mörder! Aber wie haben wir diess gemacht? Wie vermochten wir das Meer auszutrinken? Wer gab uns den Schwamm, um den ganzen Horizont wegzuwischen? Was thaten wir, als wir diese Erde von ihrer Sonne losketteten? Wohin bewegt sie sich nun? Wohin bewegen wir uns? Fort von allen Sonnen? Stürzen wir nicht fortwährend? Und rückwärts, seitwärts, vorwärts, nach allen Seiten? Giebt es noch ein Oben und ein Unten? Irren wir nicht wie durch ein unendliches Nichts? Haucht uns nicht der leere Raum an? Ist es nicht kälter geworden? Kommt nicht immerfort die Nacht und mehr Nacht? Müssen nicht Laternen am Vormittage angezündet werden? Hören wir noch Nichts von dem Lärm der Todtengräber, welche Gott begraben? Riechen wir noch Nichts von der göttlichen Verwesung? – auch Götter verwesen! Gott ist todt! Gott bleibt todt! Und wir haben ihn getödtet! Wie trösten wir uns, die Mörder aller Mörder? Das Heiligste und Mächtigste, was die Welt bisher besass, es ist unter unseren Messern verblutet, – wer wischt diess Blut von uns ab? [...] Es gab nie eine grössere That, – und wer nur immer nach uns geboren wird, gehört um dieser That willen in eine höhere Geschichte, als alle Geschichte bisher war!'[...]“[13]

Das Interessante an diesem Aphorismus ist die Konstellation, in der dies verkündet wird. Der tolle Mensch agiert wie Diogenes, der am Marktplatz von Athen am hellichten Tag mit der Laterne den platonischen Menschen suchte. Nietzsche sucht nun Gott. Und so wie Diogenes das Wesen des Menschen nicht am Marktplatz finden konnte, so kann hier auch Gott nicht gefunden werden. Der Tod Gottes wird aber jenen verkündet, die ohnehin nicht an Gott glauben. Es geht Nietzsche nicht darum, einem gläubigen Menschen seinen Gott zu nehmen. Es geht Nietzsche darum zu zeigen, daß gerade dort, wo man ohnehin vermeintlich sich aufgeklärt dünkt, auf den Tod Gottes nur mit Unverständnis reagiert werden kann. Nietzsche ist in seiner Religionskritik vielleicht tatsächlich einen Schritt weiter gegangen als die großen Aufklärer Marx und Freud, die Religion als letztlich entbehrliche, ja schädliche Illusion entlarven wollten. Nietzsche aber fragt weiter: Wir haben also diese Illusion entlarvt, denn dieser Akt der Entlarvung ist der Tod Gottes; jetzt haben wir die größte Selbsttäuschung des Menschen destruiert, aber was passiert nun? Wie sehen wir aus ohne diese Illusion, was bedeutet es, wenn man sie wegnimmt? Trifft dann das zu – was Marx vermutet hatte –,

13 Nietzsche, Die fröhliche Wissenschaft, KSA 3, S. 480f.

daß wir in vollem Bewußtsein unserer Endlichkeit unser Leben werden gestalten können oder bedeutet das nicht im Grunde eine unendliche Leere? Haben wir das schon begriffen, in all unserer Aufgeklärtheit, was es heißt, daß wir den einzigen Fixpunkt unseres Daseins, Denkens, die große Illusion, die uns bisher am Leben erhalten hat, verloren haben? Nietzsche interessierten die radikalen Konsequenzen, die der größte Triumph des aufgeklärten Zeitalters, der Tod Gottes, zur Folge haben muß. Der *tolle Mensch*, der halb wahnsinnig ist, deutet an, was dies bedeutet: es ist die größte Tat, die in der Geschichte je vollbracht wurde, aber wir wissen es nicht; und es bleibt uns nichts anderes über, nachdem wir Gott getötet haben, als selbst Götter zu werden.

10. Vorlesung

Ludwig Wittgenstein und Karl R. Popper – Alles, was der Fall ist

Nietzsche stirbt im Jahre 1900. Welchen Philosophen des 20. Jahrhunderts, das nun zu Ende geht, das Prädikat der Größe zukommen mag, ist eine höchst prekäre Frage. Nicht nur, weil eine Wertung dieses Jahrhunderts noch immer nur schwer möglich ist, sondern auch, weil dieses Jahrhundert in hohem Maße eine Auffächerung und eine Verwissenschaftlichung der Philosophie mit sich brachte, die nicht einmal die Fiktion des großen originären Denkers leichthin aufkommen lassen möchte. Jede Auswahl und Hervorhebung ist deshalb in höchstem Maße willkürlich. Die oft vertretene These, daß das 20. Jahrhundert im Grunde nur zwei Philosophen von eigenständigem Rang hervorgebracht habe, nämlich Ludwig Wittgenstein und Martin Heidegger, hat womöglich einiges für sich. Trotzdem soll am Ende dieser Vorlesungen versucht werden, drei Philosophenpaare monographisch knapp zu skizzieren, um wenigstens einen ungefähren Eindruck davon zu geben, was das 20. Jahrhundert an Problemen, Herausforderungen, Möglichkeiten, aber auch Grenzen an die Philosophie herangetragen hat. Ich beginne – und dies mag auch eine späte Würdigung des Österreichischen in der Philosophie bedeuten – mit LUDWIG WITTGENSTEIN (1889–1951) und KARL POPPER (1902–1994).

Im selben Jahr, in dem Nietzsche in geistige Umnachtung fällt, wird Ludwig Wittgenstein in Wien geboren. Und es ist wohl nicht zuviel gesagt, daß ohne das geistige und kulturelle Ambiente des Wiener Fin de siècle die Philosophie Wittgensteins kaum denkbar ist. Wittgensteins geistiger Lebensweg vollzog sich nicht völlig außerhalb der akademischen Institutionen, aber in einer Weise am Rand dieser Einrichtungen, die höchst bemerkenswert genannt werden muß. Außergewöhnlich war Wittgenstein wohl auch in der Hinsicht, daß er vielleicht der letzte war, der ohne Rücksicht auf das, was man den historischen Bestand der Philosophie nennen könnte, ganz radikal von vorne und grundlegend denken wollte. Er hat vielleicht wirklich noch einmal eine neue Epoche des Philosophierens eröffnet, die sich darin ausdrückte, daß nun die *Sprache* zum eigentlichen Thema und zur entscheidenden Aufgabe der Philosophie wurde. Der vor allem im angelsächsischen Raum wirkmächtige *linguistic turn* in der Philosophie ist ohne Wittgenstein nicht denkbar.

Wittgenstein kam als Kind einer reichen Industriellenfamilie zur Welt. Sein Vater war aber auch ein musischer Mensch und gekennzeichnet von den Spannungen, die sich zwischen den Notwendigkeiten der Ökonomie und den Interessen für Musik und die Künste, die sich nicht zuletzt in einem großzügigen Mäzenatentum äußerten, auftaten. Trotzdem war Wittgenstein die Philosophie nicht in die Wiege gelegt worden, schon deshalb nicht, weil der Vater andere Pläne mit ihm hatte – er sollte das Erbe des Industriekonzerns übernehmen. Er bekam ausgewählten Privatunterricht, ging zuerst an keine öffentliche Schule. Einigermaßen vorgebildet besuchte Wittgenstein dann die Realschule in Linz, jene Schule übrigens, in der zwei Schulstufen unter ihm der junge Adolf Hitler saß. Ob die beiden einander wahrgenommen haben, läßt sich nicht mehr feststellen, und jüngst geäußerte Vermutungen, daß Wittgenstein Hitler sogar beeinflußt haben könnte, sind wohl in höchstem Maße spekulativ.

Wittgenstein studierte dann Ingenieurwissenschaften in Berlin, ging nach Cambridge und entdeckte dort seine Leidenschaft für die Philosophie. Er interessierte sich zunehmend für logische Probleme, was durch seine Bekanntschaft mit dem großen Logiker und Mathematiker BERTRAND RUSSELL (1872–1970) intensiviert wurde. Von da an hat Wittgenstein ein ziemlich unstetes Leben geführt: er pendelt zwischen England, Norwegen, wohin er sich oft in vollkommene Einsamkeit zurückzog, und Österreich. Während des ersten Weltkrieges meldete sich Wittgenstein freiwillig zum Militärdienst, was die Familie verblüffte, denn es wäre nicht notwendig gewesen. Wittgenstein machte entscheidende Schlachten sowohl in Galizien als auch dann am Ende des Krieges in Italien mit und schrieb während dieser Zeit sein einziges von ihm veröffentlichtes philosophisches Buch, den *Tractatus logico-philosophicus*. Die ersten Versuche, den *Tractatus* zu drucken, mißlangen übrigens, es wollte im Grunde niemand dieses Buch haben, und erst 1922 konnte eine zweisprachige, deutsch-englische Version erscheinen; die Wirkung dieses Buches ließ dann allerdings noch länger auf sich warten. Trotzdem war Wittgenstein davon überzeugt, damit alles gesagt zu haben, was noch zu sagen war.

Mit dem Ende des Krieges zerbrach die Donaumonarchie; Wittgenstein verschenkte sein Vermögen an seine Geschwister und beschloß, Volksschullehrer zu werden. Er unterrichtet auf eigenen Wunsch in den allerentlegensten Dörfern, die es in der Umgebung von Wien gab – in Trattenbach, in Puchberg/Schneeberg, in Otterthal. Über Wittgensteins Tätigkeit als Volksschullehrer gibt es eine Reihe von Anekdoten. Er dürfte sein Lehramt außerordentlich ernst genommen haben; ob er seine Schüler gefördert oder überfordert hat, da gehen je nach Interpretation der Quellen die Meinungen auseinander. Er versuchte, theoretisches und praktisches Lernen zu verbinden, machte mit seinen Schülern Exkursionen, ließ sie Gebrauchsgegenstände nachbauen und unterrichte in Logik und Mathematik begabte Schüler auch außerhalb der Schule – oft gegen den Widerstand der Eltern. Dieser Volksschullehrertätigkeit verdanken wir das zweite, zu Lebzeiten publizierte Buch Wittgensteins: ein Wörterbuch für Volksschüler. Nachdem einer seiner Schüler nach einer Ohrfeige, die Wittgenstein ihm verabreicht hatte, ohnmächtig geworden war, mußte der Philosoph den Schuldienst quittieren.

Über verschiedene Zwischenstationen kehrt Wittgenstein zurück nach Cambridge, er wird dort auf Grund seines *Tractatus* promoviert und allmählich beginnt sich so etwas wie ein Kreis um ihn zu bilden. Er kommt in den Ruf, ein origineller, leicht verwirrter, hochinteressanter, außerordentlich scharfsinniger, aber auch sehr komplizierter Philosoph zu sein. Er bekommt in Cambridge einen Lehrstuhl, den er einige Jahre besetzt, bevor er ihn aus gesundheitlichen Gründen, aber auch aus prinzipiellen Zweifeln an seiner Fähigkeit als Universitätslehrer, freiwillig aufgibt. Wittgenstein stirbt 1951 an Krebs und hat, obwohl er während seiner Lehrtätigkeit in Cambridge immer wieder Notizen, Überlegungen, Gedanken diktiert hat, selbst nichts mehr veröffentlicht. Erst nach seinem Tod werden aus diesen Vorlesungsnotizen Bücher kompiliert, die allmählich gezeigt haben, daß zwischen seinem Erstlingswerk, dem dann doch schon berühmten *Tractatus,* und den späten Arbeiten und Notizen sich Differenzen und Fragen aufwarfen, die die Wittgenstein-Forschung bis heute beschäftigen.

Der *Tractatus* war der Versuch gewesen, in der Philosophie noch einmal von vorne zu beginnen und damit auch gleich zu einem Ende zu kommen. Ausgangspunkt war die These, daß alle philosophischen Probleme letztlich Probleme der Sprache seien: „*Das Buch behandelt die philosophischen Probleme und zeigt – wie ich glaube – daß die Fragestellung dieser Probleme auf dem Mißverständnis der Logik unserer Sprache beruht. Man könnte den ganzen Sinn des Buches etwa in die Worte fassen: Was sich überhaupt sagen läßt, läßt sich klar sagen; und wovon man nicht reden kann, darüber muß man schweigen. Das Buch will also dem Denken eine Grenze ziehen, oder vielmehr – nicht dem Denken, sondern dem Ausdruck der Gedanken: Denn um dem Denken eine Grenze zu ziehen, müßten wir beide Seiten dieser Grenze denken können (wir müßten also denken können, was sich nicht denken läßt). Die Grenze wird also nur in der Sprache gezogen werden können und was jenseits der Grenze liegt, wird einfach Unsinn sein.*“[1] Es war diese Grenze, die Wittgenstein interessierte. Es ist die Grenze des Sagbaren. Das ist der Kern seines philosophischen Ansatzes: nicht die Grenze des Denkens, aber die Grenze dessen, was sinnvoll gesagt werden kann, kann tatsächlich festgestellt werden. Aufgabe der Philosophie soll es nun sein, diese Grenze des sinnvoll Sagbaren herauszufinden und zu bestimmen. Jenseits dieser Grenze aber liegt der Unsinn, Sätze, die nichts besagen, weil das, worüber sie zu handeln meinen, nicht klar und sinnvoll ausgedrückt werden kann. Wittgenstein war davon überzeugt, daß es ihm gelungen sei, diese Grenze zu ziehen: „*[Mir scheint] die* Wahrheit *der hier mitgeteilten Gedanken unantastbar und definitiv. Ich bin also der Meinung, die Probleme im Wesentlichen endgültig gelöst zu haben. Und wenn ich mich hierin nicht irre, so besteht nun der Wert dieser Arbeit zweitens darin, daß sie zeigt, wie wenig damit getan ist, daß die Probleme gelöst sind.*“[2]

Der *Tractatus* beginnt mit einem Satz, der die ganze Kraft eines authentischen Philosophierens demonstriert: „*Die Welt ist alles, was der Fall ist.*“ (1)[3] Damit ist noch einmal diese große Geste vollzogen, nicht über irgendetwas zu philosophieren, sondern über die Welt schlechthin und dabei eine harte, klare Bestimmung dessen zu finden, was die Welt eigentlich ist. Die Welt ist nicht das, was *ist*, im Sinne des ontologischen Denkens, sondern das, was *der Fall ist* – was aber ist der Fall? Wittgenstein erläutert dies durch zwei Sätze: „*Die Welt ist die Gesamtheit der Tatsachen, nicht der Dinge*“ (1.1.) und : „*Was der Fall ist, die Tatsache, ist das Bestehen von Sachverhalten*“ (2). Die Differenz von Tatsache und Ding verweist schon darauf, daß es nicht um das Seiende an sich gehen kann, sondern um das Hergestellte, Gemachte, das Faktum, den Fall, die Tatsache. Die Bestimmung der Tatsache wiederum als Sachverhalt verdeutlicht, daß es nicht um ein einzelnes Sein, sondern darum geht, die Welt als einen Komplex zu sehen: Die Summe aller Tatsachen ist die Welt.

---

1 Ludwig Wittgenstein, Tractatus logico-philosophicus. Logisch-philosophische Abhandlung. Frankfurt/Main: Suhrkamp, 1977, S. 7

2 Wittgenstein, Tractatus, S. 8

3 Wittgenstein, Tractatus, S. 11 – Die Dezimalziffern in den Klammern verweisen auf Wittgensteins logisch-numerische Ordnung seiner Sätze.

Das ist einerseits durchaus eine objektivistische Auffassung von der Welt – die Welt als die Summe aller Sachverhalte, all dessen, was an Beziehungen, Verhältnissen existiert im Sinne von *es ist der Fall, daß*; andererseits besteht das Problem des Denkens, des Erkennens, des Philosophierens darin, wie diese Sachverhalte, alles das, was der Fall ist, tatsächlich beschrieben und zur Sprache gebracht werden können: „*Wir machen uns Bilder der Tatsachen.*" (2.1) Die Tatsachen begreifen wir also nur, indem wir uns ein Bild von ihnen machen. Die Tatsache als solche ist uns ja unzugänglich; wir können sie erfahren, weil wir glauben, wir können sie wahrnehmen, aber sobald wir sie explizit machen, müssen wir etwas *sagen.* Der in diesem Sagen ausgesagte Satz selbst aber ist das Bild – wir machen uns ein sprachliches Bild von der Welt, wir bilden diese Bilder der Wirklichkeit als Sätze ab. Jeder Satz ist ein Bild von der Welt und gleichzeitig ist jeder Satz nichts anderes als der Gedanke, den wir über die Welt denken. „*Das logische Bild der Tatsachen ist der Gedanke.*" (3)[4] Bei Wittgenstein ist das Bild ganz präzise die logische Struktur eines Satzes. Sie bildet die Welt der Tatsachen ab – d. h. unsere Sprache selbst, ihre logische Struktur, ihre Syntax, ihre Grammatik ist ein Bild der Wirklichkeit.

Es gibt nun Satzbilder der Wirklichkeit, die sinnvoll sind und solche, die unsinnig sind. Was aber ist dafür das Kriterium? Woran erkenne ich einen Satz, der sich sinnvoll auf die Welt der Tatsachen bezieht und einen Satz, der unsinnig ist. Wenn ich davon ausgehe, daß der Satz ein Bild der Wirklichkeit ist, dann ist der Gedanke, der sich tatsächlich auf die Wirklichkeit bezieht, ein sinnvolles Bild, ein sinnvoller Satz. Sinnvolle Sätze sind dann solche, die sich zu einer Antwort zwingen lassen auf die Frage: *wahr* oder *falsch.* Sinnvolle Sätze – und das ist ein Kriterium, das auch in der Philosophie des *Wiener Kreises,* im logischen Positivismus Karriere gemacht hat – sind solche, von denen ich prinzipiell sagen kann, ob sie wahr oder falsch sein können. Oder, wie Wittgenstein das formulierte: „*Die Wirklichkeit muß durch den Satz auf ja oder nein fixiert sein.*" (4.023)[5]

Es ist nicht die Frage, ob der Satz in einem empirischen Sinne wahr oder falsch ist; die Frage ist, ob der Satz die Frage nach seiner empirischen Wahrheit logisch zuläßt. Wenn es regnet und jemand fragt, *regnet es?*, dann kann man sagen, *ja, es regnet* oder *nein, es regnet nicht.* Wenn man sagt, es regnet und es regnet in Wirklichkeit gar nicht, dann ist der Satz durchaus sinnvoll, er ist nur falsch. Sinnvolle Sätze sind also nicht notwendigerweise wahre Sät-

4 Wittgenstein, Tractatus, S. 19
5 Wittgenstein, Tractatus, S. 35

ze. Sinnlose Sätze sind aber Sätze, die keinen Sinn haben, weil sie nicht auf ja oder nein fixierbar sind, weil es keinen Sinn hat, zu fragen, stimmt das oder stimmt das nicht; sie sind deswegen weder wahr noch falsch, sondern unsinnig. Das aber bedeutet für Wittgenstein: „*Die meisten Sätze und Fragen, welche über philosophische Dinge geschrieben worden sind, sind nicht falsch, sondern unsinnig. Wir können daher Fragen dieser Art überhaupt nicht beantworten, sondern nur ihre Unsinnigkeit feststellen. Die meisten Fragen und Sätze der Philosophen beruhen darauf, daß wir unsere Sprachlogik nicht verstehen.*" (4.003)[6]

Wittgenstein hat diese Sprachlogik versucht zu analysieren, und im *Tractatus* eine formalisierte Aussagenlogik entworfen – also ein System aller denkbaren Beziehungen von Sätzen, die wahr oder falsch sein können, was Wittgenstein als die *Wahrheitsfunktion* eines Satzes bezeichnete, die allerdings, wie er betont, keine *materielle* Funktion darstellt. Denn über den erkenntnistheoretischen Stellenwert dieser Logik war sich Wittgenstein durchaus im klaren: „*Alle Sätze der Logik sagen aber dasselbe. Nämlich Nichts.*" (5.43)[7] Die Sätze der Logik sind letztlich Tautologien, formal richtig, aber ohne Aussagekraft über die Welt. Sätze der Logik sind durch die Erfahrung weder zu bestätigen, noch zu widerlegen. Die logischen Sätze stellen, so Wittgenstein, höchstens das „*Gerüst der Welt*" (6.124) dar.[8] Daraus folgert Wittgenstein, daß letztlich nur die Sätze der Naturwissenschaften sinnvolle Sätze sind. Denn nur die Naturwissenschaften beziehen sich explizit auf die Wirklichkeit, auch wenn es ein Irrtum wäre zu glauben, daß die Sätze der Naturwissenschaft schon die *Erklärung* der Naturerscheinungen beinhalteten.

Die Philosophie hingegen ist keine Naturwissenschaft, also formuliert die Philosophie auch keine sinnvollen und damit auch keine wahren Sätze. Doch die Philosophie hat dennoch eine Aufgabe: „*Der Zweck der Philosophie ist die logische Klärung der Gedanken.*" (4.112) Das bedeutet nicht, festzustellen, was die wahren Sätze über die Welt sind, das ist Aufgabe der Naturwissenschaften. Die logische Klärung dient dazu, festzustellen, welche Arten von Sätzen überhaupt sinnvoll auf die Welt bezogen werden können: „*Die Philosophie begrenzt das bestreitbare Gebiet der Naturwissenschaft.*" (4.113) Damit allerdings bedeutet Philosophieren, die „*Gedanken, die sonst, gleichsam, trübe und verschwommen sind, klar machen und scharf abgrenzen*". (4.112)[9] Die Philosophie produziert so selbst keine Wahrheiten. Das bedeutet übrigens auch,

---

6 Wittgenstein, Tractatus, S. 32

7 Wittgenstein, Tractatus, S. 71; vgl. dazu auch 6.11 (S. 93)

8 Wittgenstein, Tractatus, S. 99

9 Wittgenstein, Tractatus, S. 41f.

daß es keine sinnvollen Sätze der Ethik geben kann. Es gibt keine Moral, die sich tatsächlich auf Tatsachen bezöge – aus dem einfachen Grund, weil alle Sätze der Moral ihrer logischen Struktur nach ja keine Tatsachenbeschreibungen, sondern Imperative, Aufforderungen oder Verbote sind. Verbote sind aber weder wahr noch falsch – man kann ihnen nur gehorchen oder nicht gehorchen. Es heißt deshalb auch im *Tractatus*: „*[Es kann] auch keine Sätze der Ethik geben. Sätze können nichts Höheres ausdrücken. Es ist klar, daß sich die Ethik nicht aussprechen läßt. Die Ethik ist transcendental.*" (6.42)[10]

Das, was Philosophie immer als ihren Gegenstandsbereich ansah, entzieht sich so letztlich ihren Möglicheiten. Die Frage nach dem guten Leben kann sie ebenso wenig beantworten wie die nach dem Sinn von Sein, das Problem der Unsterblichkeit der Seele zu wälzen ist ebenso vergeblich wie die Beschwörung der Freiheit des Menschen, denn: „*Der Sinn der Welt muß außerhalb ihrer liegen. In der Welt ist alles wie es ist und geschieht alles wie es geschieht; es gibt in ihr keinen Wert – und wenn es ihn gäbe, so hätte er keinen Wert. Wenn es einen Wert gibt, der Wert hat, so muß er außerhalb alles Geschehens und So-Seins liegen. Denn alles Geschehen und So-Sein ist zufällig.*" (6.41)[11] Wie Wittgenstein die sprachliche Klärung jener Gedanken durchführt, die sich in der konventionellen Ausdrucksweise der Metaphysik mit den sogenannten *letzten Dingen* befaßt, läßt sich an den Schlußsätzen des *Tractatus* demonstrieren. Dort heißt es: „*Der Tod ist kein Ereignis des Lebens. Den Tod erlebt man nicht. Wenn man unter Ewigkeit nicht unendliche Zeitdauer, sondern Unzeitlichkeit versteht, dann lebt der ewig, der in der Gegenwart lebt. Unser Leben ist ebenso endlos, wie unser Gesichtsfeld grenzenlos ist. Die zeitliche Unsterblichkeit der Seele des Menschen, das heißt also ihr ewiges Fortleben nach dem Tode, ist nicht nur auf keine Weise verbürgt, sondern vor allem leistet diese Annahme gar nicht das, was man immer mit ihr erreichen wollte. Wird denn dadurch ein Rätsel gelöst, daß ich ewig fortlebe? Ist denn dieses ewige Leben dann nicht ebenso rätselhaft wie das gegenwärtige? Die Lösung des Rätsels des Lebens in Raum und Zeit liegt außerhalb von Raum und Zeit.*" (6.4311f.)[12]

Die Lösung des Rätsels des Lebens ist keine Frage der Welt der Tatsachen, der Welt, in der irgendetwas der Fall ist. Sie liegt jenseits dieser Fragestellungen. Das bedeutet aber auch: Wenn alle möglichen wissenschaftlichen Fragen beantwortet sind, sind diese Fragen des Lebens und des Todes noch

10 Wittgenstein, Tractatus, S. 112
11 Wittgenstein, Tractatus, S. 111
12 Wittgenstein, Tractatus, S. 113

gar nicht berührt. Vielleicht liegt eine der größten Verführungen unserer Zeit darin, daß wir glauben, wir könnten unsere Lebensprobleme lösen, indem wir uns wissenschaftlich-technischen Lösungsvarianten verschreiben. Das macht, pointiert formuliert, unser Unglück aus: Unsere Technik wird immer leistungsfähiger, unsere wissenschaftlichen Erkenntnisse werden immer größer, und trotzdem werden wir deshalb weder klüger noch im emphatischen Sinn glücklicher oder weiser. Das Eigentliche des Lebens, Wittgenstein betont es, ist unaussprechlich und daher jenseits der Welt der Logik und Wissenschaft angesiedelt. Das bedeutet allerdings nicht – und dies mag dann doch überraschen –, daß es für den Menschen keinen Zugang dazu gäbe. Wittgenstein schreibt: *„Es gibt allerdings Unaussprechliches. Dies* zeigt *sich, es ist das Mystische.*" (6.522)[13] Das, was jenseits der Grenze der Sprache liegt, die nach Wittgenstein die Grenze der ausdrückbaren und kommunizierbaren Welt darstellt, ist nur einer ganz anderen Dimension der Präsenz und Erfahrung zugänglich. Diesem Mystischen gegenüber versagt alles Sagen. Deshalb lautet der vielzitierte abschließende 7. Hauptsatz des *Tractatus*: *„Wovon man nicht sprechen kann, darüber muß man schweigen.*" (7)[14]

Der *Tractatus* hätte nach Wittgenstein wie eine Leiter fungieren sollen, die man wegwerfen kann, ist man erst einmal hinaufgestiegen. Wittgenstein wollte diese radikale Konsequenz ziehen, ist dann aber doch zur Philosophie, wenn auch in höchst eigenwilliger Weise, zurückgekehrt. Ob dies auch als Eingeständnis dafür gewertet werden kann, daß es doch noch etwas zu sagen gäbe, bleibe einmal dahingestellt.

Am 26. Oktober des Jahres 1946 kam es im *Moral Science Club* in Cambridge zu einer denkwürdigen Diskussion zwischen Wittgenstein, der dort lehrte, und einem Mann, der schon einige wissenschaftliche Verdienste erworben hatte und nun aus Neuseeland nach England gekommen war, um eine Professur an der London School of Economics anzutreten und der ebenfalls geborener Wiener war: Karl Raimund Popper. Es ging bei dieser Diskussion um die Frage, ob die Aufgabe der Philosophie auf die Kritik der Sprache beschränkt sei und es im Grunde keine eigenständigen philosophischen Probleme gäbe – also jene Position, die Wittgenstein damals noch sehr scharf vertreten hat. Popper hat damals wohl die gegenseitige Position vertreten und sich auf diese Diskussion mit einer Liste von seiner Ansicht nach tatsächlichen philosophischen Fragen vorbereitet. Es waren dies Fragen wie: Erken-

13 Wittgenstein, Tractatus, S. 115
14 Wittgenstein, Tractatus, S. 115

nen wir die Welt durch unsere Sinne? Erlangen wir Erkenntnis durch Induktion? Gibt es Unendlichkeiten? Wittgenstein verwarf alle diese Probleme als logische, psychologische oder mathematische Fragen. Schließlich verwies Popper auf moralische Probleme und fragte nach der Gültigkeit moralischer Regeln. In Poppers eigener Erinnerung war die Reaktion Wittgensteins auf diese Frage folgende: „*An diesem Punkt sagte Wittgenstein, der beim Feuer saß und nervös mit dem Schürhaken gespielt hatte, den er gelegentlich wie einen Dirigentenstab benutzte, um seine Behauptungen zu unterstreichen: ‚Geben Sie ein Beispiel für eine moralische Regel!'. Ich erwiderte: ‚Man soll einen Gastredner nicht mit einem Schürhaken bedrohen'. Darauf warf Wittgenstein ärgerlich den Schürhaken hin, stürmte aus dem Raum und schlug die Türe hinter sich zu.*"[15]

Wer war dieser Karl Popper, der es verstand, Wittgenstein in solche Wut zu versetzen? Popper ist jünger als Wittgenstein, 1902 in Wien geboren, aufgewachsen in der Atmosphäre eines wohlhabenden, jüdischen Bildungsbürgertums. Allerdings wird schon der Schüler von den sozialen und politischen Unruhen während des ersten Weltkrieges in seinem Weltbild irritiert und nach dem Krieg schließt er sich den Kommunisten an. Gleichzeitig pflegt Popper einen ästhetisch ambitionierten Lebensstil; er war Mitglied im berühmt-berüchtigten Verein für musikalische Privataufführungen von Arnold Schönberg. Popper entschließt sich, nachdem er eine Tischlerlehre absolviert hatte, Lehrer zu werden; er macht die Lehramtsprüfung für Hauptschulen und unterrichtet in der Zwischenkriegszeit in Wien, beschäftigt sich aber schon intensiv mit philosophischen, vor allem mit wissenschafts- und erkenntnistheoretischen Fragen. Er studiert bei Rudolf Carnap und Moritz Schlick an der Wiener Universität und gerät so in die Nähe des *Wiener Kreises*, ohne ihm wirklich anzugehören. Im Jahre 1934, kurz nach dem Bürgerkrieg und der Errichtung des Ständestaates, veröffentlicht Popper sein frühes Hauptwerk: Die *Logik der Forschung*. Anders als Wittgenstein interessierten Popper vor allem die Fragen nach den Möglichkeiten, Methoden und Strukturen wissenschaftlichen Forschens und Erkennens. Aufgrund der *Logik der Forschung* bekommt Popper in einer Zeit, in der der Anschluß Österreichs an das nationalsozialistische Deutschland bevorstand, die Möglichkeit, nach Neuseeland zu gehen. Er tut das, ohne dort recht glücklich zu werden, weil seine Lehrverpflichtung sehr hoch ist und er kaum noch Zeit hat für seine Forschungsarbeit. Nach dem zweiten Weltkrieg geht er 1946 nach London

15 Karl Popper, Ausgangspunkte. Zit. nach Manfred Geier, Karl Popper. Reinbek bei Hamburg: Rowohlt, 1994, S. 102f.

und nimmt eine Professur an der London School of Economics an, die er bis zu seiner Emeritierung innehatte.

Schon in Neuseeland – obwohl weit weg von den Kriegsschauplätzen – schrieb Popper sein zweites wichtiges Buch: *Die offene Gesellschaft und ihre Feinde*, eine Auseinandersetzung mit dem Phänomen totalitärer, *geschlossener* Gesellschaftsformen, denen Popper die demokratische, *offene* Gesellschaft gegenüberstellte. Das Besondere an diesem Buch ist, daß es keine Analyse der zeitgenössischen totalitären Systeme wie Faschismus oder Stalinismus ist, sondern daß Popper den etwas prekären Versuch unternommen hat, diese totalitären Systeme von ihren geistigen Wurzeln her zu kritisieren. Er machte vor allem drei Denker für diese verhängnisvolle Tendenz zu geschlossenen Gesellschaften verantwortlich. Erstens: Platon. Für Popper hat Platon in seiner Staatsutopie, in der *Politeia,* zum ersten Mal einen totalitären Gesellschaftsentwurf formuliert. Zweitens: Hegel. Keine Frage – Popper war der vehementeste Kritiker der Hegelschen Geschichtsphilosophie und sah in Hegels Dialektik eine gefährliche geistige Verirrung. Drittens: Marx. Es ist interessant, daß Popper, der ehemalige Kommunist, Marx noch am vorsichtigsten behandelte. Ihm gesteht er immerhin, im Gegensatz zu den anderen, Wahrheitsliebe, Redlichkeit und Engagement für Unterprivilegierte zu, aber er wirft ihm vor, daß er die fatale Hegelsche Dialektik übernommen hat, statt den Methoden der empirischen Sozialforschung zu vertrauen. Im berühmten letzten Kapitel der *Offenen Gesellschaft* mit dem Titel *Hat die Weltgeschichte einen Sinn?* kritisierte Popper – übrigens unter Berufung auf Kierkegaard – jede Form von Geschichtsphilosophie und erteilte allen Versuchen, in der Geschichte einen vorgegebenen Sinn zu sehen, eine Absage: „*Es gibt keine Geschichte der Menschheit, es gibt nur eine unbegrenzte Anzahl von Geschichten, die alle möglichen Aspekte des menschlichen Lebens betreffen. Und eine von ihnen ist die Geschichte der politischen Macht. Sie wird zur Weltgeschichte erhoben. Aber das ist eine Beleidigung jeder anständigen Auffassung von der Menschheit.*“ [16] Die an dieses Verdikt anschließende Frage, ob es wirklich keine Universalgeschichte im Sinne einer konkreten Geschichte der Menschheit gäbe, beantwortet Popper negativ. Das bedeutet für Popper allerdings nicht, daß dem Menschen in seinem konkreten Handeln nichts anderes bliebe als der historische Nihilismus: „*Die Geschichte hat keinen Sinn, das ist meine Behauptung. Aber aus dieser Behauptung folgt nicht, daß wir nichts tun können, daß wir der Geschichte der*

16 Karl R. Popper, Die offene Gesellschaft und Feinde II. Falsche Propheten. München: Francke, 1977, S. 334f.

politischen Macht entsetzt zusehen müssen oder daß wir gezwungen sind, sie als einen grausamen Scherz zu betrachten. Denn wir können [...] die Geschichte der Machtpolitik deuten vom Standpunkt unseres Kampfes für die offene Gesellschaft, für eine Herrschaft der Vernunft, für Gerechtigkeit, Freiheit, Gleichheit und für die Kontrolle des internationalen Verbrechens. Obwohl die Geschichte keinen Zweck hat, können wir ihr dennoch diese unsere Zwecke auferlegen, und obwohl die Geschichte keinen Sinn hat, können doch wir ihr einen Sinn verleihen.“[17]

Ähnlich folgenreich waren Poppers wissenschaftstheoretische Ansätze. Popper ging es darum zu klären, was Wissenschaften eigentlich machen und welchen logischen Status wissenschaftlich formulierte Hypothesen, Theorien und Gesetze eigentlich haben. Popper unterschied in seinem späten Buch *Objektive Erkenntnis* zwei grundlegende Erkenntnismodelle. Das erste, von ihm abgelehnte konventionelle Modell nannte er etwas salopp die *„Kübeltheorie“* der Wissenschaft oder des menschlichen Geistes. Diese, eigentlich empiristische Theorie geht davon aus, daß der Mensch ein passives Wesen ist, das die Informationen über Sinneseindrücke und Wahrnehmungen bekommt. Das menschliche Bewußtsein fungiert dabei als leerer Behälter, ein Kübel, der allmählich mit Sinnesdaten gefüllt wird. Der *„Wein der Erfahrung“*, den Francis Bacon auf diese Weise gewinnen wollte, ist nach Popper aber ein *„gepanschter Wein“*.[18] Wohl, so wendet Popper gegen dieses naive Modell ein, bedarf es zur Wissenschaft der Erfahrung. Der wissenschaftliche Prozeß ist allerdings etwas ganz anderes als eine, wenn auch geschärfte Form der Sinneswahrnehmung: *„In der Wissenschaft spielt nicht so sehr die Wahrnehmung, wohl aber die* Beobachtung *eine große Rolle. Eine Beobachtung aber ist ein Vorgang, in dem wir uns äußerst* aktiv *verhalten. [...] Der Beobachtung geht ein Interesse voraus, eine Frage, ein Problem – kurz, etwas Theoretisches [...] Beobachtungen sind immer selektiv, setzen also etwas wie ein Selektionsprinzip voraus.*“[19]

Die Annahme, daß jede sinnvolle Beobachtung einen Selektionsprozeß der Fragen und Interessen voraussetzt, die die Beobachtung steuern, erlaubt es Popper auch, den Erkenntnisprozeß insgesamt nach dem Modell der Evolution zu deuten. Letztlich geht es darum, zwischen konkurrierenden Modellen jene zu selektieren, die sich in der Konkurrenz der unterschiedlichen Theorien besser bewähren. Was bedeutet dies? Es gibt nach Popper keine unmittel-

---

17 Popper, Die offene Gesellschaft II, S. 344

18 Karl Popper, Objektive Erkenntnis. Ein evolutionärer Entwurf. Hamburg: Hoffman & Campe, 1973, S. 401f.

19 Popper, Objektive Erkenntnis, S. 403

bare Form der sinnlichen Wahrnehmung, sondern alles, was wir sehen und aufnehmen, alles was über unsere Sinnesempfindungen in unser Bewußtsein gelangt, wird durch das Bewußtsein nicht nur gefiltert, sondern der Prozeß der Wahrnehmung ist immer schon durch bestimmte Fragen vorstrukturiert. Es gibt nicht das, was in der Wissenschaftstheorie des Wiener Kreises *Basissatz* genannt wurde, das heißt eine reine, erste empirische Beobachtung. Jeder einfache *Protokollsatz*, der ein Ereignis oder einen Zustand beschreibt, bedarf einer Reihe von Voraussetzungen. Im Grunde beobachten wir die Welt nur, wenn wir Vermutungen, die wir schon haben, überprüfen wollen.

Nach Popper sind diese Vermutungen *Hypothesen* über die Welt, und wir versuchen, diese Vermutungen zu überprüfen. Wie kann dies geschehen? Ich kann sie nicht – und das ist der Punkt, wo Popper sich deutlich von Wittgenstein und auch dem Wiener Kreis unterscheidet – *verifizieren*. Ich kann von keinem Satz der Welt, der sich auf die Welt der Tatsachen bezieht, sagen, daß er wirklich wahr ist. Ich kann nur vermuten, daß er wahr sein könnte, denn wirklich wahre Sätze müßten sich, damit sie wahr sind, auf *alle* Elemente einer Klasse beziehen. Diese aber kann ich nicht beobachten. Das berühmte Beispiel dazu ist natürlich der Satz: *Alle Schwäne sind weiß*. Man kommt durch eine Reihe von Beobachtungen zu dieser Aussage. Man verallgemeinert einzelne Beobachtungen. Aufgrund der logischen Struktur dieser Verallgemeinerung ist klar, daß diese nie vollständig wahr sein kann, denn sie ist ja als auf dem Wege der Induktion gewonnene Verallgemeinerung Ausdruck eine beschränkten, endlichen Zahl von Beobachtungen. Solche Sätze wären tatsächlich wahr nur dann, wenn man unendlich viele weiße Schwäne gesehen hätte.

Ist deshalb Wissenschaft unmöglich? Nein, sagt Popper, sondern Wissenschaft muß umgekehrt verfahren. Sie darf gar nicht danach trachten – und das klingt durchaus plausibel, aber man muß sich die logische, vor allem aber die forschungspolitische Konsequenz dieser Annahme überlegen – zu zeigen, daß ein Satz *wahr* ist; sondern sie muß danach trachten zu zeigen, daß ein Satz *falsch* ist. Denn diese *Falsifikation* kann gelingen. Es genügt *ein* schwarzer Schwan, um den Satz *Alle Schwäne sind weiß*, der nie positiv bewiesen werden kann, ein für allemal zu widerlegen. Alle empirisch gewonnenen Sätze lassen sich also, wenn nur ein Fall gefunden wird, der dem Satz widerspricht, widerlegen. Kein empirischer Satz läßt sich aber vollständig beweisen, da es dazu unendlich vieler Beobachtungen bedürfte. Dieser Sachverhalt trifft nach Popper auf alle Sätze der empirischen Naturwissenschaften zu. Es müßte daher im Interesse jedes Forschers liegen, daß seine Sätze *falsifiziert* werden. Das ist der Kern der gleichermaßen berühmten wie berüchtigten *Falsifikationstheorie* Poppers, die auch *Fallibilismus* genannt wird: das Befalschheiten von Hypothesen. Popper schreibt dazu: „*Ich bezeichne diese Ansicht als die* ‚Scheinwerfertheorie', *im Gegensatz zur* ‚Kübeltheorie'. *[...] Die Beobachtungen werden zu Fällen, an denen die Hypothese (kritisch)* geprüft *wird. Wenn sie die Prüfung nicht besteht, wenn sie von den Beobachtungen falsifiziert wird, dann müssen wir uns nach einer neuen Hypothese umsehen – dann folgt die neue Hypothese jenen Beobachtungen nach, die zur Falsifikation der alten Hypothese geführt haben.*"[20] Aufgabe der Wissenschaften wäre es also, Hypothesen zu formulieren und zu versuchen, diese zu widerlegen. Diese Suche nach Widerlegungen nennt Popper *Kritik*. Die solcherarts widerlegten, falsifizierten Hypothesen und Theorien scheiden aus, bleiben sozusagen im geistigen Selektionsprozeß auf der Strecke; die nicht oder noch nicht widerlegbaren bleiben übrig. Das bedeutet nicht, daß diese wahr sind; aber sie haben sich im Prozeß der Kritik offensichtlich besser bewährt als andere, was den Schluß erlaubt, daß ihre Erklärungskraft größer und ihr Wahrheitsgehalt höher ist als der von schon falsifizierten Theorien. Das bedeutet aber auch, daß wir nie ein vollständiges Wissen von der Welt bekommen, sondern wie das Licht eines flackernden Scheinwerfers in einer dunklen Landschaft lassen uns die gut bestätigten Hypothesen ahnen, wie die Welt beschaffen sein könnte, in der wir leben. Diese Strategie bildet auch den Kern von Poppers *Kritischem Rationalismus*, der über die Wissenschaftstheorie hinaus zu einem einflußreichen Konzept von Rationalität werden sollte.

Das große Problem von Poppers Wissenschaftstheorie, die plausibel und einleuchtend erscheint, haben allerdings seine Schüler PAUL FEYERABEND (1924–1994) und THOMAS S. KUHN (geb. 1922) erkannt. Popper war der Überzeugung, daß sich der Prozeß des wissenschaftlichen Fortschritts in der Tat nach seinem Konzept vollzieht. Wenn man allerdings die Realgeschichte der Wissenschaften betrachtet, muß man zu der Erkenntnis kommen, daß die Wissenschaftler alles Mögliche gemacht haben, sie haben nur eines nie versucht: ihre Thesen zu falsifizieren. Tatsächlich trachten die Wissenschaften, so lange es nur irgendwie geht, ihre Hypothesen zu immunisieren und ihre Kritiker auszuschalten. Paul Feyerabend zumindest behauptete in seiner *anarchistischen* Erkenntnistheorie, daß wir im Bereich der Wissen-

20 Popper, Objektive Erkenntnis, S. 407

21 Paul Feyerabend, Wider den Methodenzwang. Skizze einer anarchistischen Erkenntnistheorie. Frankfurt/Main: Suhrkamp, 1976, S. 35

schaften alles mögliche machen können: „*anything goes*".[21] Wissenschaft ist rational weder im Sinne der Verifizierbarkeit, noch im Sinne Poppers. Aufgrund eines nahezu undurchschaubaren Konglomerats von theoretischen, politischen, sozialen und institutionellen Motiven setzen sich bestimmte Theorien durch, von denen sich nicht sagen läßt, ob sie nach irgendeinem wissenschaftlichen Kriterienmodell besser oder schlechter sind als andere. Das einzige, was sich sagen läßt, ist: sie haben sich eben durchgesetzt. Vielleicht werden sie auch einmal wieder entfernt werden – aber nicht, weil sie falsifiziert worden wären, sondern weil – wie Thomas S. Kuhn mit Berufung auf Max Planck sagte – ihre Hauptvertreter schlicht und einfach ausgestorben sind.[22]

22 Thomas S. Kuhn, Die Struktur der wissenschaftlichen Revolutionen. 2., revidierte Auflage. Frankfurt/Main: Suhrkamp, 1967, S. 162

11. Vorlesung

Martin Heidegger und Theodor W. Adorno – Kein Richtiges im Falschen

Die vielleicht bedeutendsten Philosophen Deutschlands im 20. Jahrhundert sind einander nie begegnet: MARTIN HEIDEGGER (1889–1976) und THEODOR W. ADORNO (1903–1969). Wohl aber haben sie sich gehaßt. Zumindest ist von Theodor W. Adorno die Anekdote überliefert, daß er, aus der amerikanischen Emigration nach Deutschland zurückkehrend, gesagt haben soll: Den Heidegger mach ich fertig. Auch wenn diese Geschichte nur erfunden sein sollte, drückt sie doch die Stimmung aus, die in den 50er Jahren den intellektuellen Diskurs beherrschte. Die existentialontologische Philosophie Martin Heideggers, obwohl durch die Nähe zum Nationalsozialismus inkriminiert, stand gegen das Denken Adornos, der als der führende Kopf der neomarxistisch inspirierten *Frankfurter Schule* gelten konnte. Manche Interpreten neigen heute allerdings zu der Ansicht, daß diese Feindschaft auch eine aus Nähe war. Es gibt Motive im Denken beider, die zumindest verwandte Fragestellungen erkennen lassen. Beiden ging es letztlich um den Versuch, die Moderne und das Denken in ihr zu begreifen und kritisch zu bestimmen. Die Formen und auch die Konsequenzen dieser Bemühungen waren allerdings nur zu unterschiedlich.

Eine Vorlesung über Aristoteles soll Martin Heidegger einmal mit dem Satz begonnen haben: Er wurde geboren, arbeitete und starb. Möglich, daß solches Heideggers Traum war: für die Philosophie leben, in der eigenen Philosophie verschwinden. Dieser Traum ging nicht in Erfüllung, konnte nicht in Erfüllung gehen. Mehr denn je ist Heidegger präsent, auch jenseits seiner Philosophie, als eine Figur, an der sich bislang exemplarisch ablesen ließ, daß auch das angeblich tiefste Denken nicht davor schützt, den Lockungen der Barbarei zu verfallen. Und ein solches Verhältnis von politischer Existenz und philosophischem Denken mußte geradezu die Frage provozieren, inwiefern es die Philosophie selbst gewesen war, die Heidegger in die Arme des Nationalsozialismus getrieben hatte. Nirgendwo ließ sich das prekäre Verhältnis zwischen deutschem Denken und der deutschen Katastrophe bislang so an- und aufgeregt diskutieren wie am Fall Heidegger.

Martin Heidegger wurde 1889 in Meßkirch geboren. Er studierte zuerst Theologie, dann auch Philosophie und Naturwissenschaften in Freiburg. Er promovierte über Fragen des Psychologismus und habilitierte sich über mittelalterliche Philosophie. Die Distanzierung von der Theologie ist allerdings bald unübersehbar und die Begegnung mit EDMUND HUSSERL (1859–1938) und dessen *Phänomenologie* beeinflußt sein Denken entscheidend. Im Jahre 1918 wird Heidegger Assistent bei Husserl in Freiburg, 1923 wird er nach Marburg berufen. 1927 erscheint Heideggers unvollendet gebliebenes Hauptwerk *Sein und Zeit*, wenig später übernimmt er den Lehrstuhl Husserls in Freiburg. Angebote, nach Berlin zu gehen, lehnt mit einem bewußten, philosophisch motivierten Bekenntnis zur Provinz ab. Im Jahre 1933 schließt er sich den Nationalsozialisten an und wird Rektor der Universität. Nach knapp einem Jahr sucht er um seinen Rücktritt an und zieht sich von allen politischen Tätigkeiten zurück, verweigert aber nach 1945 jede Auskunft über sein Verhältnis zu den Nazis. Von den Besatzungsmächten wird er mit einem Lehrverbot bis 1949 belegt, er hält allerdings in privaten Kreisen vielbeachtete Vorträge, die auch eine *Kehre* in seinem Denken verkünden. Martin Heidegger lebt meist zurückgezogen in seiner Hütte auf Todtnauberg und stirbt im Jahre 1976. Beerdigt wird er in Meßkirch. Soweit die äußeren Stationen eines akademischen Lebens in finsteren Zeiten, das den Zusammenhang zwischen Denken und Sein auf das äußerste exponierte. Vieles ist an Heidegger bemerkenswert und irritierend. Da ist einmal sein offenkundiger Hang zur Provinzialität, zur vorindustriellen, bäuerlichen Kultur, eine Vorliebe für *Feld-* und *Holzwege*, die mehr ist als eine Marotte, sondern sich in seinem Denkstil, seiner Begriffswahl niederschlägt; dann gibt es den sportlichen Heidegger, der nicht nur zu einer Zeit perfekt Ski fährt, da noch kaum jemand diesen Sport beherrschte, sondern auch noch darüber philosophische Vorlesungen hält; dann gibt es den akademischen Lehrer, der seinen Studenten tatsächlich so etwas wie die unmittelbare Lebendigkeit des Denkens vermittelt haben und dabei so faszinierend gewesen sein muß, daß sich kaum jemand seinem Einfluß hatte entziehen können. Nicht nur Hannah Arendt, die seine Geliebte werden sollte, auch andere kritische Köpfe wie Günther Anders, Herbert Marcuse oder Karl Löwith konnten sich dem Eindruck, den Heidegger als Lehrer bei ihnen hinterlassen hatte, bei aller Distanz nur schwer entziehen.

Und dann ist da der politische Heidegger, der Philosoph, der den Sündenfall begeht und sich, verführt durch das eigene Denken, wenn auch nur für kurze Zeit, für die Barbarei entscheidet. Und nicht zuletzt ist da der Sprachkünstler Heidegger, der, obwohl Universitätsphilosoph, eine Eigenständigkeit und Eigenwilligkeit seiner Sprache bekundete, die bis heute zur verehrenden Bewunderung oder spöttischen Verachtung Anlaß gibt. Immerhin: Heideggers Sprache ist unverwechselbar gewesen. Ist irgendwo vom *nichtenden Nichts,* vom *Dasein,* vom *Urerlebnis,* von der *Angst* und von der *Sorge,* von der *ontologischen Differenz* und von der *Eigentlichkeit* die Rede, so ist die Provenienz dieser Begriffe unmißverständlich. Aber dann ist da auch noch, man glaubt es kaum, der stille Revolutionär Heidegger. Denn zumindest des frühen Heideggers *kalter Blick* gegenüber allen Weltanschauungen, seine Forderung, daß es Aufgabe der Philosophie sei, den Menschen in die *absolute Fragwürdigkeit* hineinzustoßen, ist nicht nur ein Rundumschlag gegen die gewohnten Normen des Denkens und der Ideologien gewesen, sondern auch eine Form der Verweigerung jedes konventionellen sprachlichen Sinns, dem nicht zuletzt auch die moderne Literatur ihre Reputation verdankt. Die vor allem dann vom späten Heidegger immer wieder beanspruchte Nähe der Philosophie zur Dichtung, seine Verehrung für Hölderlin und Paul Celan, unterstreicht diese Dimension der Heideggerschen Philosophie, die letztlich auch über alle Philosophie hinaus und ins Leben oder in die Kunst vorstoßen wollte.

Trotz allem bleibt vielleicht Heideggers frühes Hauptwerk *Sein und Zeit* seine entscheidende Leistung. Nichts kann die Lektüre dieses Buches ersetzen, hier können nur einige Hinweise gegeben werden, die vielleicht auf dieses neugierig machen können. Geistesgeschichtlich läßt sich *Sein und Zeit* durchaus in die kulturkritische Stimmung der zwanziger Jahre einordnen. Wohl ging es Heidegger um das große Problem der Ontologie, um die Frage nach dem Sinn von Sein. Aber es ging ihm dabei auch um die radikale Selbstdurchsichtigkeit der Lebensvollzüge, darum, daß das menschliche *Dasein* nicht schlicht lebt, sondern sein Leben immer auch führt, ein Dasein, dem es um sein eigenes Seinkönnen geht. Die Analyse dieses *Daseins* führt Heidegger dazu, in der Zeitlichkeit dessen entscheidende Bestimmung zu sehen – als die Erfahrung des gegenwärtigen, zukünftigen und schließlich tödlichen *Vorbei.* Dieses Dasein ist ein Sein zum Tode. Deshalb ist das Dasein wesentlich auch durch die *Sorge* gekennzeichnet, es ist besorgt um das, was war, und um das, was sein wird. Der Offenheit der Zeit, der damit verbundenen *Freiheit* als Kette von Möglichkeiten bis hin zur Endgültigkeit des Todes, begegnet der Mensch allerdings – so Heidegger im Anschluß an Kierkegaard – mit *Angst,* einer Stimmung, die dem Einzelnen die Unheimlichkeit der Welt signalisiert: seine *Geworfenheit* in das Unvertraute.

Die Moderne, so Heidegger im vielleicht berühmtesten Kapitel des Buches, nimmt nun dem Dasein diese Möglichkeit, sich seiner Zeitlichkeit bewußt zu werden und angesichts des Todes seine Einzigartigkeit zu erfahren. Der Einzelne verschwindet im Allgemeinen der Vielen, im *Man.* Er ist, was man eben so ist. Im Man lebt das Dasein nicht mehr, sondern es wird gelebt: *„In der Benutzung öffentlicher Verkehrsmittel, in der Verwendung des Nachrichtenwesens (Zeitung) ist jeder Andere wie der Andere. Dieses Miteinandersein löst das eigene Dasein völlig in die Seinsart ‚der Anderen' auf, so zwar, daß die Anderen in ihrer Unterschiedlichkeit und Ausdrücklichkeit noch mehr verschwinden. In dieser Unauffälligkeit und Nichtfeststellbarkeit entfaltet das Man seine eigentliche Diktatur. Wir genießen und vergnügen uns, wie man genießt; wir lesen, sehen und urteilen über Literatur und Kunst, wie man sieht und urteilt; wir ziehen uns aber auch vom ‚großen Haufen' zurück, wie man sich zurückzieht; wir finden ‚empörend', was man empörend findet. [...] [Das Man] hält sich faktisch in der Durchschnittlichkeit dessen, was sich gehört, was man gelten läßt und was nicht, dem man Erfolg zubilligt, dem man ihn versagt. Diese Durchschnittlichkeit in der Vorzeichnung dessen, was gewagt werden kann und darf, wacht über jede sich vordrängende Ausnahme. Jeder Vorrang wird geräuschlos niedergehalten. Alles Ursprüngliche ist über Nacht als längst bekannt geglättet. Alles Erkämpfte wird handlich. Jedes Geheimnis verliert seine Kraft. Die Sorge der Durchschnittlichkeit enthüllt wieder eine wesenhafte Tendenz des Daseins, die wir die Einebnung aller Seinsmöglichkeiten nennen. [...] Das Man ist überall dabei, doch so, daß es sich auch schon immer davongeschlichen hat, wo das Dasein auf Entscheidung drängt. Weil das Man jedoch alles Urteilen und Entscheiden vorgibt, nimmt es dem Jeweiligen Dasein die Verantwortlichkeit ab. Das Man kann es sich gleichsam leisten, daß ‚man' sich ständig auf es beruft. Es kann am leichtesten alles verantworten, weil keiner es ist, der für etwas einzustehen braucht. Das Man ‚war' es immer und doch kann gesagt werden, ‚keiner' ist es gewesen. In der Alltäglichkeit des Daseins wird das meiste durch das, von dem wir sagen müssen, keiner war es. Das Man entlastet so das jeweilige Dasein in seiner Alltäglichkeit. [...] Jeder ist der Andere und Keiner er selbst. Das Man, mit dem sich die Frage nach dem Wer des alltäglichen Daseins beantwortet, ist das Niemand, dem alles Dasein im Untereinandersein sich je schon ausgeliefert hat.“*[1]

1 Martin Heidegger, Sein und Zeit. Tübingen: Niemeyer, 1979, S. 126ff.

Liest man heute diese Passagen, ist der kulturkritische Gestus, der Dünkel des Einen, des Eigentlichen gegen die modernen Formen der Öffentlichkeit und Massengesellschaft unverkennbar. Dennoch beschreiben diese Sätze nicht nur das Eintauchen der modernen Gesellschaften in die große Anonymität und Durchschnittlichkeit, sondern antizipieren, erstaunlich genug, genau jene Haltung des Mittuns und der Verantwortungslosigkeit, auf die sich später jene Parteigänger und Mitläufer der Nationalsozialisten berufen sollten, denen Heidegger die entschlossene Kraft gegen das *Man* kurzzeitig zugetraut hatte. Denn gegen diese Unterschiedslosigkeit und *Uneigentlichkeit* des Daseins wollte Heidegger einen *Mut zur Angst,* eine *Entschlossenheit* zur Freiheit mobilisieren, die den Tod zu denken wagen und sich damit als endliches Ereignis des Seins entdecken sollte. Das *uneigentliche* Man der Vielen, ihre *Verlorenheit,* sollte aufgebrochen werden durch ein *eigentliches* Miteinandersein, das aus dem *Selbstsein der Entschlossenen* hätte erwachsen sollen. Heidegger wollte damit wohl einer assoziativen *Gesellschaft* von anonymen und atomisierten, nur oberflächlich synchronisierten Individuen eine *echte Gemeinschaft* gegenüberstellen – ein Gedanke, der gerade im Lichte gegenwärtiger Kommunitarismusdiskussionen wieder an Aktualität gewinnt, auch wenn die Mitglieder dieser Gemeinschaft bei Heidegger dem Pathos des Individuellen und dem Gestus des Einsamen treu bleiben sollten. Daß Heidegger dann im Nationalsozialismus solch einen Ausbruch aus der Uneigentlichkeit sehen wollte, entspricht so zwar einigen Motiven seines Denkens, unterläuft aber gleichzeitig seinen existenzialen Solipsismus.

Heidegger und der Nationalsozialismus also. Es war wohl keine Verirrung, sondern Heideggers Engagement für die Nazis erwuchs auch aus seinem Denken, was sich nicht zuletzt in der umstrittenen und berüchtigten Freiburger *Rektoratsrede* von 1933 ausdrückte. Zweifellos: Heidegger, der Antidemokrat, war von Hitler fasziniert, und er erhoffte sich von den Nazis eine konservative Revolution gegen die von ihm als so verheerend empfundenen Entwicklungen der Moderne. Die völkische Ideologie der Nazis, ihren biologistischen und sozialdarwinistischen Rassismus, hat Heidegger allerdings nie mitgetragen, in seinen Nietzsche-Vorlesungen in den späten dreißiger Jahren auch öffentlich kritisiert. Und trotz einiger antisemitischer Ausfälle und einem vielleicht auch opportunistischen Schweigen zur Entfernung jüdischer Kollegen von den Universitäten – in einigen Fällen ist Heidegger auch für den Verbleib jüdischer Professoren eingetreten –, war er im weltanschaulichen Sinne kein Antisemit. Seine Auffassung vom Menschen als *Geworfenen,* der alles, was er wird, seinen Entscheidungen und seiner Entschlossenheit verdankt, vertrug sich offenkundig nicht mit einer Lehre, die die zufälligen Merkmale der Geburt zum Schicksal und Selektionskriterium erheben wollte. Heideggers Pläne nach der gar nicht so freiwilligen Niederlegung des Rektorats, über die Leitung einer *Dozentenakademie* oder eines *Wissenschaftslagers* das intellektuelle Deutschland zu dominieren, scheiterten so auch nicht zuletzt an den Einsprüchen hochgestellter Parteigenossen, die in dem Philosophen weniger den nationalsozialistischen Vordenker als vielmehr den Vertreter eines metaphysischen Nihilismus sahen, den Vertreter eines auflösenden und zersetzenden Denkens, der folgerichtig auch observiert wurde.

Tatsächlich war der Nihilismus ein zentrales Thema für Heidegger in dieser Zeit. In einem 1943 im kleinen Kreis vorgetragenen, viel später veröffentlichten Text über Nietzsches Aphorismus *Der tolle Mensch,* in dem der Tod Gottes verkündet wird, hatte Heidegger versucht, sich dem Phänomen des Nihilismus zu stellen und diesen als den eigentlichen Grundzug der europäischen Kultur der Moderne gedeutet: „*Der Nihilismus ist eine geschichtliche Bewegung, nicht irgendeine von irgendwem vertretene Ansicht und Lehre. Der Nihilismus bewegt die Geschichte nach der Art eines kaum erkannten Grundvorganges im Geschick der abendländischen Völker. Der Nihilismus ist daher auch nicht nur eine geschichtliche Erscheinung unter anderen, nicht nur eine geistige Strömung, die neben anderen, neben dem Christentum, neben dem Humanismus und neben der Aufklärung innerhalb der abendländischen Geschichte auch vorkommt. Der Nihilismus ist, in seinem Wesen gedacht, vielmehr die Grundbewegung der Geschichte des Abendlandes. Sie zeigt einen solchen Tiefgang, daß ihre Entfaltung nur noch Weltkatastrophen zur Folge haben kann. Der Nihilismus ist die weltgeschichtliche Bewegung der in den Machtbereich der Neuzeit gezogenen Völker der Erde.*“ Heidegger sieht in der entfesselten Moderne, in der Säkularisierung und im technisch-zivilisatorischen Fortschritt selbst diesen Nihilismus am Werk: „*An die Stelle der geschwundenen Autorität Gottes und des Lehramtes der Kirche tritt die Autorität des Gewissens, drängt sich die Autorität der Vernunft. Gegen diese erhebt sich der soziale Instinkt. Die Weltflucht ins Übersinnliche wird ersetzt durch den historischen Fortschritt. Das jenseitige Ziel einer ewigen Seligkeit wandelt sich um in das irdische Glück der Meisten. Die Pflege des Kultus der Religion wird abgelöst durch die Begeisterung für das Schaffen einer Kultur oder für die Ausbreitung der Zivilisation. Das Schöpferische, vormals das Eigene des biblischen Gottes, wird zur Auszeichnung des menschlichen Tuns. Dessen Schaffen geht zuletzt in das Geschäft über.*“[2]

2 Martin Heidegger, Nietzsches Wort ‚Gott ist tot'. In: Holzwege, Frankfurt/Main: Klostermann, 1980, S. 214ff.

Säkularisierung und Nihilismus fallen so bei Heidegger zusammen, die allgemeine Geschäftigkeit der kapitalistisch-industriellen Gesellschaft ist der stärkste Ausdruck dieses Prozesses. Es waren deshalb gerade die raschen wirtschaftlichen, technischen und politischen Erfolge des NS-Regimes, die Heidegger schon gegen Ende der dreißiger Jahre klarmachten, daß der Nationalsozialismus nicht als der erhoffte Ausbruch aus der Moderne, sondern als ihr besonders konsequenter Ausdruck zu deuten ist. Heidegger sieht nun im Nationalsozialismus durchaus das an der Herrschaft, was er an der Moderne verachtete: technische Raserei, totale Herrschaft und perfekte Organisation, umfassende Mobilisierung. Heidegger, der sich stets als Kritiker der cartesianischen Neuzeit verstanden hatte, zieht sich zurück. Hölderlin, der Dichter, und mit ihm die Frage nach der Wahrheit im Kunstwerk, rücken ins Zentrum seines Denkens. In den nicht für die Veröffentlichung gedachten *Beiträgen zur Philosophie*, einem philosophischen Tagebuch aus den Jahren 1936 bis 1938, will Heidegger allerdings im Zeitalter der *vollendeten Sinnlosigkeit* das *Seyn* selbst noch einmal zum Sprechen bringen, in einer repititiven, suggestiven, mit Neologismen durchsetzen Sprache, durch die eine Grundfrage Heideggers, die nach Gott nach seinem Tode, immer wieder durchbricht.

So paradox es klingen mag: der Höhepunkt von Heideggers Ruhm fällt aber in die Nachkriegszeit. Heidegger, der natürlich als belastet galt, kämpfte zwar zuerst vergeblich um seine Lehrbefugnis, die er erst 1950/51 wieder erhielt, aber nicht zuletzt das 1943 erschienene große Werk *Das Sein und das Nichts* von JEAN-PAUL SARTRE (1905–1980) hatte den Blick wieder auf Heidegger gerichtet. In den Auseinandersetzungen mit Sartre über Humanismus und Existentialismus bewegt sich Heidegger noch einmal auf der Höhe seiner Zeit, genauso wie mit seinen zuerst in Privatveranstaltungen vor illustrer Gesellschaft gehaltenen Vorträgen über das Wesen der *Technik*, in denen er doch etwas von jener fundamentalen Technikkritik berührt, die nahezu zeitgleich sein ehemaliger Schüler und Antipode Günther Anders formulieren sollte.

Über den Ruhm verkam Heideggers Denken allerdings rasch zu einer intellektuellen Mode der Konservativen, die Theodor W. Adorno in seinem *Jargon der Eigentlichkeit* unnachsichtig geißelte. Zu Beginn der sechziger Jahre war Heidegger zum bevorzugten Gegenstand der Kritik der *Kritischen Theorie* geworden. Aber auch Adorno war es letztlich um Ähnliches wie Heidegger gegangen: um die Kritik einer entfesselten Moderne, die das einzelne, besondere Dasein, das *Nichtidentische*, zu vernichten droht und als deren extremster Ausdruck der Nationalsozialismus zu begreifen war.

Adornos Schicksal kann, in anderer Weise als das Heideggers, für dieses Jahrhundert paradigmatisch genannt werden. Im Jahre 1903 wird er als Sohn des Frankfurter Weinhändlers Oskar Wiesengrund und der Opernsängerin Maria Calvelli-Adorno geboren. Adorno gilt als frühreif und vor allem musikalisch hochbegabt. Schon als Knabe liest er gemeinsam mit Siegfried Kracauer Kants *Kritik der reinen Vernunft*, gleich nach Abschluß des Gymnasiums beginnt er eine publizistische Tätigkeit als Musikkritiker und lange schwankte er, ob er Philosoph oder Musiker werden sollte. Er promoviert im Alter von 21 Jahren und geht nach Wien, um bei Alban Berg Komposition zu studieren. Nicht zuletzt aus dieser Zeit resultierte Adornos tiefes Verständnis für die Musik der Zweiten Wiener Schule, die er ein Leben lang verteidigen wird. Adorno konzentriert sich schließlich doch auf die Philosophie und habilitiert sich 1931 mit einer Arbeit über Kierkegaard. In dieser Zeit hat er auch schon Kontakt zum Frankfurter *Institut für Sozialforschung* und dessen Direktor Max Horkheimer. Resultat dieser Beziehung ist nicht nur eine lebenslange Freundschaft, sondern auch ein theoretisches Konzept, durch das Adorno seine ästhetischen Interessen mit einem neomarxistischen, ideologie- und gesellschaftskritischen Ansatz verbinden wollte.

Nach der Machtergreifung Hitlers wird Adorno die Lehrbefugnis entzogen, er emigriert zuerst nach England, dann in die USA, wohin sich auch das Institut für Sozialforschung zurückgezogen hatte. Der Aufenthalt in Amerika war für Adorno zweifellos prägend. Der dort schon zu beobachtenden konsequenten Vermarktung der Kunst durch die von ihm so genannte *Kulturindustrie* stand er zutiefst skeptisch gegenüber. Adorno arbeitet an zahlreichen Forschungsprojekten mit, über Musiksoziologie, Antisemitismus und Faschismus. Gemeinsam mit Max Horkheimer verfaßte er die *Dialektik der Aufklärung*, die sowohl vor dem Hintergrund des Faschismus als auch angesichts der Erfahrungen mit der amerikanischen Industriegesellschaft die These vertrat, daß Aufklärung auch wieder in Barbarei und Unfreiheit umschlagen kann. In den USA entstehen aber auch die *Philosophie der neuen Musik* und die aphoristischen *Minima Moralia*. Adorno kehrt 1949 nach Deutschland zurück und wird Professor am wiedererrichteten Institut für Sozialforschung in Frankfurt. 1966 erscheint dann sein philosophisches Hauptwerk, die *Negative Dialektik*. Adorno wurde zu einem der geistigen Brennpunkte der Studentenbewegung der späten 60er Jahre. Als die revoltierenden Studenten allerdings auch seine Vorlesungen sprengten, ließ er das Institut durch die Polizei räumen. Adorno starb, überraschend, im Sommer

1969 an einem Herzinfarkt. Sein kunstphilosophisches Hauptwerk, die *Ästhetische Theorie*, konnte nur mehr posthum erscheinen.

Wie wenige hat Adorno – und das machte bei ihm das problematische Verhältnis von Denken und Leben aus – den Typus des Intellektuellen verkörpert, der einerseits Kritik üben kann und will, andererseits aber weiß, daß ihm die Kraft der Veränderung nicht gegeben ist. In den *Minima Moralia*, diesen prägnanten Mikroanalysen einer entfremdeten Welt, denen Adorno selbst den Untertitel *Reflexionen aus dem beschädigten Leben* gegeben hatte, findet sich ein zentraler Absatz über den Intellektuellen, selbstironisch überschrieben mit *Hänschen klein*. Darin heißt es: *„Der Intellektuelle, und gar der philosophisch gerichtete, ist von der materiellen Praxis abgeschnitten: der Ekel vor ihr trieb ihn zur Befassung mit den sogenannten geistigen Dingen. Aber die materielle Praxis ist nicht nur die Voraussetzung seiner eigenen Existenz, sondern liegt auf dem Grunde der Welt, mit deren Kritik seine Arbeit zusammenfällt. Weiß er nichts von der Basis, so zielt er ins Leere. Er steht vor der Wahl, sich zu informieren, oder dem Verhaßten den Rücken zu kehren. Informiert er sich, so tut er sich Gewalt an, denkt gegen seine Impulse und ist obendrein in Gefahr, selber so gemein zu werden, wie das, womit er sich abgibt, denn die Ökonomie duldet keinen Spaß, und wer sie auch nur verstehen will, muß ökonomisch denken.*" Hier wird ein Gedanke angedeutet, den Adorno wie vielleicht niemand sonst formuliert hat: daß in dem Ekel, der Abneigung von Intellektuellen der sogenannten Praxis gegenüber eine Berechtigung steckt, die an sich schon Kritik an dieser Praxis enthält: *„Distanz von Praxis ist allen anrüchig. Beargwöhnt wird, wer noch nicht fest zupacken, nicht die Hände sich schmutzig machen möchte, als wäre nicht die Abneigung dagegen legitim und erst durch Privileg entstellt.*" Worum es dabei geht: daß es gute Gründe dafür gibt, sich entfremdeter materieller Arbeit genauso entziehen zu wollen wie den sogenannten Sachzwängen, die Praxis, ökonomisches und politisches Handeln, unerbittlich durchziehen. Erst dadurch, daß nur wenige diese Abneigung sich leisten können, wird diese selbst fragwürdig. Diese Spannung wird zum Schicksal des Intellektuellen: *„Daß die Intellektuellen zugleich Nutznießer der schlechten Gesellschaft und doch diejenigen sind, von deren gesellschaftlich unnützer Arbeit es weithin abhängt, ob eine von Nützlichkeit emanzipierte Gesellschaft gelingt – das ist kein ein für allemal akzeptabler und dann irrelevanter Widerspruch. Er zehrt unablässig an der sachlichen Qualität. Wie der Intellektuelle es macht, macht er es falsch.*"[3]

---

3 Theodor W. Adorno, Minima Moralia. Gesammelte Schriften 4, Frankfurt/Main: Suhrkamp, 1980, S. 148f.

Der Intellektuelle, der seine Praxis im Denken sieht und sich gleichzeitig der Fatalität dieser Situation bewußt ist: dieses Dilemma war kennzeichnend für Adornos Philosophie und Position und ist wohl auch charakteristisch für die von ihm mitbegründete *Kritische Theorie* der Gesellschaft. Seine eigenen theoretischen Anstrengungen – als Philosoph, Soziologe, Ästhetiker – sind dann auch von der Überzeugung her motiviert, daß nur der konsequent zu Ende gedachte Gedanke, der keine Rücksicht auf die Praxis nimmt, jene kritische Potenz zu entfalten vermag, die allein imstande ist, auf die Gesellschaft zurückzuwirken. Den gegen ihn deshalb erhobenen Vorwurf, auch er wäre ein Bewohner des Elfenbeinturms, hat Adorno dann auch, in seinem letzten Gespräch mit dem SPIEGEL, Anfang Mai 1969, nur sanft zurückgewiesen: *„Ich habe vor dem Ausdruck Elfenbeinturm gar keine Angst. [...] Ich glaube, daß eine Theorie viel eher fähig ist, kraft ihrer eigenen Objektivität praktisch zu wirken, als wenn sie sich von vornherein der Praxis unterwirft.*“[4] Eine seiner letzten Arbeiten, ein im Februar 1969 gehaltener Vortrag *Über Resignation* geriet Adorno zu einer prinzipiellen Verteidigung von Denken an sich, die vielleicht auch deshalb wieder ins Gedächtnis gerufen werden sollte, weil das Denken, das sich auf keinen unmittelbaren Nutzen bezieht, zur Zeit ja nicht gerade hoch im Kurs steht: *„Eigentlich ist Denken schon vor allem besonderen Inhalt die Kraft zum Widerstand und nur mühsam ihr entfremdet worden [...] Was einmal gedacht ward, kann unterdrückt, vergessen werden, verwehen. Aber es läßt sich nicht ausreden, daß etwas davon überlebt. Denn Denken hat das Moment des Allgemeinen. [...] Wer denkt, ist in aller Kritik nicht wütend. Denken hat die Wut sublimiert. Weil der Denkende es sich nicht antun muß, will er es auch den anderen nicht antun. Das Glück, das im Auge des Denkenden aufgeht, ist das Glück der Menschheit. Die universale Unterdrückungstendenz geht gegen den Gedanken als solchen. Glück ist er, noch wo er das Unglück bestimmt: indem er es ausspricht. Damit allein reicht Glück ins universale Unglück hinein. Wer es sich nicht verkümmern läßt, der hat nicht resigniert.*“[5]

Denken, Philosophie als Aussprechen des Unglücks und damit als Moment des Glücks – natürlich zeigt sich hier noch einmal, wenn auch in gewandelter Gestalt, das aristotelische Motiv des *bíos theoretikops*. Damit ist aber auch ein zentrales Moment von Adornos Arbeiten benannt. Er wollte sich keine Illusion machen über den wahren Zustand der Gesellschaft: daß sich in der späten

---

4 Theodor W. Adorno, Gesammelte Schriften 20/1, Frankfurt/Main: Suhrkamp, 1986, S. 403

5 Theodor W. Adorno, Gesammelte Schriften 10/2, Frankfurt/Main: Suhrkamp, 1977, S. 798f.

bürgerlichen Welt ein allgemeiner *Verblendungszusammenhang* aus Medien, Kommerz und Propaganda wie ein Schleier über das Bewußtsein der Menschen gelegt hat, der es immer schwieriger, tendenziell unmöglich macht, einen Blick auf die Wahrheit zu erhaschen. Daß diese Verblendung kein naturwüchsiger Zustand ist, sondern gesellschaftlich produziert, daß dadurch die Menschen abgelenkt werden sollen zu merken, wie sie leben, davon war Adorno überzeugt. Seine Kritik der *Kulturindustrie*, die alle jene Waren produziert, die den Menschen ihre Wahrnehmungsmöglichkeiten normieren und beschränken, zielt darauf ab. Daß er sich als einzelner der allgemeinen Uniformierung und Konformität des Bewußtseins gegenüber allerdings chancenlos gedünkt hätte, täuscht. Nicht, daß Adorno nicht gespürt hätte, daß das Tauschprinzip, nach dem die Gesellschaft funktioniert, die Individuen einander angleicht, um sie austauschbar zu machen und so Individualität letztlich überhaupt gefährdet. Aber das denkende Subjekt blieb für ihn der Ort, von dem aus Widerstand als Kritik möglich schien. Daß diese Kritik nur negativ und destruktiv sein könne, darauf hat Adorno allerdings beharrt. Oft genug ist es ihm vorgeworfen worden: daß er sich weigere, zu sagen, wo es zum Besseren entlanggehe. Eine Kritik, so aber Adorno, die das Positive immer schon mitliefern müsse, sei damit aber von vornherein gezähmt und um ihre Vehemenz gebracht.

Dem reinen begrifflichen Denken, der nackten Rationalität hatte Adorno allerdings ebenfalls mißtraut. Schon in der *Dialektik der Aufklärung* hatte er einen Gedanken formuliert, der nur allzugerne verdrängt wird: daß der Rückfall der Zivilisation in die faschistische Barbarei kein Betriebsunfall der Geschichte, der irgendeinem dämonischen Individuum oder einem verruchten Volksgeist anzulasten sei, gewesen sei, sondern die Konsequenz einer sich selbst überlassenen, instrumentell verkürzten Vernünftigkeit. Adorno und Horkheimer schrieben damals: „*Wir hegen keinen Zweifel, daß die Freiheit in der Gesellschaft vom aufklärenden Denken unabwendbar ist. Jedoch glauben wir, daß der Begriff eben dieses Denkens, nicht weniger als die konkreten historischen Formen, die Institutionen der Gesellschaft, in die es verflochten ist, schon den Keim zu jenem Rückschritt enthalten, der heute überall sich ereignet.*“[6]

Daß eine Rationalität, die ausschließlich auf ein Instrument zur technischen Herrschaft über die Natur, zu ihrer Ausbeutung und zur Ausbeutung des Menschen reduziert worden war, eine wirklich aufgeklärte, und das hieß für Adorno immer auch: befreite Gesellschaft, nicht befördert, sondern sogar

---

6 Adorno, Gesammelte Schriften 3, Frankfurt/Main: Suhrkamp 1984, S. 13

verhindert, war eine der Kernthesen Adornos. Die schrankenlose Herrschaft über die Natur hat immer die Herrschaft des Menschen über den Menschen zu ihrer Voraussetzung und zur Folge. Die *Dialektik*, und damit das Fatale, besteht nach Adorno allerdings darin, daß ohne solche Herrschaft Zivilisation und Kultur nicht möglich gewesen wäre und wohl auch nicht möglich ist.

Deshalb wollte oder konnte Adorno in der Geschichte keinen Fortschritt sehen. In der *Negativen Dialektik* schreibt er: „*Die Behauptung eines in der Geschichte sich manifestierenden und sie zusammenfassenden Weltplans zum Besseren wäre nach den Katastrophen und im Angesicht der künftigen zynisch [...] Keine Universalgeschichte führt vom Wilden zur Humanität, sehr wohl eine von der Steinschleuder zur Megabombe.*“[7] Aber trotzdem: gerade weil Adorno wie kaum ein anderer die Tücken der zivilisatorischen Rationalität durchdachte, bekannte er sich auch wie kaum ein anderer Gesellschaftskritiker zu dieser. Rückwärts gewandte Utopien, die Alternativen in vorzivilisierten, ländlich-archaischen Lebensformen suchen, waren für ihn wohl indiskutabel. Der Ort, an dem sich kritisches, befreiendes Denken nur entfalten konnte, war für ihn, ganz im Gegensatz zu Heidegger, die moderne, große Stadt. Der bedrohlichen Zwiespältigkeit dieser Lebensform konnte für ihn nicht durch eine Absage ans Denken, nur durch ein Mehr an Denken, durch angestrengte Reflexion begegnet werden.

Woran Adorno allerdings zweifelte, war, ob die Rationalität in ihrer abstrakt-logischen Form imstande sei, dieses überlebensnotwendige Mehr an Vernunft zu leisten; er bezweifelte, ob die Vernunft, durch ihre abstrakte Begrifflichkeit gezwungen, alles Besondere, Individuelle, Einmalige zu vernachlässigen, überhaupt dazu taugen könne, die Arbeit an der Versöhnung zwischen den Menschen und zwischen Mensch und Natur aufzunehmen; ja, es schien ihm fraglich, ob selbst die Vorbedingung solcher Versöhnung, das Begreifen existierender Inhumanitäten, einer distanzierten und abstrakten Vernunft gelingen könne. Schon früh sah deshalb Adorno in der *Kunst* und in der philosophischen Auseinandersetzung mit Kunst eine, vielleicht die letzte Möglichkeit, das Defizit der reinen Vernunft auszugleichen. Kunstwerke stellten für Adorno eine Form *begriffsloser Erkenntnis* dar, die genau jene Momente von Besonderheit und Subjektivität zu retten imstande sind, die dem begrifflichen Denken entgleiten. Kunstwerke stellen aber an sich auch jene konkreten gesellschaftlichen Utopien dar, die, rational konstruiert, an der Wirklichkeit immer scheitern oder diese terrorisieren: „*Daß aber*

---

7 Adorno, Gesammelte Schriften 6, Frankfurt/Main: Suhrkamp 1984, S. 314

Kunstwerke da sind, deutet darauf, daß das Nichtseiende sein könnte. Die Wirklichkeit der Kunstwerke zeugt für die Möglichkeit des Möglichen."[8]

Kunst ist für Adorno immer eine Form von Wahrheit gewesen, und er hat stets gefordert, daß sie als solche auch verbindlich genommen werden sollte. Daß Kunst eine kulturindustriell erzeugte Ware ist, die dazu dient, falsche Befriedigung echter Bedürfnisse oder echte Befriedigung falscher Bedürfnisse zu sein, hat Adorno allerdings auch als einer der ersten diagnostiziert und kritisiert: „*Geistige Gebilde kulturindustriellen Stils sind nicht länger auch Waren, sondern sind es durch und durch.*" Was hinter der Erzeugung kulturindustrieller Produkte sich verbirgt, nannte Adorno beim Namen: „*Der Gesamteffekt der Kulturindustrie ist der einer Antiaufklärung; in ihr wird Aufklärung, die fortschreitende technische Naturbeherrschung, zum Massenbetrug, zum Mittel der Fesselung des Bewußtseins. Sie verhindert die Bildung autonomer, selbständiger, bewußt urteilender und sich entscheidender Individuen.*" Die Kulturindustrie erzeugt sich so selbst jene unmündigen Massen, die ihre Produkte kritiklos konsumieren. Allerdings: diese Massen stellen ihrerseits wieder die Voraussetzung für eine funktionierende Kulturindustrie dar: „*Werden die Massen zu Unrecht von oben her als Massen geschmäht, so ist es nicht zum letzten die Kulturindustrie, die sie zu den Massen macht, die sie dann verachtet, und sie an der Emanzipation verhindert, zu der die Menschen selbst so reif wären, wie die produktiven Kräften des Zeitalters sie erlaubten.*" Durch nichts ist die Welt der Werbung, des Fersehens, des Kinos, die Welt der Unterhaltungsindustrie und neuen Medien überhaupt vielleicht besser charakterisiert, als durch folgende Bemerkung Adornos: „*Der Satz, die Welt wolle betrogen sein, ist wahrer geworden, als wohl je damit gemeint war.*" Denn das Erschreckende am Verhalten der Kultur- und Unterhaltungskonsumenten ist für Adorno nicht so sehr, daß sie betrogen werden, ohne es zu wissen, sondern daß sie „*einen Betrug wollen, den sie selbst durchschauen*". Die Menschen „*sperren krampfhaft die Augen zu und bejahen in einer Art Selbstverachtung, was ihnen widerfährt, und wovon sie wissen, warum es fabriziert wird.*" Adorno ahnte aber auch, warum dieser massenhafte Selbstbetrug so klaglos vonstatten geht: „*Uneingestanden ahnen sie, ihr Leben werde ihnen vollends unerträglich, sobald sie sich nicht länger an Befriedigungen klammern, die gar keine sind.*"[9]

---

8 Adorno, Ästhetische Theorie. Gesammelte Schriften 7, Frankfurt/Main: Suhrkamp 1984, S. 200

9 Theodor W. Adorno, Résumé über Kulturindustrie. Gesammelte Schriften 10/1, Frankfurt/Main: Suhrkamp 1977, S. 337ff.

Nur eine unbestechliche philosophische Kritik an der Kulturindustrie und ihren Institutionen, die keine Konzessionen macht an den sogenannten Geschmack der Massen, der selbst Produkt dieses Betruges ist, und eine Kunst, die auf ihrer ästhetischen Autonomie auch dann noch beharrt, wenn ihr ohnehin nichts mehr übrigbleibt, als sich dem Marktmechanismus einzufügen, hätten nach Adorno eine Chance gehabt, dem allgemeinen Betrieb etwas entgegenzusetzen. Heute, nach dem universellen Sieg und der technischen Weiterentwicklung eben jener Kulturindustrie ist vielleicht Adornos Kritik daran nicht weniger wahr geworden; aber es ist eine schale Wahrheit, die niemandem mehr die Lust an der Kulturindustrie zu schmälern vermag. Adorno hatte in den *Minima Moralia* den vielzitierten Satz geschrieben: „*Es gibt kein richtiges Leben im falschen.*“[10] Gemeint war, daß es unter den allgemeinen Bedingungen des Verhängnisses, das Adorno in der spätindustriellen Gesellschaft sehen wollte, für den Einzelnen keine Möglichkeiten mehr gebe sollte, *richtig* zu leben und *richtig* zu handeln. Das Paradoxe daran ist vielleicht, daß, auch wenn diese Einsicht stimmen sollte, sie nicht mehr weiter als störend empfunden wird. Vielleicht hat Adorno unterschätzt, trotz seiner sublimen Nähe zu Nietzsche, daß das Leben vorerst einmal leben will. Ob auch noch richtig, ist vielleicht zuviel verlangt. Trotzdem könnte es nicht schaden, wenn die affirmativen Haltungen, mit denen wir in der Regel den Verlockungen und Versuchungen der Kulturindustrie lustvoll erliegen, hin und wieder durch einen kritischen Gedanken jener Art gestört würden, für die Adorno einstand wie wenige.

10 Adorno, Gesammelte Schriften 4, S. 43

12. Vorlesung

Günther Anders und Hannah Arendt – Denken nach Auschwitz und Hiroshima

Das 20. Jahrhundert stellt sich für viele im Rückblick als die gewalttätigste Epoche der Menschheitsgeschichte dar. Zu fragen, wie und ob angesichts von Auschwitz, von Hiroshima, des Gulag noch philosophiert werden könne, heißt auch, nach den Möglichkeiten und Grenzen der Philosophie selbst zu fragen, heißt, danach zu fragen, was es bedeuten kann, dieses Jahrhundert der Barbarei philosophisch zu begreifen, heißt, danach zu fragen, ob das Denken als Denken unter diesen Umständen und angesichts einer technisch-zivilisatorischen Entwicklung, die alle bisherigen Formen der Selbstermächtigung des Menschen in den Schatten stellt, überhaupt noch Sinn machen kann. An einem Philosophenpaar soll versucht werden, wenigstens anzudeuten, was es bedeuten kann, sich diesen Problemen zu stellen. Die Rede ist von GÜNTHER ANDERS (1902–1992) und HANNAH ARENDT (1906–1975). Für beide gilt, daß ihr Denken untrennbar mit den politischen Katastrophen und den gewalttätigen Erfahrungen, die sie in ihren Leben ausgesetzt waren, verbunden ist. Bei aller Differenz verband diese beiden nicht nur eine kurze Ehe, sondern auch die Überzeugung, daß Philosophie, soll sie noch einen Sinn haben, den akademischen Raum verlassen muß, um sich den drängenden und dringenden Problemen ihrer Gegenwart und unmittelbaren Vergangenheit auch dann zu stellen, wenn diese alle tradierten Formen des Begreifens zu sprengen drohen.

Günther Anders (eigentlich: Stern) wurde im Jahre 1902 in Breslau geboren. Sein Vater war William Stern, der bekannte Psychologe. Günther Anders wächst in einer bürgerlich-gebildeten assimilierten jüdischen Familie auf, als Knabe interessiert er sich vor allem für Literatur, Musik und Malerei. Nach dem Ersten Weltkrieg studiert Anders bei Cassirer und Panofsky Philosophie und Kunstgeschichte, später in Freiburg Philosophie bei Husserl und Heidegger. Bei Husserl promoviert er dann auch 1923 und in Husserls Freiburger Seminar lernt Anders 1925 Hannah Arendt kennen, die er vier Jahre später in Berlin wiedersehen und bald darauf heiraten wird. Anders' Versuch, sich in Frankfurt über Musikphilosophie zu habilitieren, scheitert nicht zuletzt am Widerstand Adornos. In den Jahren 1930–1932 arbeitet Anders an dem antifaschistischen Roman *Die Molussische Katakombe*, der allerdings nicht mehr erscheinen konnte. Dieser Roman wurde erst 1992, 60 Jahre nach seiner Entstehung, erstmals publiziert. 1933 emigrieren Anders und seine Frau nach Paris, Anders schreibt politische Gedichte und veröffentlicht unter dem Titel *Pathologie de la Liberté* seine in Grundzügen Ende der 20er Jahre entworfene negative Anthropologie, die einen nicht unwesentlichen Einfluß auf Jean-Paul Sartre haben wird.

1936 trennen sich Anders und Hannah Arendt, Anders flieht weiter nach den USA. Er unterhält Beziehungen zu Brecht, Marcuse, Thomas Mann und Adorno. Doch auch im Exil bleibt Anders der Außenseiter. Weder ist er so renommiert noch finanziell so abgesichert wie manche seiner Kollegen, die mitunter durchaus herablassend auf den eigenwilligen Dichter und Philosophen reagieren. Die Erfahrungen in Amerika, nicht zuletzt die verschiedenen Arbeiten, mit denen Anders seinen Lebensunterhalt verdienen muß, schärfen allerdings seinen Blick für jene Faktoren, die in der modernen Zivilisation die entscheidenden sind. Die doch etwas skurrile Arbeit als Putzmann in den Requisitenkammern von Hollywood führt ihn zu geschichtsphilosophischen und erkenntnistheoretischen Reflexionen, ohne die zum Beispiel seine spätere Medientheorie kaum möglich gewesen wäre.

Die langsam durchsickernden Wahrheiten über die Vernichtungspolitik der Nazis und dann vor allem die Nachricht vom Abwurf der ersten Atombombe über Hiroshima haben dem Leben und Denken von Günther Anders eine entscheidende Wende gegeben. Dieses ungeheure Vorkommnis, dessen Dimensionen erst allmählich sichtbar werden, das den Auftakt darstellte zur globalen Bedrohung der Menschheit, beeinflußte nun maßgeblich sein weiteres Leben: Er kehrte zwar 1950 nach Europa zurück, nicht in eines der beiden Deutschland, sondern nach Wien, die Heimatstadt seiner zweiten Frau, Elisabeth Freundlich, die er in New York kennengelernt hatte, schlägt allerdings eine mögliche Karriere als literarischer Essayist, die sich nach dem Erfolg eines Buches über Kafka hätte einstellen können, ebenso aus wie eine akademische Anstellung. Die durch die Konstruktion der Atombombe möglich gewordene Ausrottung der Menschheit wurde das Thema, dem er, als freier Publizist, die folgenden Jahrzehnte seines Lebens widmete. Im Jahre

1959 beginnt Anders einen Briefwechsel mit dem Hiroshimapiloten Claude Eatherly, der dann 1961 von Robert Jungk unter dem Titel *Off limits für das Gewissen* herausgegeben wird. Der Gedanke an die selbstinszenierte Apokalypse durchzieht aber auch das philosophische Hauptwerk von Günther Anders, die zwei Bände der *Antiquiertheit des Menschen*, wenngleich es ihm dort um mehr geht: um eine radikale Philosophie der technischen Zivilisation überhaupt, als deren äußerste Zuspitzung die Bombe erscheint. Daneben veröffentlichte er Reflexionen über die Weltraumfahrt, *Philosophische Stenogramme*, Tagebuchaufzeichnungen, Glossen und auch Belletristisches. Anders starb in hohem Alter und bis zuletzt arbeitend im Jahre 1992 in Wien.

Aufmerksamkeit erregte Anders in den 50er Jahren erst einmal mit einer Studie über das Fernsehen, die einen Meilenstein in der Entwicklung der Medientheorie darstellte: *Die Welt als Phantom und Matrize.* Anders fragte danach, was denn das durch das Fernsehen gelieferte Bild eigentlich im doppelten Sinn *darstellt*, was also das Wesen dieser Art von Bild und der ihm zugrundeliegenden Wirklichkeit ausmacht: „*Das Eigentümliche der durch die Übertragung geschaffenen Situation (besteht) in deren* ontologischer Zweideutigkeit". Ontologische Zweideutigkeit: das heißt, daß das Fernsehbild keiner der Sphären zuzuordnen ist, in denen wir zu denken gewohnt sind: Schein oder Wirklichkeit, Abbild oder Realität. Einem gesendeten Ereignis – und das Prinzip der Live-Übertragung ist das Paradigma für diese Analyse – ist weder der reine Abbildcharakter zuzuschreiben, schon gar nicht die fiktionale Als-ob-Realität von Kunstwerken, also keine Form von ästhetischem Schein, aber es ist auch nicht die Wirklichkeit, das Ereignis selbst, das im Wohnzimmer statthätte. Die gesendeten Ereignisse sind „*zugleich gegenwärtig und abwesend, zugleich wirklich und scheinbar, zugleich da und nicht da*" – sie sind, so der Begriff, mit dem Anders das Essentielle des Fernsehens umreißen will, „*Phantome*".[1] Dabei allerdings haben diese Bilder eine unbedingte Vorbildfunktion: Sie werden zur Matrize, zur Schablone, nach der die Menschen sich prägen lassen, um so, fürs Fernsehen inszeniert oder live, wieder zum Phantom zu werden. Als solche erzeugen die Fernsehbilder als Matrizen für menschliches Verhalten letztlich jene Welt, die sie dann wieder abbilden: Die Lüge hat sich wahr gelogen, die Wirklichkeit formt sich nach ihrem Bilde.

Das Verhältnis von Mensch und Technik bestimmte überhaupt die Philosophie von Günther Anders. Eine zentrale Prämisse derselben besagt: Die Produkte unserer technischen Intelligenz *sind* mehr als sie *scheinen.* Daraus

---

1 Günther Anders, Die Antiquiertheit des Menschen, Bd. I. München: Beck, 1980, S. 131

entwickelte Anders seine umstrittene These vom *prometheischen Gefälle*, von einer unhintergehbaren Differenz zwischen Mensch und Technik: *„Dies also ist das Grund-Dilemma unseres Zeitalters:* Wir sind kleiner als wir selbst, *nämlich unfähig, uns von dem von uns selbst Gemachten ein Bild zu machen. Insofern sind wir* invertierte Utopisten*: während Utopisten dasjenige, was sie sich vorstellen, nicht herstellen können, können wir dasjenige, was wir herstellen, nicht vorstellen.*"[2] Die Perfektibilität der Geräte übersteigt zunehmend die kognitiven und emotionalen Möglichkeiten des Menschen. Im unmittelbaren Umgang mit den perfekten Maschinen reagiert der Mensch darauf, so Anders mit einem umstrittenen Begriff, mit einer *prometheischen Scham.* Angesichts der technischen Vollkommenheit muß sich der Mensch seine Unvollkommenheit eingestehen.

Lange bevor von *vernetzten Systemen* die Rede war, wußte Anders allerdings schon, daß die Reduktion des Problems auf das Verhältnis eines Individuums zu einem Einzelapparat unzulässig ist: „*Wenn es eine Soziologie der Dinge gäbe, dann würde deren Axiom lauten: Es gibt keine Einzelapparate. Vielmehr ist jedes ein zoon politikon; und außerhalb seiner Gesellschaft, als bloßes Robinson-Ding, bliebe jedes untauglich. Das Wort Gesellschaft bezeichnet dabei aber nicht etwa nur seinesgleichen, nicht nur die Millionen von gleichzeitig funktionierenden Geräten oder deren Summe, sondern ein dem Apparat morphologisch entgegenkommendes Korrelat, eine ihn einbettende, nährende, reinigende, aus Rohstoffen, Konsumenten, Geschwisterapparaten, Abfallkanalisationen bestehende Behausung – kurz: eine Umwelt.*"[3] Dieser Aspekt einer vernetzten Eigendynamik der Geräte wird, so zumindest in den entwickelten Industriestaaten, zum entscheidenden, vorantreibenden und strukturierenden Moment ihrer Entwicklung: Technik selbst, so Anders, wird in genau diesem Sinne als Gesellschaft zum neuen Subjekt der Geschichte, die Subjekte von Freiheit und Unfreiheit sind ausgetauscht. Die Dinge sind frei, der Mensch ist unfrei. Der Mensch muß sich den Bedürfnissen der Technik unterordnen. Wo dies nicht geschieht, spricht man folgerichtig von *menschlichem Versagen.* Angesichts der Technik versagt der Mensch nicht zuletzt dann, wenn er sich zutiefst menschlich verhält – etwa wenn er sich im Führerstand einer Lokomotive wegen eines Liebeskummers unkonzentriert verhält und so ein Unglück verursacht. Die Zeiten, in denen der *Liebeskranke* oder der *Trauernde* mit Schonung

2 Günther Anders, Die atomare Drohung. Radikale Überlegungen, München: Beck, 1981, S. 96

3 Günther Anders, Die Antiquiertheit des Menschen, Bd. II. München: Beck, 1980, S. 115

rechnen konnte, sind vorbei, wenn die Maschinen die Zeit- und Tätigkeitsstrukturen vorgeben. In dem Essay *Die Frist* faßt Anders prinzipiell das Verhältnis von Mensch und technischem Gerät: „*Denn worauf wir abzielen, ist ja stets, etwas zu erzeugen, was unsere Gegenwart und Hilfe entbehren und ohne uns klaglos funktionieren könnte – und das heißt ja nichts anderes als Geräte, durch deren Funktionieren wir uns überflüssig machen, wir uns ausschalten, wir uns liquidieren. Daß dieser Zielzustand immer nur approximativ erreicht wird, das ist gleichgültig. Was zählt ist die Tendenz und deren Parole heißt eben: ‚ohne uns!*“[4]

Das allerdings bedeutet für Anders, daß in einer technischen Zivilisation die unmenschlichen Taten zunehmend Taten ohne Menschen sind. Paradigmatisch dafür wurde für Anders der Abwurf der Atombombe über Hiroshima, wo durch einen Knopfdruck in wenigen Sekunden hunderttausende Menschen getötet wurden. Erste Ansätze zu dieser Mechanisierung des Todes sah Anders allerdings auch schon in der Vernichtungsmaschinerie der Nationalsozialisten, die er nicht als singuläre Barbarei, sondern als einen spezifischen Ausdruck der zivilisatorischen Entwicklung der Moderne sehen wollte. Deshalb ist er einer der wenigen, der Auschwitz und Hiroshima – bei allen Unterschieden – durchaus in einem Zusammenhang reflektierte. In einem offenen Brief an Klaus Eichmann, dem Sohn von Adolf Eichmann, der unter dem vielsagenden Titel *Wir Eichmannsöhne* publiziert wurde, ist Günther Anders auf äußerst eigenwillige Weise diesen Zusammenhängen zwischen der technischen Moderne, Auschwitz und Hiroshima nachgegangen. An beiden Orten geschah etwas Ungeheuerliches, das Anders mit dem für ihn zentralen Begriff des *Monströsen* bezeichnete. In Auschwitz bestand das *Monströse* für Anders darin, daß es „*institutionelle und fabrikmäßige Vertilgung von Millionen von Menschen*“ gegeben hat, die nur durchgeführt hatte werden können, weil der Prozeß der massenhaften Vernichtung von Menschen organisiert worden ist, „*die diese Arbeiten annahmen wie jede andere*“.[5] In der *Antiquiertheit des Menschen* hatte Anders dies prägnant formuliert: „*Der Angestellte im Vernichtungslager hat nicht gehandelt, sondern, so gräßlich es klingt, er hat gearbeitet.*“[6]

Die Differenzen zwischen Auschwitz und Hiroshima sind für Anders dennoch unübersehbar. Für ihn ist nämlich Auschwitz „*moralisch ungleich ent-*

4 Anders, Atomare Drohung, S. 199

5 Günther Anders, Wir Eichmannsöhne. Offener Brief an Klaus Eichmann. München: Beck, 1988, S. 19

6 Anders, Die Antiquiertheit des Menschen I, S. 291

setzlicher" gewesen als Hiroshima – aber dieses „*ungleich schlimmer*" als jenes. Dies deshalb, weil trotz aller Mechanisierung des Todes die direkte Beteiligung von Individuen, mit all ihren Sadismen, Grausamkeiten, Haßgefühlen, Zynismen gegenüber den Opfern, Brutalitäten, Karrieresüchten und vielleicht auch Zweifeln im Falle von Auschwitz noch gegeben war, weil es einen körpernahen Kontakt zwischen Tätern und Opfern immer noch gegeben hat, während die Piloten von Hiroshima und Nagasaki mit dem buchstäblich emotionslosen Knopfdruck das Leben von Hunderttausenden, zu denen sie überhaupt keine Beziehung mehr hatten, in einer Sekunde vernichteten. Was aber bedeutet das? „*Wenn ein Mensch im Bruchteil einer Sekunde Millionen Mitmenschen auslöschen kann, so sind daneben die paar tausend SS-Männer, die nur peu à peu Millionen umbringen konnten, harmlos ... Während die atomaren Waffen im wörtlichsten Sinne ‚apokalyptisch' sind, waren oder sind die Lager ‚apokalyptisch' nur im metaphorischen Sinn. Verglichen mit den modernen Massenmordmethoden, ist, was in den drei Jahren vor Hiroshima in den Vernichtungslagern geschehen ist (ich wage das Wort kaum niederzuschreiben) harmlos gewesen. Die Technologie und der output der Lagerinstallation war, verglichen mit dem technischen Standard und der möglichen Leistung heutiger Raketenbasen, noch plump und dem Typ nach 19. Jahrhundert gewesen ... Keine Frage: Die ‚Zukunft' gehört dem moderneren Massenmord (sofern man den Zukunftslosigkeit produzierenden Geräten ‚Zukunft' zuerkennen kann.) Das schließt freilich nicht aus, daß in den nicht höchst industrialisierten Ländern Auschwitz sich noch lange als Vorbild halten wird. Die Mächte, die noch nicht so weit sind, Hiroshimas herzustellen, die werden mit der Anlage von ‚Auschwitzs' vorliebnehmen. Auch das Prinzip Auschwitz hat also, weil noch nicht überall ‚die Zukunft begonnen' hat, noch eine Zukunft. Die zwei Methoden des Genozids, die moderne und die nicht ganz so moderne, werden, sofern uns ein Überleben überhaupt vergönnt bleibt, noch lange ‚überlappen'.*"[7]

Das „Prinzip Auschwitz": Anders verwendet diese Formulierung nicht nur beiläufig. Damit ist auch der Versuch zum Ausdruck gebracht, zwischen der Apotheose der Absolutheit von Auschwitz und seiner Banalisierung und Relativierung einen Begriff zu finden, der es erlaubt, den historischen Massenmord als ein Ereignis zu begreifen, das keiner Pathologie oder Dämonie, sondern eben einem Prinzip gehorchte, das unter den Bedingungen der Moderne nicht außer Kraft gesetzt, wohl aber durch die avancierte Technologie der Kernwaffen in seiner Wirkung überboten, in seiner moralischen Ungeheuer-

---

7 Günther Anders, Besuch im Hades, München: Beck, 1979, S. 206f.

lichkeit aber unterlaufen werden kann. Mit dem Abwurf der Atombomben aber hat nach Anders überhaupt eine neue, die unwiderruflich letzte Epoche in der Geschichte der Menschheit begonnen: „*Mit dem 6. August 1945 hat ein neues Zeitalter begonnen: das Zeitalter, in dem wir in jedem Augenblick jeden Ort, nein, unsere Erde als ganze, in ein Hiroshima verwandeln können. Seit diesem Tage sind wir* modo negativo *allmächtig geworden; aber da wir in jedem Augenblick ausgelöscht werden können, bedeutet das zugleich: seit diesem Tage sind wir* total ohnmächtig. *Gleich wie lange, gleich ob es ewig währen wird, dieses Zeitalter ist das letzte: Denn seine differentia spezifica: die Möglichkeit unserer Selbstauslöschung, kann niemals enden – es sei denn durch das Ende selbst.*"[8]

Zwischen Auschwitz und Hiroshima existiert aber, bei allen Unterschieden, ein gravierender unterschwelliger Zusammenhang, der sein Fundament in der Tendenz einer *universellen Maschinisierung* hat. An dem Tag, so Anders, an dem sich das „*chiliastische Reich des technischen Totalitarismus*" erfüllt, „*werden wir dann nur noch als Maschinenstücke dasein oder als Stücke des für die Maschine erforderlichen Materials: als Menschen werden wir dann also liquidiert sein.*"[9] Und genau in dieser Hinsicht, in der totalen und reibungslosen *Funktionalisierung* des Menschen, in seiner Eingliederung in ein System von Zwängen, das er nicht einmal als Zwang imstande ist zu begreifen, weil es keinen Punkt mehr zuläßt, von dem aus es anders gesehen werden könnte, in der Degradierung des Menschen zu einem Material, zu Rohstoff, liegt die Ähnlichkeit dieses drohenden technisch-totalitären Reiches mit dem monströsen gestrigen. Und genau in diesem Sinne ist das Eichmann-Problem für Anders sowenig kein gestriges Problem wie die atomare Drohung. Auch diese hört durch das Ende des Kalten Krieges nicht einfach auf. Zwar erhöhen sich dadurch die Chancen, daß die *Frist,* die der Menschheit gegeben ist, sich verlängert, aber zum Wesen des Monströsen gehört es, daß es auch als Idee präsent ist, ja gerade darin eine spezifische Wirksamkeit entfaltet – wir werden immer wissen, wie die Tötung allen menschlichen Lebens auf dieser Erde technisch zu bewerkstelligen wäre.

Günther Anders' erste Frau, Hannah Arendt, wird sich ebenfalls mit den Katastrophen dieses Jahrhunderts beschäftigen, aber doch etwas andere Akzente setzen. Arendt wurde 1906 in Hannover geboren, ihre Eltern übersiedeln bald nach Königsberg, sie studierte dann Philosophie, Theologie und Griechisch bei Husserl in Freiburg, vor allem aber in Marburg bei Heidegger,

8 Anders, Die atomare Drohung, S. 93
9 Anders, Wir Eichmannsöhne, S. 53

dessen Geliebte sie wird. Später hat sie auch eingestanden, Günther Anders eher aus Enttäuschung über die unbefriedigende Liebe zu Heidegger denn aus Zuneigung geheiratet zu haben. Arendt promoviert mit einer Arbeit über Augustinus allerdings bei KARL JASPERS (1883–1969), dem sie ein Leben lang freundschaftlich verbunden bleiben wird. Zwischen 1930 und 1938 arbeitet sie an einer Studie über Rahel Varnhagen, sie ist fasziniert von der *Lebensgeschichte einer deutschen Jüdin aus der Romantik*. Die politischen Umstände lassen allerdings keine kontinuierliche wissenschaftliche Arbeit mehr zu. Schon 1933 von der Gestapo verhaftet, flieht Arendt nach Paris, später nach den USA. Ihre Ehe mit Anders wird 1937 brieflich geschieden, wenig später heiratet sie Heinrich Blücher. Arendt bleibt in den USA, beschäftigt sich intensiv mit der Geschichte der Juden und des Antisemitismus, engagiert sich auch politisch für die Probleme der Juden in Palästina und nimmt dabei eine eher antizionistische Haltung ein; theoretisch arbeitet sie in der Zeit unmittelbar nach dem Zweiten Weltkrieg an einer großen Studie zum Phänomen des Totalitarismus. 1958 erscheint ihr vielleicht wichtigstes Buch: *The Human Condition (Vita activa oder Vom tätigen Leben)*. Im Jahre 1961 wird sie von der Zeitschrift *New Yorker* nach Jerusalem geschickt, um den Prozeß gegen Adolf Eichmann zu verfolgen. Die dabei entstandenen Berichte, die auch unter dem Titel *Eichmann in Jerusalem. Ein Bericht von der Banalität des Bösen* als Buch erschienen sind, haben heftige Kontroversen ausgelöst. Als Professorin lehrte Arendt dann an verschiedenen amerikanischen Universitäten, vor allem in Chicago und New York. Sie erhielt zahlreiche, auch europäische und deutsche Auszeichnungen und starb 1975 in New York.

Aus dem umfangreichen Œuvre von Hannah Arendt seien drei Aspekte kurz skizziert, die sich mit den Analysen von Günther Anders stellenweise überschneiden, auch wenn der Duktus der Arbeiten von Hannah Arendt sich doch deutlich von dem ihres ehemaligen Gatten unterscheidet. Ein zentrales Dokument ihres politischen Denkens ist zweifellos ihre große Studie über den Totalitarismus. *Elemente und Ursprünge totaler Herrschaft* heißt das umfangreiche Buch, das Hannah Arendt mehrmals überarbeitete und in dem sie den Versuch unternahm, das Phänomen der zwei großen totalitären Systeme, die das 20. Jahrhundert hervorgebracht hat, Nationalsozialismus und Stalinismus, politisch, philosophisch und historisch zu analysieren. Die Tragfähigkeit dieser Studie können wir vielleicht erst jetzt, nach 1989, richtig wahrnehmen. Arendt hatte den seinerzeit viel kritisierten Ansatz gewählt, Nationalsozialismus und Stalinismus unter einem Aspekt, dem der *totalen Herrschaft*, zu betrachten. Das bedeutete keine Gleichsetzung dieser Systeme, wohl aber die Betonung ähnlicher Strukturen, Methoden und Ziele. Die totale Herrschaft unterscheidet sich nach Arendt deutlich von anderen absoluten Herrschaftsformen und ist auch nicht mit anderen historischen Diktaturen gleichzusetzen. Denn das Totalitäre dieser Konzepte erweist sich in der Tat darin, daß sie umfassend im wahrsten Sinn des Wortes sind. Ihr Träger ist auch nicht, wie vermeintlich oft angenommen, eine Partei oder der Führer, sondern die Masse: „*Totalitäre Bewegungen sind Massenbewegungen, und sie sind bis heute die einzige Organisationsform, welche die modernen Massen gefunden haben und die ihnen adäquat scheint. Schon dadurch unterscheiden sie sich von allen Parteien, die entweder als Interessen- und Weltanschauungsparteien die Klassen des Nationalstaates politisch vertreten oder in dem Zweiparteiensystem der angelsächsischen Länder diejenigen Bürger zusammenfassen, welche jeweils bestimmte Ansichten und gemeinsame Interessen an der Handhabung öffentlicher Angelegenheiten haben. Im Gegensatz zu den Parteien, deren Macht von ihrer relativen zahlenmäßigen Stärke in einem gegebenen Lande abhängt, so daß wir auch von starken Parteien in kleinen Ländern sprechen können, kann eine Bewegung nur existieren, wenn sie Millionen von Menschen erfaßt, und ist unmöglich, selbst unter sonst günstigen Umständen, in Ländern mit relativ kleiner Bevölkerungszahl.*“[10]

Mit dieser Bestimmung hat Arendt ein Kernproblem der Analyse totalitärer Systeme aufgegriffen: Daß es eben nicht mehr um ein klassisches Verhältnis zwischen Herrschenden und Beherrschten geht, sondern daß das Totalitäre darin besteht, daß es sich um eine Massenbewegung handelt. Es sind die Massen der Menschen, die diese Bewegungen tragen. Das totalitäre System wird nicht nur oktroyiert, von außen aufgezwängt, sondern es gibt unter bestimmten Bedingungen diesen starken Impuls in den modernen Massen, die durch die industrielle Gesellschaft überhaupt erst erzeugt werden, selbst. *Totalitär* bedeutet hier tatsächlich allumfassend. Andere Formen tyrannischer oder diktatorischer Herrschaft erfassen immer nur bestimmte Aspekte oder bestimmte Teile der Menschen. Es geht darum, Geld zu erpressen oder Soldaten zu rekrutieren. Immer aber gab es Bereiche des Lebens, für die sich die Diktatoren und Tyrannen der Geschichte nicht interessierten. Totale Herrschaft geht anders vor. Sie will alle Menschen, mit Ausnahme derjenigen, die zu Feinden erklärt und vernichtet werden sollen, in ihr System zwingen. Deshalb ist die umfassende Mobilisierung der Gesellschaft durch eine Reihe von Verbänden, Gemeinschaften, Gruppierungen und Organisationen, die tat-

10 Hannah Arendt, Elemente und Ursprünge totaler Herrschaft. Antisemitismus, Imperialismus, totale Herrschaft. München: Piper, 1996, S. 663

sächlich jeden Einzelnen mehrfach in das System totaler Herrschaft integrieren soll, ein wesentliches Merkmal derselben.

Das erklärt übrigens auch die erschreckende Schnelligkeit, mit der es den Nazis gelungen war, Millionen von Menschen zu organisieren und ihnen ihren Willen aufzuzwingen. Es gehörte zu den Grundbedingungen dieser Herrschaft, daß jeder in irgendeiner der zahlreichen Organisationen war, in der Hitlerjugend, beim BDM, beim deutschen Arbeitsdienst, in paramilitärischen Organisationen wie der SA, bei militärischen Organisationen, bei den unterschiedlichsten Verbänden der Hochschullehrer, Künstler etc., was auch bedeutete, einerseits Teil der „Volksgemeinschaft" zu sein und gleichzeitig eine oft leitende Funktion bekommen zu haben. Niemand war nur Untertan, jeder war Teil der Bewegung. Damit ist die Grenze zwischen Herrschenden und Beherrschten letztlich unsichtbar geworden. Vormoderne Herrschaftsverhältnisse erlaubten dem Untertan zumindest das Wissen über den Ort der Macht, er konnte sich ihr unterwerfen, im Stillen vielleicht ein bißchen rebellieren, und er hatte sogar die Chance, in Ruhe gelassen zu werden. In einer totalitären Herrschaft ist es mit dieser Ruhe vorbei. Ständig sind alle in Bewegung, zuerst auf den Straßen, dann auf den Schlachtfeldern. Schon durch einfaches Nicht-mit-Tun wird der einzelne in einem totalitären System zum Feind; er braucht erst gar nicht heroisch Widerstand zu leisten, es genügt, wenn er sich der allgemeinen Mobilisierung verweigern möchte. Totalitäre Systeme tun alles, um diese Möglichkeit der Passivität auszuschalten.

Hannah Arendt analysiert dieses Phänomen des umfassenden Durchdringens und des umfassenden Organisierens von Masse dann auch im Stalinismus, sofern ihr dazu Material zugänglich war, und kommt zu ähnlichen Ergebnissen, wenngleich der Aspekt der Menschenvernichtung in der Sowjetunion andere Motive und andere Formen angenommen hatte als in Hitler-Deutschland. Im Prozeß gegen Adolf Eichmann in Jerusalem bekam Hannah Arendt dann vorgeführt, wie die Ausübung totaler Herrschaft tatsächlich funktioniert hatte. Eichmann war jener Österreicher gewesen, der die Judentransporte in die Vernichtungslager organisiert hatte, der nach dem Krieg in Südamerika untertauchen konnte, vom israelischen Geheimdienst aufgespürt, entführt und nach Israel gebracht wurde. Dort wurde ihm der Prozeß gemacht. Er wurde zum Tode verurteilt und hingerichtet. Arendt verfolgt diesen Prozeß genau, hellwach, penibel, von Anfang an skeptisch gegenüber den Intentionen des Prozesses. Sie muß erkennen, daß Eichmann keineswegs das sadistische Monster war, das die Presse jener Tage gezeichnet hatte, sondern eher der Prototyp eines biederen, geistig eher abgestumpften Beamten, der gerne Karriere gemacht hätte und im Grunde eher aus der Mentalität der Pflichterfüllung denn aus ideologischer Überzeugung gehandelt hatte. Dieses Phänomen, daß unter den Bedingungen totaler Herrschaft die größten Verbrechen von im Grunde bedeutungslosen und angepaßten Menschen ausgeführt werden können, hat Arendt mit der seitdem vielzitierten Formulierung von der *Banalität des Bösen* zu fassen gesucht. In der Reflexion auf diesen Prozeß hat Hannah Arendt aber auch versucht, den Charakter jenes Verbrechens zu begreifen, dessen Eichmann angeklagt war, Arendt insistiert darauf, daß es sich dabei nicht, wie es die Formulierung seit den *Nürnberger Prozessen* nahelegt, um Verbrechen gegen die *Menschlichkeit* gehandelt habe, sondern, was eine ganz andere Qualität bedeute, um Verbrechen gegen die *Menschheit*: „*Weder das nationale Verbrechen der legalisierten Diskriminierung noch das internationale Verbrechen der Vertreibung waren eigentlich neu oder beispiellos, nicht einmal in der Moderne. Legale Diskriminierung war in allen Balkanländern gang und gäbe, und Massenvertreibungen sind die Folge aller Revolutionen im 20. Jahrhundert gewesen. Erst als das Naziregime erklärte, das deutsche Volk dulde nicht nur keine Juden in Deutschland, sondern gedächte das jüdische Volk überhaupt vom Erdboden verschwinden zu lassen, trat das neue Verbrechen hervor, das Verbrechen an der Menschheit im eigentlichen Sinne, nämlich an dem ‚Status des Menschseins' oder an dem Wesen des Menschengeschlechtes. Vertreibung und Völkermord sind zwar beides internationale Vergehen, müssen aber voneinander unterschieden werden; die Vertreibung verletzt die Gebietshoheit der Nachbarstaaten, während der Völkermord einen Angriff auf die menschliche Mannigfaltigkeit als solche darstellt, also auf ein Wesensmerkmal des Menschseins, ohne das wir uns Dinge wie Menschheit oder Menschengeschlecht nicht einmal vorstellen können.*" Damit aber, so Arendt, hat die Vernichtung der europäischen Juden durch die Nazis zwei Dimensionen: Einmal richtete sie sich gegen die Juden als Juden; das andere Mal aber war dies ein Angriff auf die Idee der Menschheit selbst: „*Hätte das Gericht in Jerusalem verstanden, daß Diskriminierung, Austreibung und Völkermord nicht einfach dasselbe sind, dann wäre sofort klargeworden, daß das größte Verbrechen, mit dem es konfrontiert war, die physische Ausrottung des jüdischen Volkes, ein Verbrechen gegen die Menschheit war, verübt am jüdischen Volk, und daß nur die Wahl der Opfer, nicht aber die Natur des Verbrechens aus der langen Geschichte von Judenhaß und Antisemitismus abgeleitet werden konnte.*"[11]

11 Hannah Arendt, Eichmann in Jerusalem. Ein Bericht von der Banalität des Bösen. München: Piper, 1996, S. 391f.

Was Menschsein bedeutet, hat Hannah Arendt Zeit ihres Lebens beschäftigt. Die umfassendste und auch beeindruckendste Auseinandersetzung mit dieser Frage findet sich in ihrer Studie *Vita activa oder Vom tätigen Leben*. Es geht dabei letztlich um die Frage, in welcher Weise des Tätigseins sich der Mensch im Laufe der Geschichte realisiert hat. Arendt greift dabei auf Aristoteles zurück und kommt zu folgender Differenzierung menschlicher Lebenstätigkeit: „*Mit dem Wort Vita activa sollen im Folgenden drei menschliche Grundtätigkeiten zusammengefaßt werden: Arbeiten, Herstellen und Handeln.*“[12] Die antike Tradition kannte also noch diese Differenzierungen, die Arendt nun subtil verfolgt und untersucht. Tätigsein fällt nicht mit Arbeiten zusammen. *Arbeit* ist die von der Lebensnotwendigkeit aufgezwungene Auseinandersetzung mit der Natur, die man in der Antike gerne den Sklaven überließ. Arbeit war nach damaliger Vorstellung eines freien Mannes unwürdig. Davon ist das *Herstellen* zu unterscheiden, das mehr und anderes ist als arbeiten. Herstellen bedeutet, einen kreativen Akt zu setzen, etwas Künstliches erzeugen zu wollen, was vorher als Idee schon vorhanden war und seinen Schöpfer womöglich überdauern soll. Herstellen: das reicht vom Handwerker, der Gegenstände herstellt, die über die pure Aneignung und Bearbeitung von Natur hinausreichen bis zum Künstler, der unsterbliche Werke schafft. Das griechische Wort für Herstellen, *Poiesis*, ist so in unserem Begriff *Poesie* noch aufbewahrt. Die Antike kannte aber auch noch das Konzept des *Handelns*, das als *Praxis* bezeichnet wurde: die soziale und politische Kommunikation zwischen den Menschen, die den Sinn hat, das Zusammenleben zu gestalten, also Politik im eigentlichen Sinn des Wortes. Handelnde Menschen konnten in der Antike nur als freie Menschen gedacht werden, die keinerlei inneren und äußeren Zwängen unterlagen. Zu diesen drei Formen des aktiven Lebens kannte die Antike allerdings noch ein Gegenbild: das theoretische Leben, die *vita contemplativa*. Eine Daseinsform, in der es nicht um Aktivitäten geht, sondern in der die Tätigkeit des Geistes, die gleichzeitig die Ruhigstellung des Körpers erfordert, zur eigentlichen Lebensmaxime erhoben wird. Für Aristoteles war dies das eigentliche Lebensideal gewesen, der Philosoph sollte ein kontemplatives Leben führen.[13]

Die zentrale These von Hannah Arendt – und darin berührt sie sich durchaus mit Günther Anders – besagt nun, daß die Moderne sukzessive alle

---

12 Hannah Arendt, Vita activa oder Vom tätigen Leben. München: Piper, 1981, S. 14

13 Vgl. dazu Konrad Paul Liessmann, Vom Nutzen und Nachteil des Denkens für das Leben. Vorlesungen zur Einführung in die Philosophie 1. Wien: WUV-Universitätsverlag, ²1998, S. 164ff.

diese Lebensformen mit einer Ausnahme eliminiert hat. Diese Ausnahme ist die Arbeit. Alle anderen Formen werden entweder diskreditiert wie die vita contemplativa, oder sie werden in Formen von *Arbeit* umgewandelt. Vom Politiker über den Künstler bis zum Sportler arbeiten heute alle. Der Arbeitsbegriff ist so universell geworden, daß wir auch nicht mehr lieben, sondern bekanntlich Beziehungsarbeit leisten. Dahinter steckt die Vorstellung, daß nur noch das Effiziente, Meßbare als sozial akzeptabel gilt. Hannah Arendt hat diese Entwicklung frühzeitig erkannt und mit Besorgnis registriert: „*Vergleicht man die moderne Welt mit den Welten, die wir aus der Vergangenheit kennen, so drängt sich vor allem der enorme Erfahrungsschwund auf, der dieser Entwicklung inhärent ist. Nicht nur, daß die anschauende Kontemplation keine Stelle mehr hat in der Weite spezifisch menschlicher und sinnvoller Erfahrungen, auch das Denken, sofern es im Schlußfolgern besteht, ist zu einer Gehirnfunktion degradiert, welche die elektronischen Rechenmaschinen erheblich besser, schneller und reibungsloser vollziehen als das menschliche Gehirn. Das Handeln wiederum, das erst mit dem Herstellen gleichgesetzt wird, sinkt schließlich auf das Niveau des Arbeitens ab, weil auch das Herstellen, wegen der ihm inhärenten Weltlichkeit und Gleichgültigkeit gegen die Belange des Lebens, nur als eine Form der Arbeit geduldet werden kann, als eine vielleicht kompliziertere, aber grundsätzlich von anderen Funktionen nicht geschiedene Funktion des Lebensprozesses im Ganzen.*“ Aber auch die Arbeit selbst verliert ihren Status, den sie zumindest im bürgerlichen Zeitalter erworben hatte. Arbeit hört auch auf, befriedigendes Moment der Selbstbestätigung des Menschen zu sein: „*Aber selbst diese einzig auf die Arbeit abgestellte Welt ist bereits im Begriff, einer anderen Platz zu machen. Es ist uns gelungen, die dem Lebensprozeß innewohnende Mühe und Plage soweit auszuschalten, daß man den Moment voraussehen kann, an dem auch die Arbeit und die ihr erreichbare Lebenserfahrung aus dem menschlichen Erfahrungsbereich ausgeschaltet sein wird. Dies zeichnet sich deutlich in den fortgeschrittensten Ländern der Erde bereits ab, in denen das Wort Arbeit für das, was man tut oder zu tun glaubt, gleichsam zu hoch gegriffen ist. In ihrem letzten Stadium verwandelt sich die Arbeitsgesellschaft in eine Gesellschaft von jobholders, und diese verlangt von denen, die ihr zugehören, kaum mehr als ein automatisches Funktionieren, als sei das Leben des Einzelnen bereits völlig untergetaucht, in den Strom des Lebensprozesses, der die Gattung beherrscht, und als bestehe die einzige aktive, individuelle Entscheidung nur noch darin, sich selbst gleichsam loszulassen, seine Individualität aufzugeben, bzw. die Empfindungen zu betäuben, welche noch die*

Mühe und Not des Lebens registrieren, um dann völlig ‚beruhigt' desto besser und reibungsloser ‚funktionieren' zu können.“[14]

Man wird kaum umhinkönnen, dieser Analyse eine gewisse Weitsichtigkeit und Plausibilität zu konzedieren. Die Hoffnung, die die spätindustrielle Gesellschaft für diese Entwertung individueller Tätigkeit bereithält, besteht einzig in einer Produktivität, die dem Einzelnen bisher ungeahnte Freizeiten verspricht, in denen jene Potentiale des Handelns, Herstellens und der Kontemplation wieder gewonnen werden könnten, die der Prozeß der Modernisierung vernichtet hat. Ob dies allerdings im Interesse der Freizeitindustrie liegt, bleibe einmal dahingestellt. Es ist, am Ende dieses Jahrhunderts, in der Tat nicht ausgeschlossen, daß, wie Günther Anders vermeinte, der Mensch zu einem *antiquierten* Wesen geworden ist. Die philosophische Vergewisserung, was Menschsein einmal alles bedeuten konnte, ist zweifellos kein Weg, Verlorenes zurückzuholen; aber es ist vielleicht eine notwendige Voraussetzung dafür, daß alles getan werden kann, um wenigstens die schlimmsten Exzesse eines entmenschten Menschseins in der Zukunft zu verhindern.

14 Arendt, Vita activa, S. 314

Literaturverzeichnis

Primärliteratur

In der Reihenfolge der Chronologie der Vorlesungen

Xenophon: Erinnerungen an Sokrates. Hg. von Peter Jaerisch. München und Zürich: Artemis, 1987

Aristophanes: Die Wolken. Übertragen von O. Seel. Stuttgart: Reclam, 1963

Diogenes Laertios: Leben und Meinungen berühmter Philosophen. Aus dem Griechischen von Otto Apelt. Hamburg: Meiner, 1990

Platon: Sämtliche Dialoge, hg. v. Otto Apelt, Hamburg: Meiner, 1988

Platon. Ausgewählt von Rafael Ferber. (Philosophie jetzt). München: Diederichs, 1995

Augustinus, Aurelius: Bekenntnisse. Eingeleitet und übertragen von Wilhelm Thimme. Stuttgart: Reclam, 1977

Augustinus, Aurelius: Logik des Schreckens. Die Gnadenlehre von 397. Lateinisch-Deutsch. Deutsche Übersetzung von Walter Schäfer. Herausgegeben und erklärt von Kurt Flasch. Mainz: Dieterich, 1990

Augustinus, Aurelius: Vom Gottesstaat. Aus dem Lateinischen übertragen von Wilhelm Thimme. München: dtv, 1985

Augustinus. Ausgewählt und vorgestellt von Kurt Flasch. München: Diederichs, 1996 (Philosophie jetzt)

Spinoza, Benedictus de: Die Ethik. Lateinisch/Deutsch. Revidierte Übersetzung von Jakob Stern. Stuttgart: Reclam, 1977

Spinoza, Benedictus de: Tractatus theologico-politicus. In: Spinoza, Opera/Werke, Bd. 1, Darmstadt: Wissenschaftliche Buchgesellschaft, 1989

Kant, Immanuel: Werkausgabe, hg. von Wilhelm Weischedel, Frankfurt/Main: Suhrkamp, 1974

Kant. Ausgewählt und vorgestellt von Günter Schulte. München: Diederichs, 1996 (Philosophie jetzt)

Hegel, Georg Wilhelm Friedrich: Werke in zwanzig Bänden, Frankfurt/Main: Suhrkamp 1970

Marx, Karl / Friedrich Engels: Werke (MEW), hg. vom Institut für Marxismus-Leninismus beim ZK der SED, Berlin: Dietz, 1956ff.

Marx. Ausgewählt und vorgestellt von Oskar Negt. München: Diederichs, 1996 (Philosophie jetzt)

Kierkegaard, Sören: Gesammelte Werke, hg. von Emanuel Hirsch und Hayo Gerdes, Gütersloh: GTB Siebenstern, 1979ff.

Kierkegaard. Ausgewählt und vorgestellt von Boris Groys. München: Diederichs, 1996 (Philosophie jetzt)

Nietzsche, Friedrich: Frühe Schriften, München: Beck, 1994

Nietzsche, Friedrich: Sämtliche Werke. Kritische Studienausgabe (KSA), hg. von Giorgo Colli und Mazzino Montinari, München: dtv, 1980

Nietzsche. Ausgewählt und vorgestellt von Rüdiger Safranski. München: Diederichs, 1997 (Philosophie jetzt)

Wittgenstein, Ludwig: Werkausgabe. Frankfurt/Main: Suhrkamp, 1984

Wittgenstein, Ludwig: Tractatus logico-philosophicus. Logisch-philosophische Abhandlung. Frankfurt/Main: Suhrkamp, 1977

Wittgenstein. Ausgewählt und vorgestellt von Thomas Macho. München: Diederichs, 1996 (Philosophie jetzt)

Karl R. Popper: Die offene Gesellschaft und ihre Feinde. 2 Bde, München: Francke, 1977

Popper, Karl: Objektive Erkenntnis. Ein evolutionärer Entwurf. Hamburg: Hoffman & Campe, 1973

Anders, Günther: Ketzereien, München: Beck, 1982

Anders, Günther: Die Antiquiertheit des Menschen, 2 Bde. München: Beck, 1980

Anders, Günther: Die atomare Drohung. Radikale Überlegungen, München: Beck, 1981

Anders, Günther: Wir Eichmannsöhne. Offener Brief an Klaus Eichmann. München: Beck, 1988

Anders, Günther: Besuch im Hades, München: Beck, 1979

Arendt, Hannah: Elemente und Ursprünge totaler Herrschaft. Antisemitismus, Imperialismus, totale Herrschaft. München: Piper, 1996

Arendt, Hannah: Eichmann in Jerusalem. Ein Bericht von der Banalität des Bösen. München: Piper, 1996
Arendt, Hannah: Vita activa oder Vom tätigen Leben. München: Piper, 1981
Heidegger, Martin: Sein und Zeit. Tübingen: Niemeyer, 1979
Heidegger, Martin: Holzwege. Frankfurt/Main: Klostermann, 1980
Adorno, Theodor W.: Gesammelte Schriften, Frankfurt/Main: Suhrkamp, 1970ff (auch als Taschenbuch-Kassette)

Sekundärliteratur

Diese Angaben beschränken sich auf grundlegende, monographische und einführende Arbeiten, die aber weiterführende und differenzierte Bibliographien enthalten

Sokrates

Braun, Johanna / Günter Braun: Der unhandliche Philosoph. Berichte zur Biographie des Sokrates. Frankfurt/Main: Suhrkamp, 1983
Figal, Günter: Sokrates. München: Beck, 1995
Martin, Gottfried: Sokrates. Reinbek bei Hamburg: Rowohlt, 1967

Platon

Reale, Giovanni: Zu einer neuen Interpretation Platons. Eine Auslegung der Metaphysik der großen Dialoge im Lichte der ‚ungeschriebenen Lehren'. Paderborn: Schöningh, 1993
Kobusch, Theo / Burkhard Mojsisch (Hg.): Platon. Seine Dialoge in der Sicht neuerer Forschung. Darmstadt: Wissenschaftliche Buchgesellschaft, 1996
Zehnpfennig, Barbara: Platon zur Einführung. Frankfurt/Main: Junius, 1997

Augustinus

Flasch, Kurt: Augustin. Einführung in sein Denken. Stuttgart: Reclam, 1980

Mader, Johann: Aurelius Augustinus. Philosophie und Christentum. St. Pölten-Wien: Niederösterreichisches Pressehaus, 1991
Marrou, Henri: Augustinus. Hamburg: Rowohlt 1994

Spinoza

Yovel, Yirmiyahu: Spinoza. Das Abenteuer der Vernunft. Göttingen: Steidl, 1994
Vries, Theun de: Spinoza. Reinbek bei Hamburg: Rowohlt, 1994
Seidel, Helmut: Spinoza zur Einführung. Hamburg: Junius, 1994
Bartuschat, Wolfgang: Baruch de Spinoza. München: Beck 1996

Kant

Böhme, Hartmut / Gernot Böhme: Das Andere der Vernunft. Zur Entwicklung von Rationalitätsstrukturen am Beispiel Kants. Frankfurt/Main: Suhrkamp, 1983
Grondin, Jean: Kant zur Einführung. Hamburg: Junius, 1994
Schultz, Uwe: Kant. Reinbek bei Hamburg: Rowohlt, 1965

Hegel

Horstmann, Rolf-Peter: Wahrheit aus dem Begriff. Eine Einführung in Hegel, Frankfurt/Main: Hain 1990
Taylor, Charles: Hegel. Frankfurt/Main: Suhrkamp, 1983
Wiedmann, Franz: Hegel. Reinbek bei Hamburg: Rowohlt, 1965

Marx

Blumenberg, Werner: Marx. Reinbek bei Hamburg: Rowohlt, 1996
Flechtheim, Ossip K. / Hans M. Lohmann: Marx zur Einführung. Hamburg: Junius, 1991
Friedenthal, Richard: Karl Marx. Sein Leben und seine Zeit. München: Piper, 1981

Liessmann, Konrad Paul: Karl Marx 1818–1989. Man stirbt nur zweimal. Wien: Sonderzahl, [2]1993

Kierkegaard

Liessmann, Konrad Paul: Kierkegaard zur Einführung. Hamburg: Junius, 1993

Rohde, Peter P.: Kierkegaard. Reinbek bei Hamburg: Rowohlt, 1959 (mit aktualisierter Bibliographie)

Theunissen, Michael / Wilfried Greve (Hg.): Materialien zur Philosophie Sören Kierkegaards, Frankfurt/Main: Suhrkamp 1979

Nietzsche

Frenzel, Ivo: Nietzsche. Reinbek bei Hamburg: Rowohlt, 1966

Kaufmann, Walter: Nietzsche. Philosoph, Psychologe, Antichrist. Darmstadt: Wissenschaftliche Buchgesellschaft, 1988

Nehamas, Alexander: Nietzsche. Leben als Literatur. Aus dem Amerikanischen von Brigitte Flickinger. Göttingen: Steidl, 1991

Ries, Wiebrecht: Nietzsche zur Einführung. Hamburg: Junius, 1990

Ross, Werner: Der ängstliche Adler. Friedrich Nietzsches Leben. München: dtv, 1994

Wittgenstein

Bezzel, Chris: Wittgenstein zur Einführung. Hamburg: Junius, 1988

Janik, Allan / Stephen Toulmin: Wittgensteins Wien. München Wien: Hanser, 1984

Monk, Ray: Wittgenstein. Das Handwerk des Genies. Stuttgart: Klett-Cotta, 1994

Vossenkuhl, Wilhelm: Ludwig Wittgenstein. München: Beck, 1995

Wuchterl, Kurt / Adolf Hübner: Wittgenstein. Reinbek bei Hamburg: Rowohlt, 1979

Popper

Geier, Manfred: Karl Popper. Reinbek bei Hamburg: Rowohlt, 1994
Schäfer, Lothar: Karl R. Popper. München: Beck, 1988

Anders

Liessmann, Konrad Paul: Günther Anders zur Einführung. 2., überarbeitete und erweiterte Auflage. Hamburg: Junius, 1993
Liessmann, Konrad Paul (Hg.): Günther Anders kontrovers. München: Beck, 1992
Schubert, Elke: Günther Anders. Reinbek bei Hamburg: Rowohlt, 1992

Arendt

Breier, Karl H.: Hannah Arendt zur Einführung. Hamburg: Junius, 1992
Heuer, Wolfgang: Hannah Arendt. Reinbek bei Hamburg: Rowohlt, 1987
May, Derwent: Hannah Arendt. Eine bedeutende Repräsentantin deutsch-jüdischer Kultur. München: Heyne, 1990

Heidegger

Biemel, Walter: Martin Heidegger. Reinbek bei Hamburg: Rowohlt, 1973
Figal, Günther: Heidegger zur Einführung. Hamburg: Junius, 1992
Marten, Rainer: Heidegger lesen. München: Fink, 1991
Ott, Hugo: Martin Heidegger. Unterwegs zu seiner Biographie. Frankfurt-New York: Campus, 1988
Safranski, Rüdiger: Ein Meister aus Deutschland. Heidegger und seine Zeit. München: Hanser, 1994

Adorno

Scheible, Hartmut: Theodor W. Adorno. Reinbek bei Hamburg: Rowohlt, 1989

Schweppenhäuser, Gerhard: Theodor W. Adorno zur Einführung. Hamburg: Junius, 1996

Wiggershaus, Rolf: Theodor W. Adorno. München: Beck, 1987

Konrad Paul Liessmann

Vom Nutzen und Nachteil des Denkens für das Leben

Vorlesungen zur Einführung in die Philosophie 1

Die Weltfremdheit der Philosophie, ihr verlorener Blick in den Himmel der Theorien, läßt von allem Anfang an Zweifel aufkommen, ob es sich bei dieser Form des Denkens überhaupt um eine nutzbringende Tätigkeit handeln kann. In ihrem Bestreben, die Wahrheit zu erkennen, scheint sich die Philosophie immer weiter von den unmittelbaren Problemen und Bedürfnissen der Menschen entfernt zu haben. Und dennoch hat sie immer auch und ganz entschieden den Anspruch erhoben, nicht nur brauchbare, sondern vor allem auch überzeugende Modelle für ein menschenwürdiges Dasein zu entwerfen. Die in der Geschichte der Philosophie immer wieder auftretenden Spannungen zwischen den Verheißungen des Denkens und den Verlockungen des Lebens, zwischen den Ansprüchen der Theorie und den Erfordernissen der Praxis bilden den Leitfaden dieser Vorlesungen.

Diese unorthodoxe Einführung in die Philosophie zeigt, was philosophisches Denken, was „Theorie" bedeutet, was „Staunen" und „Zweifeln" eigentlich meinen, wie es um die Grundlegung der „Freiheit" und die Möglichkeit der „Tugend" bestellt ist und welche Konsequenzen daraus für ein Leben zu ziehen wären, das den Anspruch auf Humanität aufrechterhalten will.

2. Auflage 1998. 200 S., broschiert,
öS 298,– / DM 41,– / sFr 38,–
ISBN 3-85114-406-6

WUV | Universitätsverlag